Ne vous laissez plus faire !

DR WAYNE W. DYER

Ne vous laissez plus faire !

10 leçons pour s'affirmer

Traduit de l'anglais (États-Unis)
par Ellen Chase

J'AI LU
Bien être

Collection dirigée par
Ahmed Djouder

Titre original :
PULLING YOUR OWN STRINGS

SOMMAIRE

AVANT-PROPOS, par Susan Elizabeth Dyer ... 13

INTRODUCTION : LA PHILOSOPHIE DE NON-EXPLOITATION 17

1. REFUSER D'ÊTRE UNE VICTIME 25

Qu'est-ce qu'une victime ? Qu'est-ce que la liberté ? Comment vous débarrasser de vos habitudes de victime. Sachez où vous voulez en venir. Ne pas accepter à l'avance l'idée d'exploitation. Sources typiques d'exploitation.

2. ADOPTER UNE POSITION DE FORCE 60

Où en êtes-vous ? Test en vingt et une questions. Une nouvelle façon d'envisager la force. La peur : un sentiment que vous portez en vous. L'expérience : un antidote contre la peur. Le courage : l'arme indispensable des non-victimes. Les faux avantages d'une position de faiblesse. N'accordez jamais aux autres plus d'importance qu'à vous-même. N'est-ce pas curieux ? Les gens respectent la force ! Vers une position de force.

3. COMMENT SE SOUSTRAIRE
À L'INFLUENCE DE SON PASSÉ 95
Les choses auxquelles vous ne pouvez rien changer. Un piège type : le « Vous auriez dû... ». Autres tactiques pour vous faire revenir sur le passé. Vous pouvez vous nuire si vous n'échappez pas à l'emprise du passé. Tactiques pour ne plus être la victime des références au passé.

4. COMMENT ÉCHAPPER
AU PIÈGE DE LA COMPARAISON 121
Test en dix questions. Vous êtes unique au monde. Le concept de la solitude existentielle. Vous comparer aux autres : un moyen sûr de vous nuire. Permettre aux autres de vous comparer à eux : un moyen encore plus sûr de vous nuire. Autres exemples du piège de la comparaison. Quelques stratégies pour déjouer le piège de la comparaison.

5. COMMENT DEVENIR « DISCRÈTEMENT
EFFICACE » ET NE PAS CHERCHER
À ÊTRE TOUJOURS COMPRIS 151
Test en douze questions. Apprendre à devenir « discrètement efficace ». Le droit à l'intimité. Vous ne serez jamais compris tout le temps. Faire ses preuves : une absurdité. Se justifier aux yeux de sa famille et de ses amis. Ceux qui veulent vous entraîner dans leur marasme. Phrases types sur l'« incompréhension ». Quelques techniques de désamorçage.

6. **COMMENT APPRENDRE AUX AUTRES À BIEN VOUS TRAITER** 191

Apprenez aux autres à vous traiter comme vous le souhaitez. La technique du « coup du tranchant de la main ». Vous devez passer aux actes. Que pouvez-vous attendre d'un ivrogne ? Soyez efficace en étant sûr de vous. Vos exploiteurs habituels. Quelques exemples de « victimes cibles ». Quelques tactiques simples.

7. **VOUS, AVANT TOUT** 233

Test en douze questions. La loyauté mal placée. Concurrence ou coopération ? Les conséquences de la concurrence forcenée. Un homme d'affaires trop compétitif. Privilégier les êtres humains. Gagner ou perdre. Caractéristiques de l'auto-exploitation. Comment fonctionnent les institutions. Différentes façons d'être victime des institutions. Quelques stratégies anti-institutions.

8. **VOTRE VISION DE LA RÉALITÉ EST-ELLE LA RÉALITÉ ?** 277

Vos jugements par rapport à la réalité. Ne vous laissez jamais exploiter par la réalité. Comment vos croyances vont-elles à l'encontre de votre bonheur ? Apprenez à calmer votre esprit. Trop penser empêche de vivre pleinement. Quelques techniques pour éliminer tous les jugements négatifs.

9. TOUJOURS FAIRE PREUVE DE VITALITÉ CRÉATRICE 309

Le concept de vitalité créatrice. Aimer le lieu où l'on se trouve. La vie est une série d'expériences. Contourner l'adversité. Il n'y a pas qu'une seule façon de faire les choses. Persévérer est essentiel. Action et inaction. La vitalité créatrice. Quelques comportements créatifs.

10. OÙ EN ÊTES-VOUS AUJOURD'HUI ?....... 347

Évaluez votre profil actuel. Test des cent situations typiques.

L'expérience de tous les temps
a montré que les hommes sont plus
disposés à tolérer les maux supportables
qu'à se faire justice à eux-mêmes en abolissant
les formes auxquelles ils sont accoutumés.

Déclaration d'Indépendance*
4 juillet 1776

---

* Cette citation est extraite de *Thomas Jefferson – La Liberté et l'État*, éditions Seghers, coll. Vent d'Ouest, 1970, p. 36.

AVANT-PROPOS

Une grande partie de ce livre se réfère à mon évolution personnelle en tant que femme d'action, amenée à prendre des décisions.

En travaillant avec les sourds, en ma double qualité de guide et de professeur, j'ai rencontré beaucoup de jeunes plus handicapés par le manque de confiance qu'ils avaient en eux-mêmes que par leur infirmité. Nous parlons alors de l'importance qu'il y a à se sentir responsable de soi-même, avant de pouvoir assumer la responsabilité d'une situation donnée. Ce n'est que petit à petit que mes élèves se lancent dans la tâche difficile qui consiste à prendre leurs propres risques : cela va de gestes de tous les jours, comme, par exemple, commander leur repas au restaurant au lieu d'attendre qu'un de leurs camarades « qui entend » le fasse à leur place, à des occasions où l'on fait appel à des mécanismes de psychologie intérieure comme décider, ainsi que l'a fait une étudiante du collège d'enseignement secondaire, de suivre des cours de préparation à des études universitaires – alors qu'elle était la première de sa famille à avoir de telles ambitions. Le défi est grand, grande aussi la nouvelle confiance qu'elle a en elle.

Jouissant de toutes nos facultés, nous sommes nombreux à nous laisser handicaper moralement et à nous rendre nous-mêmes victimes d'idées reçues.

Pour mieux nous protéger, nous nous imposons des limites sans réaliser à quel point il est aisé à autrui de nous emprisonner davantage, en les retournant contre nous. Je pourrais citer en exemple le combat que j'ai dû mener pour venir à bout de mes allergies.

Je m'y accrochais, à l'âge adulte, pour conserver la réputation d'enfant « délicate » qui m'avait valu beaucoup d'attention au sein d'une famille plutôt dynamique. Des reniflements sur commande m'ont épargné maintes situations embarrassantes, pour échapper par exemple aux sports de plein air (herbe, arbres, pollen) où je ne me sentais pas à la hauteur sur le plan athlétique, ou à des réceptions dans des pièces encombrées, où ma réaction allergique au tabac et à la fumée n'était autre chose que timidité. Il ne vint jamais à l'idée de l'allergologue qui me suivait d'en vérifier les racines psychologiques. Les visites hebdomadaires que je faisais à son cabinet lui suffisaient.

Dès que je me suis rendu compte qu'être indépendante signifiait ne plus être « délicate » et ne plus être victime de ma propre peur d'être rejetée, il n'a plus été question d'injections et je me suis mise à faire du sport et à me lancer dans de nouvelles amitiés.

Je dois chaque jour faire face à de nouveaux problèmes : affronter les responsables des établissements scolaires afin d'obtenir que les élèves atteints de surdité soient les mieux placés, traiter avec de mauvais vendeurs qui ne me donnent pas satisfaction, satisfaire des parents qui ont pour moi des aspirations différentes de celles que j'ai moi-même, et, enfin, forcer celle que je suis à se métamorphoser en celle que je veux devenir.

Ce livre m'est dédié et bon nombre des exemples cités se réfèrent à mon expérience. Ses messages me sont tous destinés – ainsi qu'à vous ! Je souhaite que vous le lisiez, qu'il vous enrichisse et que vous preniez plaisir à sa lecture.

Susan Elizabeth Dyer

INTRODUCTION

LA PHILOSOPHIE DE NON-EXPLOITATION

À Susan Elizabeth Dyer
Devant toi, je peux penser tout haut.

En rentrant de l'école, un petit garçon demanda à sa mère : « Maman, qu'est-ce que c'est, un "éléphant batteur" ? »

Perplexe, sa mère lui demanda ce qui le poussait à lui poser cette question.

Le petit Tommy lui répondit : « J'ai entendu mon professeur qui disait au directeur que j'étais un "éléphant batteur" dans la classe. »

La mère de Tommy appela l'école et demanda explication. Le directeur éclata de rire : « Mais non ! Ce que le professeur de Tommy m'a dit après le cours c'est qu'il était un "élément perturbateur" dans la classe. »

Ce livre est écrit à l'intention de ceux qui voudraient être tout à fait responsables de leur vie – y compris les marginaux, les rebelles et les « éléphants batteurs » de ce monde. Il est dédié à ceux qui se refusent à toujours faire ce que les autres attendent d'eux.

Pour vivre sa vie comme on l'entend, il faut être prêt à se défendre. Il se peut que vous ayez, pour ce faire, à perturber quelque peu ceux qui ont le plus grand intérêt à vous manipuler. Mais si vous y êtes prêt, vous verrez qu'être soi-même, ne pas laisser les autres penser à sa place, est une expérience agréable, digne d'être vécue, et totalement satisfaisante.

Il ne s'agit pas d'être révolutionnaire, mais simplement de dire au monde entier et à tous ceux qui l'habitent : « J'ai l'intention d'être moi-même et de ne pas céder à quiconque voudrait m'en empêcher. »

Une chanson populaire en Amérique nous dit :

> *« C'est beau la vie, la vie est belle*
> *Tant que j'en tire les ficelles*
> *Idiot serais-je en vérité*
> *Si je les laissais échapper… »*

C'est ce dont il s'agit dans ce livre : ne pas laisser échapper vos ficelles. Il s'adresse à ceux qui sont si peu enclins à se laisser manipuler qu'ils sont absolument décidés à s'y opposer, à ceux qui aspirent à la liberté plus qu'à toute autre chose au monde, et tout particulièrement à ceux qui ont un peu d'aventure au fond du cœur et qui veulent parcourir le monde, libres de toute contrainte.

Beaucoup préfèrent être pris en main plutôt que de se sentir responsables de leur propre vie. Si cela vous est égal que l'on vous tire les ficelles, ce livre ne vous concerne pas. Car il incite au changement et vous apporte les moyens d'y parvenir. Les points de vue qu'il avance sont souvent audacieux et sujets à controverse.

Nombreux sont ceux qui les jugeront inopportuns et qui m'accuseront d'encourager les lecteurs à la rébellion et au mépris de l'autorité. Je n'en ai aucun scrupule, car je suis convaincu qu'il est souvent nécessaire d'être intransigeant, quelquefois même agressif, si l'on veut éviter d'être exploité.

Je crois, en effet, que l'on doit souvent se montrer déraisonnable, « insoumis », envers ceux qui voudraient nous manipuler. L'on ne peut se comporter autrement sans devenir leur victime et nombreux sont ceux qui voudraient bien nous faire agir selon leur intérêt.

Si vous êtes prêt à en assumer les risques, une nouvelle forme de liberté vous attend : celle d'errer où bon vous semble à travers les chemins de la vie et de ne faire que vos propres choix. On doit prendre pour principe fondamental que chacun a le droit de décider de la manière dont il entend vivre sa vie, et tant que la jouissance de ce droit n'empiète pas sur les droits d'autrui, égaux en la matière, toute personne ou institution s'interposant doit être considérée comme l'exploiteur. Ce livre est destiné à ceux qui ont le sentiment que leur vie privée est, dans une trop grande mesure, contrôlée par des forces sur lesquelles ils n'exercent que peu de contrôle.

La vie de chacun de nous est unique, séparée de toute autre vie, expérience personnelle s'il en est. Nul autre ne peut vivre votre vie, ressentir ce que vous ressentez, entrer dans votre corps et faire la même expérience du monde que vous. C'est la seule vie qui vous est donnée et elle est bien trop précieuse pour que vous permettiez à quiconque de l'utiliser à ses fins. Il est donc logique que ce soit *vous* qui décidiez de la manière dont vous voulez vivre, et, ce faisant, vous connaîtrez la joie et l'épanouissement de « tirer vous-même vos ficelles » plutôt que les frustrations et les peines dont souffrent les exploités. Aider le lecteur à assumer totalement le contrôle de sa propre vie est le but que je me propose dans ce livre.

Pratiquement, chacun de nous est, dans une certaine mesure, dominé par autrui – situation en l'occurrence désagréable, qui ne vaut certainement pas la peine d'être prolongée et encore moins sauvegardée, comme nous sommes nombreux à le faire inconsciemment. La plupart des gens savent hélas trop bien ce que c'est qu'être « refaits », manipulés, et poussés, contre leur gré, à des comportements et des attitudes qu'ils n'auraient pas eus d'eux-mêmes. Les cas d'exploitation sont devenus si graves et si omniprésents que partout les journaux se sont empressés de créer de nouvelles rubriques dans le but de venir directement en aide aux victimes, évitant ainsi les lenteurs bureaucratiques – sources elles-mêmes de tant d'abus – et essaient d'obtenir des résultats plus positifs. Des programmes de télévision sont consacrés à la défense du consommateur et des intérêts de la communauté, et le Gouvernement, ainsi que les associations nationales, ont, de leur côté, créé des groupements locaux quelquefois plus spécialisés.

Tout cela est certes fort louable mais ne fait qu'effleurer le problème. Cette méthode est inefficace car elle se limite à condamner les exploiteurs ou à faire agir quelqu'un d'autre à la place de la victime. Elle passe à côté du vrai problème, à savoir que les gens sont exploités simplement parce qu'ils *s'y attendent* et que, le cas échéant, ils n'en sont pas surpris.

Il est par ailleurs quasiment impossible d'exploiter ceux qui ne s'attendent pas à être traités en victimes, mais qui sont prêts, au contraire, à protester lorsqu'on voudrait les dominer de quelque manière que ce soit. Que vous soyez ou non exploité dépend de *vous* et non de ceux qui ont appris à vous tirer les ficelles. Ce livre met l'accent sur vous – car c'est à vous qu'il appartient de résister – et non sur quelqu'un d'autre qui résisterait à votre place. Il n'a qu'un but : être utile au lecteur. Je me suis dit en l'écrivant : « Si cela ne peut pas leur être utile, ne le mentionnons pas. » J'y ai inclus, à titre d'exemple, quelques études de cas particuliers pour vous apprendre à éviter les nombreux pièges que vous rencontrerez et quelques conseils pratiques qui vous aideront à vous libérer de certaines habitudes d'exploité, enracinées au fond de vous. Vous y trouverez aussi quelques exercices de contrôle qui vous permettront de mieux vous rendre compte dans quelle mesure vous vous comportez en victime et, finalement, une liste récapitulative de réactions caractéristiques de l'exploité, que vous pourrez consulter lorsque vous voudrez évaluer les progrès que vous aurez accomplis.

Chaque chapitre de ce livre, à part celui qui lui sert d'introduction, est consacré à un principe important ou à une ligne de conduite à adopter, afin de ne pas se faire exploiter. Dans chacun d'eux, il vous est donné des conseils « anti-exploitation », des exemples qui vous feront voir comment les exploiteurs s'y prennent pour ne pas se laisser exploiter à leur tour et finalement quelques tactiques particulières qui vous permettront de vous aider vous-même.

Ainsi, de chapitre en chapitre, ce livre vous conduira – en utilisant des méthodes bien définies – à mettre au point votre propre système de défense contre l'exploitation.

Je suis convaincu que vous tirerez grand profit des leçons que ce livre contient. Mais si vous croyez qu'à lui seul il suffira à vous libérer, c'est que vous êtes déjà victime de vos illusions. C'est à vous et à vous seul qu'il appartient, en utilisant ses conseils, d'adopter un mode de vie constructif qui vous permettra de vous réaliser pleinement.

J'ai demandé à une amie qui est aussi un poète de grand talent de bien vouloir écrire un poème sur l'exploitation, telle qu'il en est question dans ce livre. Gayle Spanier Rawlings résume ainsi brièvement le message de non-exploitation :

Nous sommes reliés
par des voies invisibles
à nos angoisses
à la fois marionnette
et marionnettiste
victimes
de nos aspirations.
Manipulés par des fils de soie
bras et jambes ballants
s'entrechoquant
nous balançons
au rythme de nos angoisses
corps recroquevillés
enfants jouant à cache-cache, faisant semblant
sous le rocher
derrière l'arbre
quelque part, partout,
manipulés, toujours manipulés.
Tirez vous-même vos ficelles
accordez-les au tempo de la vie
prenez place en votre corps
tendez la main
à l'inconnu
avancez dans l'ombre
ouvrez les bras
à la caresse du vent
déployez vos ailes
envolez-vous.

Gayle nous dit ainsi, à sa manière, comme il est beau d'être libre. Puissiez-vous apprendre à choisir votre propre manière de vivre et d'être heureux. Déployez vos ailes. Prenez votre merveilleux envol.

CHAPITRE PREMIER

REFUSER D'ÊTRE UNE VICTIME

L'esclave « bien adapté » est un mythe.

Vous pouvez, d'ores et déjà, décider de ne plus jamais être une victime. Plus jamais ! Mais vous devez pour cela vous examiner sans indulgence et apprendre à reconnaître les multiples circonstances dans lesquelles vous laissez à d'autres le soin de tirer vos ficelles.

Votre campagne « anti-exploitation » exigera de vous beaucoup plus que d'apprendre simplement par cœur deux ou trois techniques d'autoaffirmation et de prendre ensuite quelques risques lorsque votre entourage essaiera de vous manipuler ou de vous contrôler. Comme vous l'avez probablement remarqué, il semblerait que la Terre soit une planète où les humains ne cessent de tenter de se contrôler les uns les autres – ils sont même allés jusqu'à créer des institutions fort compétentes en la matière. Si vous êtes de ceux qui se laissent manipuler contre leur gré, ou faute d'agir en conséquence, vous êtes bel et bien une victime.

Il est tout à fait possible d'éviter les pièges de l'exploitation sans avoir à utiliser les mêmes armes. Il faut d'abord que vous sachiez ce que vous voulez faire de votre bref passage sur cette terre. Commencez, je vous y engage, par ne pas systématiquement vous attendre à être une victime et par mieux comprendre le mécanisme qui fait que vous adoptez un tel comportement.

QU'EST-CE QU'UNE VICTIME ?

Vous devenez une victime chaque fois que vous n'êtes plus maître de votre vie. Car c'est bien de *maîtrise* qu'il s'agit. Si vous ne tirez pas vous-même vos ficelles, c'est que quelqu'un ou quelque chose les tire à votre place. Cela peut se manifester de mille manières.

Une victime, ainsi que nous l'entendons ici, ce n'est pas seulement quelqu'un qui a été l'objet d'une agression ou d'un acte criminel. L'on peut vous voler, abuser de vous de manière bien plus préjudiciable encore, lorsque vous renoncez, dans la vie quotidienne, à contrôler votre comportement et vos émotions.

Les victimes sont avant tout des êtres qui organisent leur vie en fonction des impératifs d'autrui. Ils se trouvent impliqués dans toutes sortes d'activités qu'ils auraient préféré éviter, ou poussés dans des voies qui exigent d'eux des sacrifices tout à fait inutiles et dont ils souffrent en secret. Être exploité, comme nous l'entendons ici, c'est être régi et contrôlé par des forces extérieures ; et s'il est indéniable que celles-ci sont légion dans la société qui est la nôtre, il est tout aussi vrai que l'*on peut rarement être exploité à moins qu'on ne le permette*. Eh bien oui, nous nous exploitons nous-mêmes de bien des façons, dans la vie quotidienne.

C'est presque toujours par faiblesse qu'agissent les victimes. Elles se laissent dominer, bousculer dans tous les sens, car elles ont souvent le sentiment de n'être ni assez intelligentes ni assez fortes pour se prendre en main. Elles confient donc les rênes à quelqu'un d'autre qu'elles estiment plus intelligent ou plus fort qu'elles, plutôt que d'accepter les risques d'un comportement plus affirmé.

Une victime, c'est quelqu'un qui n'est pas satisfait de sa vie. Si vous avez un comportement négatif, si vous êtes triste, malheureux, démoralisé, anxieux, si vous avez peur de vous assumer, ou que vous vous sentez bloqué pour toute autre raison, si vous ne savez pas vous mettre en valeur, si vous avez le sentiment d'être manipulé par des forces extérieures, c'est que vous êtes une victime – et je prétends que votre comportement d'auto-exploitation n'est en aucune façon défendable. Si vous le croyez aussi, peut-être vous demanderez-vous : Et si je choisissais de ne pas me faire exploiter ? Et si je choisissais la liberté ?

QU'EST-CE QUE LA LIBERTÉ ?

La liberté ne nous est jamais servie sur un plateau – il faut la construire soi-même. Et de toute façon, si elle nous était offerte, ce ne serait plus la liberté, mais l'aumône de quelque bienfaiteur qui s'attendrait, un jour ou l'autre, à être payé de retour. Être libre, c'est mener la vie que l'on choisit, sans entraves ni contraintes. Toute autre forme d'existence relève de l'esclavage. Si vous n'êtes pas libre de vos choix, de vivre selon vos propres critères, de faire ce que bon vous semble de votre corps (pourvu bien entendu que votre plaisir n'empiète pas sur la liberté d'autrui), c'est que vous n'avez pas la maîtrise dont il est ici question et que, par conséquent, vous êtes exploité.

Être libre, cela ne veut pas dire renier ses responsabilités envers ceux qui vous sont chers, mais, au contraire, choisir librement d'être responsable. Il n'est pourtant dit nulle part que vous deviez vous conformer à l'image que les autres se font de vous lorsque celle-ci ne coïncide pas avec celle que vous avez vous-même. Il est tout à fait possible d'être à la fois responsable *et* libre. Vous verrez que la plupart des personnes qui essaieront de vous persuader du contraire et qui qualifieront votre attitude d'« égoïste », sont celles qui jouissent d'une certaine autorité sur vous. Elles ne feront en l'occurrence que protester contre la menace que vous manifestez de secouer l'emprise que vous leur avez donnée sur votre existence. Si elles arrivent à vous convaincre que vous vous comportez en égoïste, elles auront réussi à vous culpabiliser et à vous maintenir sous leur joug une fois de plus.

Dans ses *Discours*, Épictète, philosophe de l'Antiquité, parle en ces termes de la liberté : « Nul homme n'est libre s'il n'est pas maître de lui-même. »

Relisez attentivement cette phrase. Selon cette définition, on n'est pas libre si l'on n'est pas maître de soi-même. Il n'est nullement nécessaire pour être libre d'être exceptionnellement puissant, d'exercer une grande influence sur ses semblables, ni d'intimider ou de forcer autrui à la subordination.

Les êtres les plus libres au monde sont ceux qui sont animés d'une paix intérieure : ils refusent purement et simplement de se laisser ballotter par les caprices du tout-venant et suivent tranquillement et efficacement la route qu'ils se sont tracée. Ils ne sont pas prisonniers de rôles préétablis qui les contraignent à se conformer à certaines normes sous prétexte qu'ils sont des parents, des employés, des citoyens, ou même tout simplement des adultes. Ils se sentent libres de respirer l'air qui leur convient, là ou bon leur semble, sans se préoccuper de l'opinion des autres quant aux choix qu'ils ont faits. Ce sont des êtres responsables, mais ils ne sont en aucune manière esclaves de la conception égoïste que les gens ont de la responsabilité.

Il faut exiger la liberté. En lisant ce livre, vous prendrez progressivement conscience de ce qui vous apparaîtra, à première vue, comme des peccadilles, mais qui sont en fait de réelles tentatives de la part d'autrui de s'approprier vos ficelles et de vous manipuler ne serait-ce qu'un instant, de manière à porter atteinte à votre liberté. Vous choisirez la liberté lorsque vous aurez mis au point votre propre système de défense contre l'exploitation. Ainsi, plutôt que d'être l'esclave des circonstances, vous apprendrez à vous en libérer. Peut-être la meilleure façon de parvenir à la liberté consiste-t-elle à se remémorer le précepte suivant : ne vous en remettez jamais totalement aux autres pour ce qui est de votre ligne de conduite dans la vie. Ou, comme l'a écrit R. W. Emerson dans *Self Reliance* : « Rien ne peut t'apporter la paix que toi-même[1]. »

Pendant de nombreuses années, j'ai souvent entendu, lors de mes consultations, des doléances de ce genre : « Elle m'avait promis qu'elle ferait n'importe quoi pour moi et voilà qu'elle me laisse tomber !... » « Je savais bien que je n'aurais jamais dû le laisser s'occuper de cette affaire, d'autant plus qu'il s'en fichait, alors

1. *Confiance en soi (Sept Essais d'Emerson)*, trad. I. Will, Éd. Paul Lacomblez, Bruxelles, 1907, p. 51.

que moi j'y tenais beaucoup ! » « Ils m'ont encore fait faux bond. Quand donc apprendrai-je ? » Ce sont là les plaintes de clients qui, d'une manière ou d'une autre, ont permis aux autres de les exploiter et, de ce fait, d'empiéter sur leur propre liberté.

Tout cela n'implique nullement que l'on doive vivre en reclus et se couper du monde entier. Bien au contraire. Les non-victimes sont le plus souvent des gens qui aiment la vie, des êtres ouverts et pleins d'élan qui ont avec les autres des rapports faciles et détendus pour la bonne raison qu'ils se refusent à se laisser manipuler par eux. Ce ne sont ni des râleurs ni des ergoteurs, car ils ont fait leur cette doctrine : « Ceci est ma vie, je suis seul à en faire l'expérience. Le temps qui m'est accordé sur cette terre est très limité – je ne peux donc appartenir à personne. Il me faut être particulièrement vigilant et combattre toute tentative visant à me priver du droit que j'ai d'être moi-même. Si vous m'aimez, vous m'aimez pour ce que je suis et non pour ce que vous voulez que je sois. »

Mais comment parvenir à une conception aussi saine de la liberté lorsque vous traînez derrière vous un passé si lourd en habitudes d'exploité qui vous ont été inculquées par une société paralysante ?

COMMENT VOUS DÉBARRASSER DE VOS HABITUDES DE VICTIME

Enfant, vous avez souvent été exploité, en raison même de la place que vous occupiez dans votre famille. On tirait constamment vos ficelles et, si cela vous contrariait au fond de vous-même, vous saviez fort bien que vous n'y pouviez rien changer. Vous saviez que vous étiez incapable de subvenir à vos besoins et qu'il ne vous était guère possible de refuser de vous plier aux exigences des grandes personnes. Une petite « fugue » de vingt minutes aurait suffi, s'il en était besoin, pour vous faire comprendre à quel point vous étiez incapable de vous en sortir tout seul. Vous vous êtes donc mis au pas et vous avez appris à accepter cette réalité comme étant la vôtre. Recevoir des ordres était alors tout à fait raisonnable puisque vous étiez vraiment incapable de réaliser les mille et une « folies » qui vous traversaient la tête. Et finalement, si vous vous efforciez d'acquérir un peu d'indépendance, souvent vous ne demandiez pas mieux que de laisser les autres penser à votre place et diriger votre vie.

Il se peut qu'adulte vous traîniez encore dans votre sillage des habitudes prises dans votre enfance, qui pouvaient alors se justifier, mais qui font de vous aujourd'hui une victime docile. Peut-être êtes-vous malmené par « quelqu'un d'important » et êtes-vous si accoutumé à encaisser que vous vous laissez faire, ne serait-ce que par habitude.

Pour éviter les pièges qui vous sont tendus dans le but de vous exploiter, il importe avant tout que vous adoptiez de nouvelles habitudes. Les habitudes saines s'acquièrent de la même manière que les malsaines – par la pratique –, après que l'on a pris conscience des moyens à mettre en œuvre.

S'il n'est pas indispensable que vous en fassiez toujours à votre tête, du moins pouvez-vous éviter d'être troublé, bloqué, anxieux à tout propos. En choisissant de vous débarrasser à tout jamais de vos inquiétudes, vous éliminerez du même coup une habitude de victime fort encombrante – et dont vous êtes, presque toujours, le seul responsable.

Éliminer les pièges dans lesquels on vous emprisonne et où l'on vous contrôle, ou par lesquels vous vous sentez inutilement brimé, implique la mise en œuvre d'un programme en quatre points : 1. Apprendre à évaluer les circonstances de votre vie. 2. Mettre au point un système de pensée ainsi que des attitudes de non-victime. 3. Prendre conscience des formes d'exploitation les plus courantes dans votre vie et dans notre civilisation. 4. Établir un ensemble de règles et de techniques appropriées, fondées sur un principe fondamental : celui de ne pas vous faire exploiter.

Nous examinerons dans ce chapitre les trois premières clauses de ce programme. La quatrième sera traitée dans les chapitres suivants, au cours desquels nous vous donnerons successivement quelques directives concernant les nouvelles attitudes à adopter.

SACHEZ OÙ VOUS VOULEZ EN VENIR

Afin d'éviter de devenir une victime, il faut avant tout évaluer immédiatement toute circonstance susceptible de comporter des risques d'exploitation avant même de savoir comment s'y prendre pour les contourner. Dès que vous entrez en relation avec les autres, vous devez garder les yeux grands ouverts pour ne pas vous laisser entraîner sur des terrains glissants.

Vous devez vous tenir sur vos gardes et vous efforcer d'acquérir une nouvelle forme de lucidité qui empêchera les autres d'abuser de vous. Vous devez également estimer les motivations de ceux à qui vous allez avoir à faire et prévoir la meilleure démarche pour atteindre vos objectifs. Ayez de bons rapports avec ceux qui sont prêts à vous accepter tel que vous êtes, mais avant même d'ouvrir la bouche ou d'aborder quelqu'un en une circonstance susceptible de faire de vous une victime, prévoyez les formes d'exploitation que vous pourriez encourir et évitez les situations pièges qui vous forcent à des comportements dommageables.

Prenons, par exemple, le cas de Georges qui désire se faire rembourser car le pantalon qu'il vient d'acheter dans un grand magasin a un défaut qu'il n'avait pas vu à l'essayage. D'un coup d'œil, il note la mine renfrognée du vendeur. Georges n'a qu'un but, récupérer son argent, et il n'a nullement envie d'avoir une altercation désagréable avec un employé fatigué et hargneux. Il sait qu'à partir du moment où il aura eu un entretien déplaisant ou, pire encore, infructueux, avec le vendeur en question, il lui sera infiniment plus difficile d'arriver à ses fins puisque le chef du rayon ne voudra pas donner tort au vendeur dont le rôle est d'appliquer aveuglément le règlement, à savoir que « les articles ne sont ni repris ni échangés ». Georges s'adresse donc directement au chef de rayon, dont le rôle consiste justement à faire des exceptions à la règle, lorsque celles-ci s'avèrent absolument indispensables. Il se peut finalement que Georges demande à haute et intelligible voix si la politique de la maison consiste à exploiter les clients. Mais s'il s'y prend bien, il sera vraisemblablement remboursé et n'aura pas à recourir à des manœuvres aussi grossières.

Le dernier chapitre de ce livre traite d'un grand nombre de circonstances typiques de la vie quotidienne, semblables à celle-ci, et nous met en présence de deux manières différentes de les affronter : celle qu'adopte en général la victime et celle de la non-victime.

Évaluer les situations dans lesquelles on se trouve, c'est non seulement garder les yeux bien ouverts, mais aussi avoir toutes prêtes un certain nombre de tactiques et les mettre méticuleusement en pratique dès que le besoin s'en fait sentir. Si votre première tactique, que nous nommerons la tactique A, échoue, vous devez, sans vous émouvoir, passer à la tactique B, puis à la tactique C et ainsi de suite. Dans le cas que nous venons de citer, si le chef de rayon refusait de coopérer et que Georges n'obtenait pas son remboursement, il pourrait alors passer à la tactique B, qui consisterait peut-être à demander à parler au propriétaire du magasin, ou à écrire au P.-D.G., ou encore à élever la voix (sans se laisser enfermer dans la colère), ou à simuler une crise de nerfs, une dépression nerveuse au beau milieu du magasin ou n'importe quoi d'autre qui lui passerait par la tête. Quoi que vous entrepreniez, ce qui compte c'est de ne jamais établir un rapport direct entre les échecs et les succès que vous rencontrerez et votre valeur personnelle. Changez simplement de registre lorsque cela se révèle nécessaire, et cela sans perdre votre sang-froid. Le but de Georges c'est d'être remboursé. Le vôtre sera peut-être d'être bien placé au théâtre ou d'obtenir que votre steak soit cuit comme vous l'aimez, au restaurant. Peu importe votre but, ne perdez pas de vue le fait qu'il ne s'agit que d'une chose que vous voulez accomplir – que vous y réussissiez ou non ne reflète en rien votre valeur ni votre bonheur personnels.

Efforcez-vous de porter une attention particulière à l'usage que vous faites des mots et des phrases – que ce soit en pensée ou en paroles –, qui presque toujours vous avertissent que vous vous posez en victime. Voici quelques expressions typiques que vous avez intérêt à rayer de votre vocabulaire, si vous avez vraiment l'intention de ne plus figurer sur aucune liste de victimes :

« Ce sera encore moi le perdant ! » Avec un tel état d'esprit ne vous étonnez pas de vous trouver presque toujours en très bonne place sur la liste de victimes de tout un chacun. Si vous décidez de croire que vous allez « gagner » et obtenir ce que vous méritez, vous ne supporterez pas l'idée de perdre.

« Je suis mal à l'aise dès que je dois affronter quelqu'un. » Si vous vous attendez à être mal à l'aise, vous le serez à coup sûr. Pensez plutôt : « Je refuse de me laisser perturber par quelqu'un d'autre et je ne vais pas me mettre dans tous mes états. »

« Les "petites gens" n'ont aucune chance de s'en sortir ! » Vous n'en faites pas partie, à moins que vous ne le pensiez vous-même. Cette attitude montre que vous vous êtes rangé du côté des perdants et que vous avez élevé votre interlocuteur au rang de « personne importante ». Adoptez un comportement plus positif.

« Je vais leur en remontrer à ces salauds... » Eh bien, même si cela semble curieux, avec un argument comme celui-là vous êtes sûr de vous retrouver perdant. Votre but n'est pas d'en remontrer à qui que ce soit, mais d'obtenir un avantage particulier dont un exploiteur entend vous priver. Dès que vous voulez « leur en remontrer », c'est que déjà vous vous êtes laissé contrôler par eux. (Se référer au chapitre 5 : Comment devenir « discrètement efficace » et ne pas chercher à être toujours compris.)

« Je n'ose pas le lui demander, de peur qu'il ne se fâche... » Si le fait qu'il se fâche ou non vous inquiète, cela montre que vous êtes, une fois de plus, à la merci des autres. À partir du moment où les gens savent que leur colère vous intimide, ils s'en serviront pour vous exploiter aussi souvent qu'ils le pourront.

« Si je leur dis ce que j'ai fait, ils me prendront pour un idiot. » Dans le cas présent, vous attachez plus

d'importance à l'opinion des autres qu'à votre propre opinion de vous-même. S'ils savent qu'ils peuvent vous manipuler parce que vous ne voulez pas qu'ils vous croient stupide, ils vous traiteront presque toujours comme tel.

« *J'ai peur de les blesser en agissant comme je l'entends.* » Voici une autre manœuvre qui finira invariablement par vous donner le mauvais rôle. Si les gens savent qu'ils peuvent vous manipuler en se sentant blessés, c'est précisément ainsi qu'ils s'y prendront lorsque vous sortirez du rang ou que vous proclamerez votre indépendance. Dans 95 % des cas, il ne s'agit que de manœuvres stratégiques dont ils useront et abuseront à votre égard si vous êtes assez candide pour vous y laisser prendre. Seules les victimes s'inquiètent constamment d'avoir à ménager les susceptibilités d'autrui. Loin de vous inciter à leur refuser obstinément les égards qui leur sont dus, je voudrais simplement que vous compreniez que les gens cessent généralement d'être blessés lorsqu'ils réalisent qu'ils ne peuvent plus utiliser ces sentiments pour vous manipuler.

« *Je n'y arriverai pas tout seul. Je vais demander à quelqu'un de plus fort de le faire à ma place.* » De telles réactions ne vous seront d'aucun secours et vous empêcheront d'apprendre à agir en non-victime. Si vous laissez les autres se battre à votre place, vous ne réussirez qu'à esquiver de mieux en mieux vos combats personnels et à renforcer la peur que vous avez de vous assumer. Qui plus est, lorsque ceux qui sont passés maîtres en matière d'exploitation se rendront compte que vous avez peur de les affronter, ils s'empresseront à la prochaine occasion de passer tout simplement outre le mentor que vous vous êtes choisi et continueront à abuser de vous.

« Ce n'est pas juste ; ils ne devraient vraiment pas faire ça ! » En disant cela, vous jugez le monde comme vous voudriez qu'il soit et non comme il est en réalité. Les gens commettront toujours des injustices et vous aurez beau les désapprouver, ou même vous en plaindre, rien n'y fera. Oubliez une fois pour toutes vos appréciations morales sur ce qu'ils devraient ou ne devraient pas faire et dites-vous ceci : « Voilà comment ils agissent ! Eh bien voilà comment je m'y prendrai à mon tour pour qu'ils ne s'en tirent pas à mes dépens cette fois-ci et qu'ils ne s'y aventurent pas à l'avenir. »

Voilà quelques-unes seulement des réflexions typiques d'auto-exploité, qui vous entraîneront à coup sûr sur le chemin de votre perte.

En vous évaluant vous-même correctement, ainsi que votre environnement, vous pouvez :

— anticiper avec précision les tentatives d'exploitation auxquelles vous devrez faire face ;

— éliminer les doutes que vous entretenez sur vous-même ;

— mettre en pratique les tactiques A, B, C, etc. ;

— refuser tout net de vous laisser perturber ou immobiliser à quelque stade que vous soyez de votre démarche ;

— et persévérer jusqu'à ce que vous ayez atteint le but que vous vous êtes proposé.

Soyez assuré qu'en adoptant une telle stratégie vous aurez pratiquement éliminé 75 % des cas d'exploitation que vous êtes susceptible de rencontrer. Pour ce qui est du reste, lorsque vous ne pourrez tout simplement pas atteindre votre but, vous pourrez toujours en tirer la leçon et apprendre à l'avenir à éviter les situations impossibles. Mais à aucun moment vous ne devrez vous sentir démoralisé, déprimé ou anxieux quand les choses n'iront pas comme vous le voudrez, car c'est là une réaction de victime par excellence.

NE PAS ACCEPTER À L'AVANCE L'IDÉE D'EXPLOITATION

On devient, en général, ce que l'on s'attend à devenir, et vous ne passerez dans le camp des non-victimes que dans la mesure où vous ne vous attendrez plus à être exploité. Pour y arriver, vous devez d'abord commencer par vous attendre à être heureux, bien portant, pleinement épanoui, cela en raison de dispositions réelles et nullement en fonction de critères idéalisés qui vous sont imposés de l'extérieur par des personnes ou des institutions qui ont pour but de vous exploiter. Commençons par examiner quatre domaines particulièrement délicats, où l'on vous a peut-être appris à sous-estimer vos capacités.

Vos capacités physiques

Si, en adulte sensé, vous pensez vraiment être capable d'accomplir un exploit physique quelconque, rien, pour ainsi dire, ne peut vous arrêter, et, dans certains cas extrêmes, votre corps ira quelquefois jusqu'à révéler des qualités presque « surhumaines ». Dans *Your Hidden Powers*, le Dr Michael Phillips nous raconte l'histoire d'une femme âgée qui traversait l'Amérique en voiture en compagnie de son fils. Lorsqu'ils atteignirent un coin isolé du désert, la voiture tomba en panne et le fils, après l'avoir soulevée à l'aide d'un cric, se glissa dessous pour essayer de la réparer. Le cric céda et la voiture s'affaissa, rivant ainsi le jeune homme à l'asphalte brûlant. La vieille femme se rendit compte qu'à moins que la voiture ne fût immédiatement dégagée, son fils ne tarderait pas à mourir asphyxié. Elle n'eut pas le temps d'estimer sa force ou sa faiblesse ni d'envisager l'échec – et le Dr Phillips d'ajouter : « Sans réfléchir un instant, elle empoigna le pare-chocs et souleva la voiture juste assez longtemps pour qu'il pût s'en échapper. Dès que son fils fut sorti de sous le véhicule, sa force soudaine s'évanouit et la voiture retomba brutalement sur la route. » Pour réussir un tel exploit, elle avait dû pendant au moins dix bonnes secondes soulever plusieurs centaines de kilos, ce qui était loin d'être négligeable pour une femme qui en pesait elle-même moins de cinquante-cinq. De telles histoires ne sont pas exceptionnelles. Mais il s'agit, pour les comprendre, d'admettre que l'on est capable d'accomplir des exploits apparemment surhumains lorsqu'on en a la volonté, ou que l'on cesse de les croire impossibles à réaliser.

Vous pouvez éviter d'être victime de votre propre attitude concernant votre santé. On peut s'entraîner à ne pas s'attendre à avoir la grippe, à ne pas souffrir d'hypertension, de maux de reins, de migraines, d'allergies, d'éruptions de boutons, de crampes et même de maladies plus graves comme par exemple les maladies de cœur, les ulcères et l'arthrite. Vous pouvez bien sûr vous dire dès à présent en lisant ces lignes que j'ai tort et que ce sont là des choses auxquelles on ne peut rien. Ma réponse est la suivante : Que défendez-vous donc, puisqu'en vous obstinant à considérer ces maux comme inévitables *votre propre système de défense* se révélera inefficace – ce qui aura pour effet de vous immobiliser ? Quels avantages tirerez-vous d'une telle attitude ? Dites-vous plutôt que si vous cessiez de vous attendre à tomber malade et que vous changiez d'optique, peut-être – seulement peut-être – quelques-uns de ces troubles disparaîtraient. Et même si cela n'était pas le cas, vous en seriez quitte pour le *statu quo*. Qu'auriez-vous perdu ? Comme l'a dit une fois quelqu'un de très sage : « Au lieu de me chercher querelle, écoutez plutôt ce que j'ai à dire. » Les attitudes que vous adoptez sont les meilleurs médicaments au monde – apprenez à les faire agir dans votre sens et à vous détourner des comportements négatifs, qui sont le fait de notre civilisation.

Dans son livre *Psychosomatic Medicine, its Principles and Application*, le Dr Franz Alexander parle en ces termes de la suprématie de l'esprit : « Le fait que le corps soit régi par l'esprit constitue, bien que la biologie et la médecine ne s'y soient que fort peu intéressées, l'élément le plus fondamental que nous possédions concernant le processus de vie. »

Vos capacités intellectuelles

L'une des plus inquiétantes parmi les enquêtes scientifiques qui aient été menées jusqu'ici dans le domaine de l'éducation a montré combien il peut être dangereux d'imposer à l'avance des limites à la performance scolaire. En 1960, on remit au professeur d'une classe la feuille de résultats de ses élèves à un examen visant à déterminer leur quotient intellectuel, alors que pour une autre classe il reçut une feuille de résultats similaire mais sur laquelle on avait inscrit sous la colonne réservée au quotient intellectuel les numéros de casier de gymnastique des étudiants. Lorsqu'en début de semestre on afficha les feuilles de résultats des deux classes, le professeur présuma que les numéros de casier étaient effectivement les points qu'avaient obtenus les élèves de la deuxième classe, ce que pensèrent d'ailleurs aussi les élèves. Un an après, on découvrit la chose suivante : dans la première classe, les élèves ayant les quotients intellectuels les plus élevés avaient obtenu de meilleurs résultats que les autres ; mais, dans la deuxième classe également, les élèves ayant des numéros de casier élevés avaient obtenu des résultats nettement supérieurs à ceux de leurs camarades moins chanceux dans le numérotage des casiers !

Si l'on vous serine que vous êtes un « moins que rien » et que vous finissez par le croire, votre performance s'en ressentira. Vous serez victime de votre manque d'ambition, et si en plus vous en persuadez les autres vous multipliez par deux vos possibilités d'échec.

Un génie habite en vous – vous pouvez lui permettre d'illuminer votre existence – ou, au contraire, vous considérer comme un laissé-pour-compte, particulièrement lésé par la nature pour ce qui est de la matière grise. Là encore, ce qui compte c'est ce à quoi vous vous attendez de votre propre personne. Vous pouvez vous persuader qu'il vous est difficile d'apprendre une discipline nouvelle et vous n'y arriverez sûrement pas. Vous pouvez aussi vous imaginer que vous ne serez jamais capable d'apprendre une langue étrangère, et bien sûr vous n'y arriverez pas.

Mais, en réalité, la capacité de stockage de votre cerveau – à peine plus gros qu'une orange (on a estimé qu'il était capable de stocker au minimum une masse d'informations équivalente à 100 trillions de mots) – tient du prodige. Si vous voulez avoir une idée de ce que vous *savez*, Michael Phillips suggère que vous vous soumettiez à ce petit exercice. « Supposez que vous couchiez sur le papier tout ce dont vous vous souvenez : les noms des personnes que vous connaissez et dont vous avez entendu parler, les expériences remontant à la plus tendre enfance, les récits de livres que vous avez lus, les scénarios de films que vous avez vus, les descriptions des emplois que vous avez eus, vos violons d'Ingres et ainsi de suite... » Mais il serait souhaitable pour cela que vous ayez pas mal de temps libre car, à en croire M. Phillips, « même si vous y consacriez vingt-quatre heures par jour, vous y mettriez quelque deux mille ans ».

La capacité de votre mémoire à elle seule est phénoménale. Vous pourriez exercer votre esprit sans trop d'efforts à retenir tous les numéros de téléphone que vous utilisez pendant une année, cent noms d'étrangers à qui vous avez été présenté au cours d'une soirée et vous les rappeler des mois plus tard, à décrire en détail tout ce qui vous est arrivé la semaine précédente, dresser l'inventaire de tous les objets se trouvant dans une pièce où vous êtes resté cinq minutes, apprendre par cœur n'importe quelle liste interminable de faits pris au hasard, etc. Il ne fait aucun doute que vous êtes quelqu'un de très puissant dès qu'il s'agit de faire travailler votre matière grise. Mais voilà, il se peut que vous ayez pour vous des aspirations différentes que vous véhiculez vous-même par des messages autodestructeurs du type suivant : « Je ne suis pas très intelligent. » « Je n'ai aucune mémoire pour les gens, les chiffres, les langues étrangères... » « Je ne suis pas doué par les maths. ». « Je ne lis pas vite. » « Je n'arrive jamais à faire ces puzzles... », et ainsi de suite.

Toutes les déclarations de cette veine reflètent une attitude négative qui vous paralysera. Si vous les troquiez contre des expressions de confiance et de foi en vous et si vous décidiez de croire fermement en votre capacité d'apprendre n'importe quelle matière de votre choix, vous vous épargneriez les affres du petit jeu sordide de l'autodénigrement.

Vos capacités émotionnelles

Vous êtes tout aussi doué pour atteindre le zénith dans le domaine affectif que dans celui des performances physiques ou intellectuelles. Une fois encore tout dépend de la façon dont vous envisagez votre propre vie. Si vous vous attendez à être déprimé, anxieux, à avoir peur, à vous mettre en colère, à vous sentir coupable ou à vous rendre victime de tous les autres comportements névrotiques dont j'ai parlé de manière détaillée dans *Vos zones erronées*, vous en ferez sans doute votre menu quotidien. Vous justifierez vos attitudes par des déclarations de ce genre : « Après tout, c'est naturel de se sentir déprimé », ou « C'est humain de se mettre en colère... » Eh bien non ! Tout cela n'a rien d'humain ni de naturel. Ce n'est que pure névrose que d'encombrer votre existence de traumatismes émotionnels, et vous pouvez cesser de vous attendre à réagir de la sorte. Vous pouvez vous affranchir de ces zones de brouillage si vous vous mettez à vivre au présent et si vous vous inscrivez en faux contre certaines absurdités que débitent de nombreux psychologues et autres. Vous êtes ce que vous choisissez d'être et si vous cessez de vous attendre à vous sentir déprimé ou instable, vous commencerez à acquérir les caractéristiques d'un être pleinement épanoui.

Vos capacités sociales

Si l'image que vous avez de vous est celle d'un être gauche, empoté, timide, hésitant, introverti, qui s'exprime mal et ainsi de suite, c'est que vous avez des aspirations sociales négatives qui ne tarderont pas à se manifester par des comportements également négatifs. De même, si vous vous cataloguez comme appartenant à la classe populaire ou comme bourgeois ou petit-bourgeois, il est fort probable que vous adopterez le mode de vie de l'une de ces classes sociales – peut-être bien pour la vie. Si vous vous attendez à avoir des difficultés d'argent, souvent par votre attitude vous occulterez toute possibilité d'améliorer votre situation financière. Vous vous contenterez d'assister à la réussite des autres et vous vous direz qu'ils ont bien de la chance. Si vous vous attendez à ne pas pouvoir vous garer en ville, vous ne chercherez pas vraiment une place, ce qui vous fera dire, bien sûr : « Je t'avais bien dit que nous n'aurions pas dû prendre la voiture ce soir. » La façon dont vous envisagez votre participation à la société dans laquelle vous vivez déterminera dans une grande mesure ce que sera votre vie. Pensez « argent » si c'est la réussite financière qui vous tient à cœur. Commencez par vous considérer comme quelqu'un qui s'exprime avec clarté et facilité, qui a des dons de créativité, ou n'importe quelles autres qualités que vous voudriez avoir. Ne vous laissez surtout pas décourager si vous n'y arrivez pas tout de suite ; tirez profit au contraire de vos expériences fâcheuses et allez de l'avant. La pire des choses qui puisse vous arriver c'est de rester là où vous en êtes – et puisque vous y êtes déjà, pourquoi ne pas aspirer à une situation plus avantageuse ?

SOURCES TYPIQUES D'EXPLOITATION

Dès l'instant où vous vous mettrez à adapter vos aspirations à vos capacités réelles, vous vous trouverez confronté à des exploiteurs qui vous empêcheront de les réaliser. Bien qu'il soit toujours possible de se faire exploiter partout et par n'importe qui, il existe dans notre culture des terrains d'exploitation particulièrement délicats. Nous nous référerons, dans le reste de ce livre, aux six catégories d'exploitation décrites dans les paragraphes suivants, lorsqu'elles interviendront de manière négative dans votre vie quotidienne.

1. La famille

Au cours d'une de mes conférences, j'ai demandé aux huit cents personnes présentes de faire une liste des cinq situations les plus courantes dans lesquelles elles se sentaient exploitées. J'ai reçu quatre mille réponses, faisant état de situations d'exploitation typiques, et 83 % d'entre elles avaient trait d'une manière ou d'une autre aux familles des exploités. Imaginez donc : la proportion dans laquelle vous êtes exploité dans l'existence est peut-être due à 83 % aux rapports inefficaces que vous entretenez avec des membres de votre famille qui vous contrôlent et vous manipulent comme bon leur semble – et vous en usez sûrement de même à leur égard !

Voici quelques exemples typiques de pressions familiales qui étaient citées dans les réponses : les visites « qu'il faut faire », les coups de téléphone « qu'il faut donner », la corvée de reconduire tout le monde en voiture, le fait d'avoir à supporter les tracasseries des parents, des enfants, des beaux-parents, de ranger les affaires de tout le monde, d'une manière générale d'être toujours à la disposition de tout un chacun, de ne pas être apprécié à sa juste valeur et enfin, de ne pas avoir de vie privée en raison de toutes sortes d'obligations familiales.

S'il est vrai que la cellule familiale reste indéniablement la pierre angulaire de l'évolution sociale, la principale institution où sont enseignés les principes et les valeurs de notre société, c'est aussi là que l'on acquiert et que l'on exprime le plus d'hostilité, d'anxiété, de tension nerveuse et de manifestations dépressives. Si vous avez l'occasion d'aller dans une clinique psychiatrique, vous vous apercevrez, en vous entretenant avec les malades, que la plupart d'entre eux ont des rapports difficiles avec divers membres de leur famille. Non, ce n'est pas avec leurs voisins, leurs patrons, leurs professeurs ou leurs amis que les malades mentaux ont du mal à entretenir des relations, au point de devoir être soignés en clinique, mais presque toujours avec des membres de leur propre famille.

Voici un passage extrait du dernier livre de Sheldon B. Kopp : *If You Meet The Buddha on The Road, Kill Him ! The Pilgrimage of Psychotherapy Patients,* qui illustre brillamment cet état de choses :

« Cela dérangea considérablement les membres de la famille de don Quichotte et de sa communauté d'apprendre qu'il avait choisi de croire en lui-même. Ils méprisaient le désir qu'il avait de poursuivre son rêve. Ils ne firent aucun rapprochement entre la naissance de la folie chez le chevalier, et la grisaille misérable de la vie à côté de dévots de leur espèce. Sa nièce chichiteuse, son intendante qui savait toujours ce-qui-convenait-le-mieux-à-tout-le-monde, son coiffeur assommant ainsi que le pompeux prêtre du village, tous savaient fort bien que c'étaient les livres dangereux qu'il lisait qui avaient empli l'esprit chancelant de don Quichotte de toutes sortes d'idées abracadabrantes et qui l'avaient conduit à la folie. »

Kopp établit ensuite une analogie entre don Quichotte vieillissant et l'influence qu'exercent les familles modernes sur les malades mentaux sérieusement atteints.

« L'ambiance familiale de don Quichotte me rappelle celle des familles dont sont quelquefois issus de jeunes schizophrènes. Souvent ces familles donnent une impression de droiture et de stabilité hypernormale. Ce qui se passe en réalité, c'est qu'elles ont mis au point un système de mots d'ordre d'une extrême subtilité, dans le but d'avertir n'importe lequel des leurs qui, en agissant spontanément, serait susceptible de mettre en péril l'équilibre précaire de la famille et de démasquer l'hypocrisie de leur pseudo-stabilité hypercontrôlée. »

Votre famille peut être pour vous une source de grand bonheur et elle le sera, si vous agissez en conséquence. Dans le cas contraire, vous allez tout droit au désastre. Si vous permettez à votre famille (ou à vos familles) de tirer vos ficelles, il arrive qu'elles se tendent si fort – et quelquefois en direction opposée – qu'elles finissent par vous écarteler.

Pour devenir une non-victime, vous serez forcé de suivre les directives de ce livre, plus particulièrement en ce qui concerne les membres les plus proches de votre famille. Ceux qui ont le sentiment que vous leur appartenez et que vous vous croyez obligé de défendre en raison de quelque lien du sang ou qui croient, pour les mêmes raisons, avoir le *droit* de vous dicter votre conduite, doivent être mis au pas.

Je n'encourage pas l'insurrection, mais je vous engage fermement à vous efforcer d'user de techniques de non-exploitation, surtout à l'égard de ceux qui seront le moins réceptifs à votre déclaration d'indépendance, à savoir les membres de votre famille – époux, ex-époux, parents, grands-parents, parents par alliance, proches, éloignés, oncles, tantes, cousins, etc. Il ne fait aucun doute que votre nouvelle attitude devant la vie – celle d'une non-victime – sera sérieusement mise à l'épreuve au milieu de cette horde de parents. Mais si vous gagnez la bataille, le reste ne sera que jeu d'enfant. Si les relations familiales sont si difficiles, c'est que les membres d'une même famille ont souvent le sentiment de se posséder les uns les autres. Tout se passe comme s'ils avaient investi les uns dans les autres les économies de toute une vie, exactement comme s'il s'agissait d'actions et de titres de Bourse. Cela leur permet de brandir tout à leur aise l'étendard de la *culpabilité* dès qu'ils doivent traiter avec des membres récalcitrants qui se révèlent être de « mauvais investissements ». Si vous vous laissez exploiter par votre famille, examinez de près la situation et voyez si l'on ne se sert pas du sentiment de culpabilité pour vous obliger à rester dans le rang et à être « comme tout le monde ».

Nous donnons, tout au long de ce livre, beaucoup d'exemples de comportements de non-victime efficaces en milieu familial. Si vous voulez apprendre aux membres de votre famille comment vous voulez être traité, vous devez prendre la résolution de n'appartenir à personne. Croyez-moi si vous le voulez, ils vous laisseront tranquille et, aussi surprenant que cela puisse vous paraître, ne vous en respecteront que davantage. Mais d'abord, cher lecteur, soyez assuré qu'ils emploieront tous les stratagèmes possibles et imaginables pour vous maintenir dans leurs filets.

2. Le travail

En dehors des contraintes familiales, il est fort probable que vous vous sentiez exploité par celles de votre travail. Patrons et employeurs ont souvent tendance à croire que ceux qu'ils emploient n'ont plus aucun droit et font partie du mobilier. Il est donc fort possible que vous vous sentiez manipulé et intimidé par des chefs d'entreprise ou des règlements établis.

Il se peut aussi fort bien que vous détestiez votre travail et que vous vous sentiez exploité car vous êtes forcé d'y consacrer huit heures par jour. Peut-être vos obligations professionnelles vous retiennent-elles souvent éloigné de ceux qui vous sont chers. Peut-être avez-vous le sentiment de vous compromettre en étant forcé d'emprunter des voies que vous auriez préféré éviter si vous aviez pu choisir votre emploi. Peut-être avez-vous de mauvaises relations avec votre chef de bureau ou vos collègues. Une loyauté excessive envers votre travail – qui vous conduirait à renoncer à votre liberté personnelle ainsi qu'à vos responsabilités familiales – peut être cause de nombreux cas d'exploitation professionnelle.

Si vous êtes frustré dans vos aspirations professionnelles ou déçu par elles, si vous vous sentez exploité par votre travail et les responsabilités qu'il comporte, prenez le temps de vous demander ce que vous faites dans un emploi qui porte atteinte à votre personnalité.

Le code moral foisonne de mythes très puissants qui tendent à vous exploiter dans le domaine professionnel. L'un d'eux veut que l'on manque de maturité professionnelle si l'on change souvent d'emploi et, pis encore, de carrière.

Méfiez-vous de ces croyances illogiques. Si vous vous y laissez prendre, elles feront de vous, à coup sûr, une victime ! Une montre en or ou une médaille du travail à la fin d'une carrière de cinquante ans est une maigre compensation en échange de toutes ces années passées à détester votre travail et à vous détester vous-même.

Vous pouvez trouver à vous employer dans des centaines de disciplines. Pour vivre efficacement, vous ne devez à aucun prix être limité par votre expérience ou votre formation présente, mais au contraire être convaincu que vous êtes capable de tenir une foule d'emplois, simplement parce que vous avez un esprit souple, enthousiaste et avide de savoir. (Le chapitre 7 traitera de façon plus complète le problème de l'exploitation professionnelle.)

3. Les représentants des professions libérales et les symboles d'autorité

Les personnes qui ont des titres mirobolants ou qui occupent des postes d'autorité peuvent facilement vous entraîner sur la pente de l'auto-exploitation. Les médecins, les hommes de loi, les professeurs d'université, les cadres supérieurs, les hommes politiques, les personnalités du milieu du spectacle et des sports, etc., tout ce beau monde a pris beaucoup trop d'importance dans notre civilisation. Peut-être vous sentez-vous irrité, décontenancé en la présence de ces « êtres d'élite » qui essaient de vous exploiter lorsque vous avez recours à eux dans les domaines de leur spécialisation.

La plupart des malades éprouvent de la difficulté à parler « argent » avec leur médecin ; ils se contentent donc de régler les notes d'honoraires et de se sentir roulé. Nombreux sont ceux qui se font opérer inutilement parce qu'ils sont trop timorés pour exiger un deuxième ou un troisième avis médical. Voilà le pernicieux syndrome de la victime qui montre une fois de plus le bout de son nez. Si vous n'êtes pas capable de vous entretenir avec des prestateurs de services à propos des honoraires qu'ils vous réclament, simplement parce que vous les avez placés tellement plus haut que vous que vous n'arrivez pas à imaginer qu'ils condescendent à vous entendre, vous ouvrez la porte à l'exploitation chaque fois que vous payez pour obtenir des soins médicaux, des conseils juridiques ou un enseignement quelconque. En attribuant des titres honorifiques tels que « Docteur », « Cher Maître » et *tutti quanti*, à tous ces gens, vous vous mettez constamment en position d'infériorité vis-à-vis d'eux. Vous vous sentez exploité, et il se peut bien que vous le soyez, parce que vous n'êtes pas capable de traiter avec eux sur un pied d'égalité.

Afin d'éviter les pièges que représentent les symboles d'autorité, vous devez commencer par les considérer simplement comme des êtres humains, n'ayant ni plus ni moins d'importance que vous, qui accomplissent des tâches pour lesquelles ils ont été hautement préparés et que vous payez fort cher. N'oubliez pas que si quelqu'un devait être traité avec plus d'égards, ce serait plutôt celui qui est servi, celui qui paie. Vous ne pouvez pas accorder à quelqu'un plus d'estime qu'à vous-même et vous attendre à ce qu'il vous traite en égal. Sinon vous êtes une victime – et vous devez passer le plus clair de votre temps à faire des courbettes, demander la permission, attendre le bon plaisir de chacun, espérer les faveurs de votre chef de service, faire aveuglément confiance aux gens et espérer ne pas vous faire rouler par quelqu'un qui se refuse à discuter de ses honoraires ou qui le fait sur un ton condescendant.

Mais si les choses se passent ainsi, c'est que vous le permettez. Ceux qui remplissent de hautes fonctions ou qui font figure d'autorité vous respecteront si vous leur inspirez le respect. Soyez courtois à leur égard, mais gardez-vous bien de jamais leur manifester une admiration exagérée et ne leur permettez jamais de vous exploiter de quelque manière que ce soit.

4. La bureaucratie

Les rouages du système administratif représentent une source phénoménale d'exploitation. La plupart de ces institutions servent mal le public et ont avec lui des rapports totalement déshumanisés. Parmi les plus abusives, on peut citer l'Administration et les entreprises sans but lucratif détentrices de monopoles, telles que les services publics. De nature complexe, ces institutions ne sont autres que des monstres multitentaculaires, aux multiples ramifications, encombrées de paperasses et de fonctionnaires désabusés, et qui, de toute manière, sont aussi impuissants que ceux à qui ils essayent de venir en aide.

Vous avez probablement déjà eu à faire à votre percepteur pour des réclamations de dégrèvement qui ont duré des mois ou des années entières, vous ont forcé à rencontrer des bureaucrates de tout acabit, pour finalement vous rendre compte que la cause était perdue d'avance. Vous savez ce que c'est que d'arriver à faire corriger une erreur évidente sur une facture de téléphone ou d'électricité. Vous ne savez que trop combien il est difficile de parvenir à ce qu'un ordinateur cesse de vous adresser des lettres menaçantes à propos d'une facture qui, de toute façon, ne vous concernait pas. Vous avez peut-être connu les interminables files d'attente pour pointer au chômage, les employés peu complaisants, les questions débiles, les innombrables formulaires – à fournir en quatre exemplaires – qui ne font que peu de cas de vous. Vous avez entendu des histoires à vous faire dresser les cheveux sur la tête à propos de démêlés avec des employés des bureaux d'assurance vieillesse ou des contributions, et vous vous êtes sûrement perdu dans des labyrinthes encombrés d'employés totalement amorphes, pour vous faire régler un simple remboursement.

Les bureaucraties de ce monde peuvent représenter pour le simple citoyen une source d'exaspération profonde. Elles sont pourtant régies par des citoyens comme les autres qui, pour une raison ou pour une autre, adoptent une mentalité de bureaucrate dès qu'ils se mettent derrière leurs bureaux.

Vous pouvez adopter certaines stratégies afin de lutter contre les principales sources d'exploitation qui font partie intégrante des bureaucraties, mais il est excessivement difficile, sinon impossible, de changer les bureaucraties elles-mêmes. Vous devez donc vous montrer particulièrement vigilant, si vous voulez éviter de vous laisser happer par elles.

La meilleure et la plus efficace de ces stratégies est autant que possible l'évasion, c'est-à-dire le refus de participer de quelque manière que ce soit au petit jeu sordide de l'exploitation bureaucratique. Il faut bien comprendre au départ que beaucoup de personnes éprouvent le besoin, pour se sentir importantes, de se raccrocher aux institutions. Ne perdez donc jamais votre sang-froid. Considérez vos démêlés avec ces organisations comme autant de défis qui ne vous mettent pas en cause personnellement. L'écrivain et philosophe américain Henry David Thoreau nous exhortait naguère à la simplicité, encore et toujours la simplicité : « Que vos affaires soient au nombre de deux ou de trois et non de cent ou de mille ! »

Or, les monstres qu'a créés notre civilisation, sous prétexte de servir le peuple, sont bien loin d'être simples. Ces MM. les bureaucrates se gausseraient certainement aujourd'hui d'un homme qui aurait décidé de vivre pendant deux années sur les bords d'un étang isolé, et se hâteraient en tout cas de le bombarder de lettres et d'avis de toute sorte, lui interdisant d'y séjourner et exigeant de lui des permissions de pêche, de chasse, de droit au bail, de fourniture d'eau, et j'en passe.

5. Les employés

Si vous vous êtes donné la peine d'observer comment fonctionne notre civilisation, vous avez sans doute pu remarquer que la raison d'être de nombreux employés (pas de tous, malgré tout) – si l'on s'en tient scrupuleusement à leur description de poste – est de vous exploiter autant que faire se peut.

C'est souvent en pure perte que vous vous adressez à des subalternes pour des réclamations. Ils ne sont là que pour veiller à ce que vous suiviez les règlements de la compagnie qui les emploie et pour éviter que vous ne les contourniez à votre aise.

La plupart d'entre eux n'ont aucun avantage particulier à bien traiter les clients. Un vendeur qui vous a vendu de la camelote se moque éperdument que vous soyez ou non remboursé ou que vous vous adressiez à l'avenir à un autre magasin. Les vendeurs ne font souvent que leur devoir lorsqu'ils réussissent à vous empêcher de parler au responsable qui, lui, pourrait vous venir en aide, et il est bien connu qu'ils prennent un plaisir immense à s'abriter derrière le « pouvoir » de leur compagnie pour vous marcher dessus. Ils se gargarisent de phrases du type de « Je suis désolé, c'est le règlement », « Je suis vraiment désolé, mais il faut que vous écriviez à… », « Mettez-vous dans la queue », « Revenez la semaine prochaine » ou « Allez vous faire voir ailleurs ! », tout simplement.

Peut-être la meilleure façon de négocier avec les employés de ce monde consiste-t-elle à vous rappeler cette maxime qui tient en ces quelques mots : *Un employé est un être borné*.

Il ne s'agit pas bien sûr de la personne qui se cache derrière ce rôle : celle-ci est un être exquis, merveilleux, unique, important, qui devient un être borné dès qu'elle se transforme en gendarme payé pour vous exploiter. Évitez les subalternes et adressez-vous plutôt à des personnes qui peuvent vous être utiles. Si vous dites aux vendeurs d'un grand magasin que vous ne remettrez plus jamais les pieds chez eux, pensez-vous qu'ils en soient affectés ? Bien sûr que non. Leur métier n'est pour eux qu'un gagne-pain, et peu leur importe que vous aimiez ou non le magasin en question. Ce n'est pas là un point de vue pessimiste. Pourquoi voulez-vous qu'ils se sentent concernés ? Leurs attributions elles-mêmes exigent d'eux qu'ils ne le soient pas. Ils sont payés pour vous empêcher d'enfreindre les règlements – ce qui pourrait être préjudiciable aux intérêts des compagnies qui les emploient. Mais vous n'êtes pas forcé de passer par eux, à moins que vous n'éprouviez un malin plaisir à vous faire exploiter.

Accordez aux employés le respect auquel ils ont droit. Peut-être en êtes-vous un ; je l'ai été moi-même pendant de nombreuses années. Mais lorsque vous devrez être efficace et obtenir ce que vous pensez être en droit d'attendre d'un grand magasin, d'une compagnie d'assurances, d'un magasin d'alimentation, d'une administration, du propriétaire de votre appartement, etc., prenez d'ores et déjà la ferme décision de ne pas vous laisser exploiter par des employés de toutes appellations, que vous devez considérer comme autant d'obstacles à franchir afin d'obtenir satisfaction.

6. Vous-même

Eh bien oui ! Vous. En dépit de toutes les personnes comprises dans les cinq catégories précédentes et le nombre infini d'autres sources et catégories d'exploitation que nous pourrions citer, vous êtes la seule et l'unique personne qui décidez de vous sentir démoralisé, déprimé, contrarié, tracassé, intimidé ou coupable envers ou à cause de quiconque ou de quoi que ce soit ici-bas. Outre la déception que vous éprouvez lorsque les gens ne se conduisent pas envers vous comme vous l'auriez souhaité, vous pouvez vous exploiter vous-même de mille manières : voici quelques zones typiques d'auto-exploitation que vous devez arriver à surmonter, tout seul.

Votre formation. Vous vous exploitez vous-même si vous travaillez dans une discipline pour laquelle vous avez été formé, alors que celle-ci ne vous apporte plus aucune satisfaction. Si à quarante ans vous exercez la profession d'homme de loi ou de mécanicien, uniquement parce qu'un jeune homme de dix-sept ans en avait décidé ainsi, c'est que vous êtes victime de votre formation, dont le but initial était précisément de vous apporter dans le domaine de l'emploi une plus grande liberté de choix que vous n'en aviez à l'origine. Feriez-vous confiance à un jeune homme de dix-sept ans lorsqu'il s'agit de la manière dont vous voulez vivre votre vie ? Eh bien, pourquoi vous laisser paralyser par les décisions que vous avez vous-même prises à dix-sept ans, alors que vous avez largement dépassé cet âge ? Soyez ce que vous choisissez d'être aujourd'hui. Si votre métier ne vous satisfait plus apprenez-en un autre.

Votre passé. Vous pouvez être victime de votre propre passé s'il vous condamne à agir toujours de la même manière, comme par exemple rester marié uniquement parce que vous avez déjà investi vingt-cinq années dans un mariage, alors qu'aujourd'hui vous êtes malheureux. Peut-être vivez-vous à un endroit qui ne vous plaît pas simplement parce que vous, ou votre famille, y avez toujours vécu. Peut-être craignez-vous de perdre une part de vous-même en vous affranchissant de votre passé. Mais ce que vous avez été jusqu'ici est bel et bien fini. Si vous vous référez toujours à ce que vous avez fait dans le passé pour décider de ce que vous ferez dans l'avenir, il est plus que probable que vous vous exploitez vous-même en vous privant des immenses satisfactions que peut vous procurer une liberté de tous les instants, et cela pour l'unique raison que vous n'avez pas su en profiter dans le passé.

Votre code moral et vos critères d'appréciation. Il se peut fort bien que vous ayez adopté un code moral qui, vous le savez, ne vous convient pas et vous pénalise inutilement. Vous continuez cependant à vous y conformer parce qu'il donne de vous une image à laquelle vous avez fini par souscrire. Peut-être croyez-vous devoir vous excuser lorsque vous exprimez une opinion contraire, ou pensez-vous que l'on ne doit *jamais* mentir. Peut-être avez-vous des principes dans le domaine de la sexualité, qui vous empêchent d'avoir des expériences sexuelles agréables. Peu importe le cas, vous pouvez à tout moment réviser votre code moral et refuser de continuer à vous exploiter en vous cramponnant à des croyances qui ne sont plus valables.

Votre attitude envers votre corps. Vous pouvez avoir, vis-à-vis de votre corps, une attitude autodestructrice à l'extrême. Et pourtant, vous n'aurez jamais qu'un seul corps, celui que vous avez à présent. Pourquoi ne pas faire en sorte qu'il soit en bonne santé, attirant, et agréable à regarder ? Vous vous exploitez vous-même en vous laissant empâter par le manque d'exercice et les mauvaises habitudes alimentaires. En vous adonnant à toutes sortes de tranquillisants, de calmants, ou à l'alcool et au tabac, en ne vous octroyant pas assez de repos, en vous imposant des périodes de stress et de tension nerveuse, vous vous faites aussi violence à vous-même. Votre corps est un instrument puissant, une mécanique bien huilée, supérieurement efficace, mais vous pouvez le maltraiter et en abuser en n'en prenant pas soin ou en lui administrant des substances nocives ou de mauvaise qualité qui finiront par le détruire.

Les images que vous avez de vous-même. Comme nous l'avons déjà vu plus haut à propos de vos capacités, les images que vous avez de vous-même peuvent contribuer à faire de vous une victime. Si vous vous croyez incapable dans un domaine quelconque, si vous pensez que vous êtes moche ou inintelligent, vous serez persuadé que c'est ainsi que les autres vous voient : vous agirez donc ainsi, et vous serez ainsi. Il est d'une importance capitale que vous ayez des images plus positives de vous-même, si vous voulez éviter de devenir une victime aux réflexes aussi conditionnés que ceux d'un patient à qui l'on donne un petit coup sec sur le genou.

Vous pouvez, à l'aide de votre imagination, inventer mille façons de vous exploiter vous-même – mais vous pouvez aussi, en l'utilisant de manière constructive, vous débarrasser à tout jamais de votre condition de victime. À vous de choisir.

CHAPITRE 2

ADOPTER UNE POSITION DE FORCE

La peur n'existe pas en elle-même.
Il n'y a que l'idée de la peur et
les réactions qu'elle provoque.

OÙ EN ÊTES-VOUS ?

Pour savoir où vous en êtes, faites le test suivant en vingt et une questions.

Vous placez-vous d'habitude en position de force ou de faiblesse ? Le tout premier précepte qu'il convient d'adopter si l'on veut éviter d'être exploité est le suivant : ne jamais adopter une position de faiblesse. Vous pourrez à l'aide du questionnaire qui suit (que nous avons établi en fonction des catégories de sources typiques d'exploitation déjà traitées au chapitre 1) déterminer dans quelle mesure vous adoptez d'habitude une position de force ou de faiblesse.

La famille

Oui	Non	
......	......	1. Vous arrive-t-il de « suivre le courant » en agissant comme le souhaitent les autres membres de votre famille, et d'en être contrarié ?
......	......	2. Êtes-vous toujours celui ou celle qui reconduit les autres en voiture, qui range derrière tout le monde ou qui, d'une manière générale, organise sa vie en fonction de l'emploi du temps des autres ?
......	......	3. Trouvez-vous difficile de refuser quelque chose à vos parents, à votre conjoint ou à vos enfants, et de leur expliquer les raisons de votre attitude ?
......	......	4. Cela vous coûte-t-il de refuser de parler à des parents au téléphone sans fournir d'excuses ?

Le travail

Oui	Non	
......	......	5. Vous est-il impossible de demander une augmentation et de plaider votre cause avec fermeté et énergie ?

......	......	6. Évitez-vous la discussion avec vos supérieurs hiérarchiques lorsqu'une différence d'opinion vous oppose ?
......	......	7. Vous arrive-t-il souvent au travail de faire la sale besogne et d'en être mécontent ?
......	......	8. Faites-vous toujours des heures supplémentaires si on vous le demande, même si cela contrarie des projets personnels qui ont pour vous une importance particulière ?

Les représentants des professions libérales et les symboles d'autorité

Oui	Non	
......	......	9. Éprouvez-vous de la difficulté à considérer votre médecin comme égal à vous-même et non supérieur ?
......	......	10. Payez-vous invariablement la facture ou les honoraires qui vous sont présentés même si vous les estimez trop élevés ?
......	......	11. Éprouvez-vous de la difficulté à exprimer votre mécontentement à quelqu'un qui jouit d'un certain prestige social lorsque vous avez le sentiment qu'il n'a pas été correct envers vous ?

......	......	12. Acceptez-vous (ou acceptiez-vous), sans les contester, les notes que vous octroient (ou octroyaient) vos professeurs, même si vous pensez (ou pensiez) en mériter de meilleures ?

La bureaucratie

Oui	Non	
......	......	13. Passez-vous votre temps à faire la queue chaque fois que vous avez affaire à une administration ?
......	......	14. Évitez-vous de demander à parler au chef de service chaque fois que vous n'avez pas satisfaction ?
......	......	15. Évitez-vous d'affronter des bureaucrates qui, vous le sentez bien, ont à votre égard une attitude évasive et sont prêts à vous mener en bateau ?

Les employés

Oui	Non	
......	......	16. Vous pliez-vous sans contester lorsqu'employés ou vendeurs ne veulent rien entendre et vous répètent imperturbablement : « La maison ne rembourse pas. », « Les articles ne sont ni repris ni échangés. », etc.

......	......	17. Êtes-vous gêné ou embarrassé de les regarder droit dans les yeux et de leur exprimer ouvertement votre mécontentement ?
......	......	18. Vous arrive-t-il, au restaurant, d'être mal placé et de ne pas oser demander de changer de table ?

Vous-même

Oui	**Non**	
......	......	19. Évitez-vous de parler aux étrangers ?
......	......	20. Vous arrive-t-il de faire l'aumône à contrecœur, d'être abordé dans la rue par des gens bizarres et d'avoir du mal à vous en défaire ?
......	......	21. Avez-vous l'habitude de demander la permission d'intervenir dans une conversation, ou de faire ceci ou cela ?

Si vous avez répondu par l'affirmative à une seule de ces questions, cela indique que vous avez adopté une position de faiblesse et que vous êtes par conséquent exploité.

UNE NOUVELLE FAÇON D'ENVISAGER LA FORCE

Être fort n'implique nullement d'être puissant, ni d'avoir tendance à manipuler les autres ou à les agresser de quelque manière que ce soit. Adopter une position de force c'est agir en fonction de deux principes : celui de la valeur personnelle et celui de l'efficacité.

Vous avez de toute façon une valeur propre, vous êtes toujours quelqu'un d'important, et il n'y a aucune raison pour vous diriger, ou pour permettre aux autres de vous entraîner dans une direction qui porte atteinte à votre dignité d'homme. De plus, en toutes circonstances, vous avez le choix entre deux modes de conduite : d'une part, vous montrer efficace et atteindre votre objectif ou, d'autre part, être inefficace et finalement être empêché d'agir comme vous l'auriez souhaité. Vous ne pouvez peut-être pas toujours – mais presque toujours – être efficace, et vous pouvez, en tout cas, agir en toutes circonstances en partant du principe que vous avez une valeur intrinsèque en tant qu'individu.

Rappelez-vous que vous êtes le seul, par définition, capable de juger votre valeur personnelle. En effet, celle-ci ne dépend ni de l'opinion des autres, ni de vos différentes performances. Vous êtes un être précieux parce que vous le pensez, parce que vous y croyez et, ce qui est bien plus important encore, parce que vous vous *comportez* comme tel.

Il ne suffit pas de proclamer votre valeur, mais il faut encore agir en conséquence. C'est en cela que consiste essentiellement la force et c'est ce qui vous permettra bien sûr de ne plus être une victime. Si le besoin d'éprouver votre puissance ou votre pouvoir d'intimidation est à bannir, vous devez cependant adopter une position de force qui vous garantira le respect des autres, tout simplement parce qu'au fond de vous-même vous aurez conscience de votre propre valeur.

Si celle-ci vous est acquise et ne doit jamais être remise en cause, il ne vous sera cependant pas toujours possible d'être efficace. Il vous arrivera parfois de ne pas atteindre les buts que vous vous êtes fixés. Vous rencontrerez quelquefois des gens avec qui il vous sera totalement impossible de vous entendre ou bien vous vous trouverez dans des situations qui vous forceront à faire marche arrière ou à avoir recours à des compromis. Vous pouvez toutefois réduire le plus possible le nombre de ces occasions et, surtout, ne plus vous laisser affecter par elles.

Être efficace, cela signifie simplement utiliser toutes ses ressources personnelles ainsi que toutes les stratégies possibles et imaginables, sans aller jusqu'à nuire à autrui, afin de parvenir aux objectifs choisis. Votre propre valeur et votre efficacité seront la base même de votre position de force.

LA PEUR : UN SENTIMENT QUE VOUS PORTEZ EN VOUS

C'est la peur de « ce qui pourrait arriver » qui vous empêche d'adopter une position de force. Vous iriez même jusqu'à vous dire « paralysé » par elle. Mais qu'est-ce donc que ce sentiment qui vous semble venir de nulle part et qui vous immobilise de la sorte ? Si, au cours d'un jeu de société, l'on vous demandait de rapporter « un seau rempli de peur », vous pourriez bien y passer l'éternité, vous rentreriez toujours bredouille. Car la peur n'existe pas sur cette terre ; c'est un sentiment que l'on s'inflige à soi-même. Rien ni personne ne peut vous faire du mal à moins que vous ne le permettiez, auquel cas, bien sûr ; vous êtes votre propre victime.

Peut-être êtes-vous exploité parce que vous vous êtes mis en tête que quelqu'un ne vous approuvera pas, ou qu'une catastrophe quelconque vous tombera dessus, ou que mille autres choses surviendront, si vous agissez comme vous l'entendez. Mais la peur est un sentiment interne, renforcé par un système de pensée bien pratique, auquel vous vous référez astucieusement, pour éviter de vous attaquer directement à la frayeur que vous avez de vous assumer. Peut-être formulez-vous ainsi ces pensées : *Je ne vais pas réussir. J'aurai l'air stupide. Je suis moche. Je ne suis pas sûr de moi. Ils risquent de me faire du mal. Je risque de ne pas leur plaire. Je me sentirais trop coupable. C'est moi qui serai le perdant. Ils risquent d'être fâchés contre moi. Je risque de perdre mon emploi. Je n'irai pas au paradis. Il va sans doute m'arriver quelque chose de terrible. Je sais que je m'en voudrai d'avoir dit ça. Je ne pourrai pas me regarder en face.*

De telles pensées trahissent un mécanisme interne de soutien qui renforce votre peur, et vous empêche d'adopter une position de force. Chaque fois que vous vous raccrochez aux réactions de peur que révèle chacune de ces petites phrases, c'est que vous aurez agi par faiblesse et vous porterez sur le front le stigmate de la victime.

Si vous devez avoir l'assurance que tout ira bien avant de prendre le moindre risque, vous ne ferez jamais rien, car l'avenir n'est promis à personne. La vie ne vous apporte aucune garantie et, si vous voulez qu'elle vous donne joie et satisfaction, vous feriez bien de vous défaire de ces pensées qui vous paniquent et vous paralysent et qui ne sont rien d'autre que des vues de l'esprit. Les catastrophes que vous imaginez arrivent rarement. Souvenez-vous de ce vieux sage qui a dit un jour : « Je suis un vieil homme et j'ai connu beaucoup de malheurs, dont la plupart n'ont jamais eu lieu. »

J'ai eu dans ma clientèle une jeune femme qui vint me consulter à propos d'une peur chronique. Enfant, Donna avait une fois fait six kilomètres à pied pour rentrer chez elle parce qu'elle avait peur de ce que dirait le conducteur de l'autobus lorsqu'il se rendrait compte qu'elle ne savait pas comment s'y prendre pour poinçonner son ticket. Elle me raconta comment, enfant, elle succombait à des frayeurs du même ordre lorsqu'il fallait, par exemple, faire un exposé en classe, et qu'elle se rendait littéralement malade avec des accès de fièvre et des vomissements incontrôlables. Adulte, il lui arrivait, lorsqu'elle assistait à une soirée, d'aller aux toilettes et de ne pas uriner de peur que les autres l'entendent et se moquent d'elle.

Donna doutait d'elle-même comme il n'est pas permis. La peur régissait sa vie. Elle vint me consulter parce qu'elle en avait assez de s'exploiter ainsi elle-même. Après plusieurs séances, au cours desquelles je l'ai encouragée à prendre quelques « petits risques », elle apprit, par son expérience personnelle, comment surmonter sa peur. Elle commença par dire à sa mère qu'elle ne pourrait aller la voir la semaine suivante. Cela représenta pour elle une étape importante. Petit à petit, elle prit de l'assurance et alla jusqu'à affronter les vendeurs et les serveuses quand elle n'était pas satisfaite de leurs services. Enfin, elle accepta un jour de prendre la parole pendant cinq minutes à un de mes cours à l'université. Au début, elle n'en menait pas large, mais elle alla jusqu'au bout.

C'était merveilleux de voir le changement qui s'opérait en elle à mesure qu'elle se débarrassait d'un comportement axé sur la peur. Elle s'en tira magnifiquement devant la classe et personne ne soupçonna l'état de nervosité et d'insécurité dans lequel elle se trouvait. Donna occupe aujourd'hui (trois ans plus tard) un poste important et il lui arrive souvent de s'adresser à une assistance nombreuse lors des séminaires qu'elle est appelée à diriger. Nul ne croirait jamais qu'elle a vécu dans le passé sous l'emprise totale de la peur. Elle s'en est débarrassée en remettant en cause l'absurdité du mécanisme interne qui renforçait sa peur et en prenant des risques, ce qu'elle fait aujourd'hui tout naturellement en trouvant même cela amusant.

Samuel Johnson, le brillant auteur et lexicographe britannique, écrivit un jour : « Toute peur est douloureuse et, si elle ne mène pas à la sécurité, est douloureuse inutilement. Par conséquent, tout ce qui permet d'éliminer les frayeurs irrationnelles contribue au bonheur de l'humanité. »

Ces paroles frappent encore aujourd'hui – quelque deux cents ans après qu'elles ont été écrites – par leur actualité. Si votre peur n'est pas justifiée, elle est inutile, et vous devez à tout prix vous en débarrasser si vous voulez être heureux.

L'EXPÉRIENCE : UN ANTIDOTE CONTRE LA PEUR

Le cas de Donna illustre parfaitement l'une des leçons les plus significatives que nous enseigne l'existence, à savoir que l'on ne peut rien apprendre, surmonter aucune peur, si l'on n'est pas disposé à *agir*.

La plupart des victimes qui adoptent une position de faiblesse sont de ceux qui fuient l'action – cet antidote contre la peur et contre presque tous les comportements autodestructifs. Cependant, le précepte d'éducation le plus valable à mes yeux est le suivant : J'entends : J'oublie. Je vois : Je me souviens. J'agis : Je comprends.

Vous ne saurez jamais ce que l'on ressent lorsqu'on arrive à se défaire d'un sentiment d'angoisse tant que vous ne vous risquerez pas à l'affronter. Vous pouvez en parler à votre psychiatre jusqu'à ce que les poules aient des dents, vous lamenter autant et aussi longtemps que vous le voudrez, écouter les bons amis vous expliquer qu'il n'y a aucune raison d'avoir peur, jusqu'à ce que le ciel vous tombe dessus, rien n'y fera si vous n'agissez pas. Personne ne peut vous apprendre à avoir peur de même que personne ne peut vous apprendre à ne pas avoir peur. Vous êtes seul à en faire l'expérience, et seul vous devez lutter contre elle.

À la plage, un jour, j'ai entendu une mère hurler à son enfant : « Garde-toi bien d'entrer dans l'eau avant de savoir nager ! » Quelle logique, n'est-ce pas ? C'est comme si l'on disait : « N'essaie pas de te mettre debout avant de savoir marcher ! », ou « Ne t'approche pas du ballon avant de savoir le lancer ! ». Si d'autres personnes vous empêchent d'agir et s'attendent malgré cela à ce que vous sachiez comment vous y prendre, considérez que cela n'engage qu'elles. Si les adultes se sont conduits ainsi envers vous quand vous étiez enfant, et qu'en raison de cela vous les rendez aujourd'hui responsables de vos angoisses, c'est que vous êtes vraiment bloqué. Ce qu'ils ont fait ne peut être défait, et si vous vous en servez aujourd'hui comme prétexte pour ne pas agir, vous serez toujours une victime.

Considérez votre enfance comme une période de votre vie pendant laquelle vos parents ont cru faire pour le mieux et appliquez-vous à faire, à votre tour, de votre mieux pour modifier aujourd'hui votre personnalité. Allez-y, vous n'avez plus qu'à vous lancer, essayer ceci, tenter cela, vous tromper, recommencer, autrement dit, faire votre propre expérience. Celle-ci n'est-elle pas la source même de la sagesse et de la réussite ? En vous dérobant à toute expérience, vous vous tenez à vous-même le raisonnement suivant : « Je refuse de savoir. » Or, une telle attitude vous reléguera à une position de faiblesse et fera de vous, à coup sûr, une victime.

Vous ne serez jamais fort si vous ne consentez pas à vous mettre à l'épreuve – et si l'on réussissait toujours à toutes les épreuves, celles-ci n'auraient plus de raison d'exister. Vous ne pourrez donc pas vous arrêter chaque fois que vous échouerez. Lorsque vous serez prêt à entreprendre n'importe quelle activité qui vous semble présenter de l'intérêt (pas aux autres, mais à vous), vous comprendrez alors que l'expérience est l'antidote de la peur. Benjamin Disraeli, homme d'État et auteur britannique du XIXe siècle, connu pour la finesse de son esprit, l'a exprimé ainsi, dans un de ses premiers écrits : « L'expérience naît de la pensée, et la pensée naît de l'action. Ce ne sont pas les livres qui nous apprendront à connaître les hommes[1]. »

Vous commencez par réfléchir, vous agissez ensuite et ce n'est qu'après cela que vous vient l'expérience. C'est ainsi que vous aurez raison de la timidité qui fait de vous une victime.

---

1. *Vivian Grey* (Livre V, chap. I).

LE COURAGE : L'ARME INDISPENSABLE DES NON-VICTIMES

Être courageux, c'est être prêt à affronter la peur. Vous ne parviendrez pas à la surmonter à moins d'être décidé à rassembler tout votre courage – et alors vos ressources vous surprendront.

Avoir du courage signifie attaquer de front la critique, ne compter que sur soi-même, être prêt à accepter les conséquences et à tirer leçon des choix que l'on a faits. Cela veut aussi dire avoir suffisamment confiance en soi et avoir assez de détermination pour ne pas hésiter à couper toutes les ficelles que les autres utilisent pour vous manipuler.

Vous pouvez avancer progressivement sur la voie du courage en vous posant à chaque étape la question suivante : « Quelle est la pire des choses qui puisse m'arriver si… ? » Si vous envisagez alors les différentes éventualités, vous vous apercevrez que, dans la plupart des cas, rien de particulièrement grave ou pénible ne peut se produire lorsque vous vous appliquerez à ne plus être une victime à réflexes conditionnés. Vous verrez la plupart du temps que, comme un enfant qui craint l'obscurité, vous avez peur de quelque chose qui n'existe pas – et que donc rien ne peut vous arriver.

Prenons l'exemple de Bill, un ami comédien de longue date, qui était mort de trac d'avoir à passer une audition pour une pièce qui devait se jouer à Broadway. Je lui ai demandé de penser à la pire chose qui puisse lui arriver s'il s'en sortait mal. Il essaya d'analyser sa peur et me répondit : « La pire des choses qui puisse arriver est que je n'obtienne pas un rôle, que de toute façon je n'ai pas encore. »

D'une manière générale, subir un échec signifie rester là où l'on en était, et si ce n'est peut-être pas l'idéal, c'est une situation à laquelle vous pouvez certainement faire face. La méthode que je proposais à Bill, qui consistait en l'occurrence à envisager la pire des choses qui puisse arriver, donna ses fruits. Elle lui démontra l'absurdité de sa peur, celle-ci se dissipa et il fut magnifique à l'audition. Il n'eut pas le rôle convoité, mais quatre mois plus tard, après de nombreuses auditions, il en obtint un autre. Bill n'avait d'autre solution que l'action pour se libérer une fois pour toutes de l'auto-exploitation et décrocher un rôle auquel il tenait plus que tout. S'il ne se sentait pas tout à fait courageux, il eut cependant assez de cran pour *agir*. L'auteur américain Cora Harris l'a exprimé ainsi : « La chose la plus brave qui nous reste à faire, lorsqu'on n'est pas soi-même courageux, est de proclamer son courage et d'agir en conséquence. »

Cette idée me plaît car, comme Cora Harris, je crois que l'important est d'agir, et non d'essayer de se persuader soi-même de son courage, ou de son manque de courage, dans une situation donnée.

LES FAUX AVANTAGES D'UNE POSITION DE FAIBLESSE

Chaque fois qu'il vous arrive de vous sentir immobilisé par la peur, autrement dit, exploité, demandez-vous ceci : « Quel avantage vais-je en tirer ? » Vous serez d'abord tenté de répondre : « Aucun ! » Mais prenez le temps de réfléchir un peu, et vous vous demanderez pourquoi les gens trouvent en général plus facile de se faire exploiter que de se prendre fermement en main et de tirer leurs propres ficelles.

En abdiquant purement et simplement et en abandonnant aux autres le contrôle de votre vie, vous pouvez, en apparence, éviter nombre de situations hasardeuses, notamment celle de jamais vous trouver « sur la sellette ». Si les choses tournent mal, vous pouvez alors en accuser ceux qui tirent vos ficelles, les traiter de tous les noms, et échapper ainsi très adroitement à vos propres responsabilités. D'un autre côté, vous pouvez, à votre guise, refuser tout changement ; vous êtes libre de rester une « bonne petite victime », et de vous contenter des avantages factices qui vous sont octroyés par les exploiteurs du monde entier.

Éviter de prendre des risques est l'un des grands avantages que présente une position de faiblesse. Pour une plus ample description de tous les dividendes qui peuvent provenir de la plupart des comportements névrotiques, référez-vous à mon livre sur *Vos zones erronées*[1]. Mais en ce qui nous concerne ici, rappelez-vous simplement qu'il est indispensable que vous soyez toujours conscient du caractère fallacieux de ces avantages, lorsque vous entreprendrez de modifier votre comportement et votre mode de pensée, afin de parvenir au plein épanouissement de votre personnalité.

N'ACCORDEZ JAMAIS AUX AUTRES PLUS D'IMPORTANCE QU'À VOUS-MÊME

Si vous êtes sérieusement décidé à adopter une position de force, vous devez cesser d'accorder aux autres plus de valeur et d'importance qu'à

1. *Vos zones erronées*, Tchou, éditeur.

vous-même car vous vous exposez ainsi à vous faire exploiter. Ce sont quelquefois les usages de la société, comme dans le cas des titres honorifiques et des symboles d'autorité, qui vous ont poussé à placer les autres au-dessus de vous – et il se peut que vous ayez à rompre avec ces traditions afin de vous faire entendre. Ceux qui ont l'art et la manière d'exploiter les autres exigent souvent que vous leur donniez tous leurs titres, pour se mettre ensuite à vous appeler par votre prénom.

Voici un principe primordial que doivent adopter tous les adultes : appeler toujours les gens par leur prénom, à moins qu'ils n'expriment ouvertement leur volonté d'être appelé autrement.

Tom, un de mes voisins, avait compris l'importance de ce principe et refusait systématiquement d'octroyer des titres honorifiques, lorsqu'une telle pratique aurait pour conséquence de le mettre en position d'infériorité. Il alla voir un jour le directeur de l'école que fréquentait son fils pour demander que celui-ci change de classe. De toute évidence, le professeur avait mal évalué les capacités du petit garçon et le transfert de celui-ci dans une autre classe s'imposait. Tom savait que le règlement interdisait les changements de classe – dût son fils en pâtir.

Le directeur (consciemment ou pas, cela n'a aucune importance) joua de son influence et usa de mille stratagèmes pour l'intimider. D'abord, quand la secrétaire le fit entrer, le directeur, assis derrière un immense bureau, désigna à Tom une toute petite chaise au fond de la pièce. Il avait l'air très affairé et n'avait visiblement que très peu de temps à consacrer à une affaire d'aussi peu d'importance. Ensuite, et cela est très important, quand la secrétaire le présenta à Tom elle l'appela : M. Clayborn.

Avant d'entrer, Tom avait essayé de se renseigner auprès de la secrétaire, pour savoir le prénom du directeur. Celle-ci avait répondu : « Ah !... mais c'est que je n'en sais rien... On l'a toujours appelé M. Clayborn. C'est le directeur !... »

La première question que Tom posa à M. Clayborn fut donc : « Quel est votre prénom ? »

Le directeur hésita un instant. Jamais un parent ne s'était adressé à lui de cette manière et il sut qu'il avait affaire à quelqu'un qui n'était pas, comme les autres, prêt à accepter une position d'infériorité. « Robert », répondit-il.

Tom demanda : « Comment préférez-vous qu'on vous appelle, Robert ou Bob ? »

« Euh... Bob... », répondit le directeur – et Tom avait marqué deux points très importants, parce qu'il s'était refusé à se laisser intimider par les petits jeux du pouvoir et plus particulièrement par les titres honorifiques.

Tom n'eut pas à frapper du poing sur la table pour réussir à se faire traiter en égal. Il se conduisit comme quelqu'un qui avait confiance en lui et décida d'avoir à l'égard de la « position » du directeur une attitude rationnelle. Il ne s'est pas laissé piéger ni exploiter en perdant sa dignité devant quelqu'un qui de toute façon ne faisait aucun cas de lui. Dois-je ajouter que Tom obtint le transfert de son fils. Dans le cas qui nous occupe, Tom se montra efficace parce qu'il avait conscience de sa valeur personnelle et qu'il avait utilisé, dès le début de l'entretien, une stratégie qui le plaçait en position de force.

Les titres honorifiques sont des armes particulièrement redoutables entre les mains des prestataires de services. Les responsables des écoles, par exemple, que vous payez indirectement par le biais des impôts, votre banquier, le propriétaire de votre appartement, votre médecin, votre dentiste, votre avocat, etc., sont tous des gens avec qui vous êtes en relations d'affaires. Si cela vous gêne de les appeler par leur prénom, vous devez vous en demander la raison. Serait-ce parce que vous vous jugez trop insignifiant pour adopter à l'égard des « personnes importantes » une attitude aussi familière ?

J'ai toujours, quant à moi, appelé tous ceux à qui j'ai eu affaire par leur prénom et ni moi-même ni personne d'autre n'en a jamais éprouvé la moindre gêne, ni le moindre ressentiment. Si votre patron désire ou éprouve le besoin qu'on lui octroie tous ses titres, ne l'en privez surtout pas – mais faites en sorte qu'il soit bien entendu que ce besoin vient de lui et non de vous. Si vous assouvissez ainsi leur soif d'honneurs, allez-y, donnez-vous-en à cœur joie – mais n'omettez jamais de vous demander : « Est-ce pour lui plaire ou pour satisfaire un besoin personnel que j'agis ainsi ? » Si vous ne pouvez pas vous en empêcher, c'est que vous les avez placés plus haut que vous.

Vous pouvez aussi donner aux autres de l'ascendant sur vous, en émettant des signaux distinctifs qui indiquent clairement que vous êtes prêt à vous laisser duper. Il est tout simplement plus facile d'embobiner quelqu'un qui est tout prêt à se faire avoir plutôt qu'un autre qui n'entend pas se faire exploiter. Peut-être émettez-vous inconsciemment des signaux négatifs qui vous exposent à l'exploitation et avez-vous intérêt à surveiller de près l'image de victime que vous projetez : disparaissez-vous derrière un brouillard de plaintes et d'autodénigrement ? Commencez-vous toujours par vous excuser de prendre le temps des gens – sous-entendant ainsi que leur temps est plus précieux que le vôtre ? Demandez-vous pourquoi le temps de n'importe qui compterait plus que le vôtre ? Cela ne devrait pas être – à moins que cette personne ne compte plus que vous. Et cela bien sûr c'est à vous à le décider.

Élever les autres au-dessus de soi n'est acceptable que dans le cas d'une mise en scène particulière. Si, en une circonstance bien déterminée, la petite scène du « pauvre-de-moi » peut aisément vous sortir d'affaire, pourquoi vous en priveriez-vous ? Mais prétendre élever les autres au-dessus de soi est une tactique dangereuse à laquelle vous ne devez recourir que rarement – lorsque rien d'autre ne marche – et puisque cela revient à émettre des signaux qui disent en fait à l'autre personne : « Allez-y, exploitez cette pauvre âme ! », vous devez être sûr que la situation ne se retournera pas contre vous. Si c'est la carte du « désemparé » que vous avez l'intention de jouer pour que votre rapace de propriétaire baisse votre loyer, assurez-vous d'abord que ce soit là le seul point sensible de sa cuirasse de mercenaire que vous puissiez toucher. Si vous jouez mal, c'est une augmentation plutôt qu'une réduction que vous risquez de récolter puisqu'il sait que vous trouverez bien l'argent quelque part et ne vous croit pas assez gonflé pour refuser net l'augmentation. S'il sait, en revanche, qu'il a affaire à quelqu'un qui n'a nullement l'intention de se laisser intimider et qui est tout à fait décidé à défendre ses droits de manière efficace et sans détour, il sera plus enclin à vous écouter. Si la petite scène du « pauvre-de-moi », « comment vais-je en sortir », etc., peut se révéler quelquefois utile, ne vous en servez toutefois qu'à l'occasion et non sans y avoir mûrement réfléchi.

Pour finir, j'ajouterai que je ne veux nullement vous inciter à être odieux. Le mot *force* est un mot que j'emploie avec infiniment de précaution et je me suis efforcé de le définir en termes clairs et explicites. Je ne vous encourage pas à vous montrer hargneux, indiscipliné, odieux, fourbe ou quoi que ce soit du même goût, puisque vous ne réussirez ainsi qu'à détourner de vous ceux-là mêmes dont vous sollicitez l'aide. Je crois, bien sûr, qu'il faut être capable de se montrer odieux si cela se révèle nécessaire dans des cas extrêmes, que je vous exposerai plus tard. Le point fondamental sur lequel j'ai voulu insister dans ce chapitre est que vous n'êtes nullement forcé d'adopter dans la vie une attitude de passivité ou de faiblesse. Soyez digne, efficace, sûr de vous, plutôt qu'une victime mollassonne et geignarde, qui demande permission à tout propos et qui accorde à tout le monde plus d'importance qu'à elle-même.

**N'EST-CE PAS CURIEUX ?
LES GENS RESPECTENT LA FORCE !**

Si vous voulez vraiment que l'on vous respecte, examinez de près le comportement de ceux qui inspirent ce sentiment. Vous ne tarderez pas à vous rendre compte que vous n'arriverez jamais à gagner le respect de quiconque, y compris le vôtre, en adoptant une position de faiblesse. Vous devez vous débarrasser de l'idée selon laquelle l'on ne vous aimera pas si vous avez un comportement affirmé.

Il est arrivé, maintes et maintes fois, que des parents me confient que celui de leurs enfants qu'ils admirent le plus est précisément celui qu'ils n'ont jamais tout à fait réussi à dompter. S'ils ont essayé par tous les moyens de le maintenir en tutelle et de le garder dans le rang, il leur a fallu admettre qu'ils avaient affaire à un rebelle. Ils ont peut-être maudit cet enfant, essayé de le punir, d'user de chantage, de le culpabiliser, ou je ne sais quoi encore, mais ils n'ont tout simplement pas réussi à le faire plier.

Quand, en consultation, des parents me font des confessions de ce genre, je peux presque toujours déceler dans leurs yeux une lueur d'admiration lorsqu'ils parlent des moments « horribles » qu'ils ont traversés pour essayer d'élever un enfant rebelle. Mais lorsque je les confronte au sentiment de respect qu'ils ont refoulé au fond d'eux-mêmes, la réponse est presque invariablement la même : « Eh oui ! j'imagine que j'ai vraiment du respect pour cet enfant-là. Il a cette espèce d'aplomb que j'ai toujours voulu avoir... »

Il y a des « rebelles » dans presque toutes les familles et si tous les autres membres de ces familles s'allient souvent entre eux pour conspirer à les rendre plus dociles, ils ne peuvent pas cacher le respect et l'admiration qu'ils nourrissent à son égard.

Chaque fois qu'il vous arrive – lorsque vous défendez ce que vous pensez être votre droit – de vous demander en même temps ce qu'en pensent les autres, soyez sûr que si vous preniez un vote secret, vous vous rendriez compte que presque tout le monde est de votre côté et admire la fermeté dont vous faites preuve. Les gens ont plutôt tendance à éprouver de la solidarité pour les opprimés et il nous arrive souvent d'accorder tout notre appui à ceux qui, dès le départ, semblent avoir peu de chances de réussir. Cela nous conduit à dire que le fait de ne pas accorder priorité aux objectifs les plus susceptibles de rencontrer dans l'immédiat l'approbation des autres, peut, paradoxalement, à long terme, nous rallier leurs suffrages. Et nul ne saurait nier qu'il est bien plus agréable d'être approuvé que d'être rejeté ! Peut-être trouverez-vous réconfortant de savoir que les personnes dont vous recherchez l'approbation sont beaucoup plus portées à vous respecter quand vous défendez vos positions que lorsque vous vous contentez de suivre le mouvement et de faire ce qu'on attend de vous.

Cathy, une de mes clientes, me raconta comment elle en fit personnellement l'expérience. Elle devait assister à un séminaire auquel elle avait pris soin de s'inscrire longtemps à l'avance, afin d'être sûre d'avoir une place réservée. Lorsqu'elle arriva à la réunion, le responsable du séminaire lui annonça qu'il y avait trop de participants et qu'elle devait se contenter d'une autre réunion qui avait lieu dans un bâtiment adjacent.

Cathy était tout à fait résolue à ne pas se laisser faire et, bien que ce ne fût pas dans ses habitudes, elle avait appris, en plusieurs mois de séances, à s'affirmer davantage et à prendre davantage de risques. Elle affronta le responsable devant tous les participants et insista pour être admise. Lorsque celui-ci essaya de la dissuader en utilisant des phrases évasives et des tas de « Oui, mais... », elle refusa tout net de bouger. Finalement, il céda en lui demandant toutefois de ne pas en parler au service administratif, étant donné que le nombre de places dans la salle, arbitrairement fixé par le règlement, était déjà atteint. Au bout de quelques heures, on parla au séminaire de l'attitude intraitable qu'avait eue Cathy. Elle dit combien elle avait redouté qu'on la prenne pour un grossier personnage qui s'était imposé là où il n'était pas désiré. Mais, bien au contraire, pratiquement tous les autres participants du séminaire lui avouèrent combien ils avaient été fiers d'elle, comment dans leur for intérieur ils s'étaient sentis solidaires et lui demandèrent de leur apprendre comment faire de même.

Cathy en fut stupéfaite. « Imaginez donc un peu, me dit-elle en me racontant cet incident, c'était à *moi* que l'on demandait de l'aide, alors que je m'étais toujours considérée comme quelqu'un de timoré et de timide ! »

Dans *Man and Superman*, George Bernard Shaw résuma en ces termes le sentiment de force intérieure et de satisfaction personnelle que l'on éprouve à prendre des risques : « Voilà la vraie joie de la vie : c'est de servir à une fin que soi-même on reconnaît grande [...]. C'est d'être une force de la nature au lieu d'être une petite motte, égoïste et fébrile, de maux et de griefs, se plaignant que le monde ne se consacre pas à la rendre heureuse[1]. »

Vous vous sentirez, en effet, une « force de la nature », lorsque vous aurez suffisamment confiance en vous pour vous imposer.

VERS UNE POSITION DE FORCE

Vous savez à présent que la force est la règle du jeu, que les gens vous respecteront davantage si vous vous montrez courageux et que vous êtes seul responsable de vos angoisses castratrices. Vous savez aussi qu'il vous faudra du courage pour renoncer aux avantages fallacieux d'un comportement non affirmé. Mais le courage est une attitude pour laquelle il faut opter chaque fois qu'un danger nous menace, et non pas une qualité que l'on acquiert une fois pour toutes.

Voici quelques stratégies qui vous aideront à adopter une position de force et de confiance en vous

1. *L'Homme et le Surhomme* (Lettre à Arthur Bingham Walkley), Œuvres complètes de G. B. Shaw, trad. A. & H. Hamon, Éd. Montaigne (1931), p. XXVI.

lorsque vous vous trouverez confronté à une situation d'exploitation typique, comme cela nous arrive à tous, un jour ou l'autre.

Essayez dès à présent de cesser de demander automatiquement la permission de parler, de penser, ou de vous comporter d'une manière ou d'une autre. Évitez de quémander, déclarez plutôt clairement vos intentions. Au lieu de : « Puis-je vous poser une question ? », dites : « Je voudrais savoir si... » À la place de : « Cela vous contrarierait-il beaucoup que je vous rapporte cet article pour un remboursement ? », substituez : « Je vous rapporte cet article parce que je n'en suis pas satisfait. » Remplacez : « Est-ce que ça ne te contrarie pas, chérie, si je sors pour une heure ? », par : « Je vais faire un tour, chérie, puis-je te ramener quelque chose ? » Seuls les esclaves et les prisonniers doivent demander la permission, et comme je l'ai déjà dit au début de ce livre, l'esclave bien adapté est un mythe.

Regardez droit dans les yeux ceux à qui vous parlez. Lorsque vous regardez par terre ou à côté, vous émettez des signaux qui les avertissent que vous n'êtes pas vraiment sûr de vous, et vous vous mettez en bonne position pour vous faire exploiter. En regardant votre interlocuteur bien en face, même si vous vous sentez nerveux, vous transmettez un message positif qui lui fait savoir que vous n'avez pas peur de lui.

Votre maintien, vos gestes, votre manière d'être en général, doivent refléter l'assurance et la confiance en soi. Tenez-vous bien droit. Lorsque vous vous asseyez, évitez de vous affaler. Ne vous cachez pas le visage des mains, ne les tordez pas nerveusement.

En ayant confiance en vous, vous pourrez aussi vous défaire de vos tics et de vos grimaces, et vous arriverez même à ne plus rougir. Efforcez-vous également de parler sur un ton ferme et décidé.

Appliquez-vous à vous exprimer correctement – tout particulièrement à éliminer les temps morts et les incessants : Euh..., Hum..., Tu vois..., Tu comprends..., etc. Ces habitudes transmettent des messages d'insécurité et gênent la communication. Parlez s'il le faut plus lentement, plus posément. Si vous décidez de faire attention à votre façon de vous exprimer, vous pouvez d'un jour à l'autre modifier votre langage.

Si quelqu'un vous demande de lui prêter de l'argent, des objets, ou de lui accorder votre temps ou votre talent, et que vous n'êtes pas disposé à le faire, vous devez adopter une position de force, sinon vous vous laisserez immédiatement posséder. Au besoin, exercez-vous à vous répéter intérieurement des petites phrases telles que : « Je n'aime pas prêter mes affaires », ou « Cela m'ennuie beaucoup de prêter de l'argent ». Ne fournissez pas d'excuses extravagantes, ne tournez pas autour du pot, pour finalement accorder le prêt et vous sentir exploité. Dès le départ, exposez ouvertement vos intentions et vous verrez que vous ne serez plus harcelé et qu'on vous respectera davantage en raison de votre franchise. Si vous craignez que vos amis vous en veuillent simplement parce que vous refusez de faire une chose que vous savez devoir regretter par la suite – ce qui est votre droit le plus strict – demandez-vous ceci : « Ai-je besoin d'amis qui ne m'acceptent pas tel que je suis ? »

Les vrais amis n'exigent pas que vous soyez différent de ce que vous avez choisi d'être ; mais vous déplairez aux parasites, en ne leur permettant pas de vous sucer le sang. Dans le cas présent, « la pire chose qui puisse arriver » c'est que la personne qui veut vous exploiter cesse de vous aimer et se détourne de vous. La belle affaire ! Bien sûr, si vous n'y voyez pas d'objection, allez-y, prêtez ce que l'on vous demande – simplement, faites-le sans arrière-pensée.

Appelez les gens à qui vous avez l'habitude d'attribuer des titres honorifiques par leur prénom. Essayez de le faire, ne serait-ce qu'une fois, avec votre dentiste, votre médecin ou votre notaire pour voir ce que cela donne. Demandez-vous ensuite si votre peur était justifiée. Si vous décidez de ne pas adopter ce mode de conduite, soyez convaincu, au fond de vous-même (parce que vous en avez fait personnellement l'expérience) que le choix vous est toujours donné. Si vous êtes anxieux, si vous avez peur ou si vous êtes même incapable de le faire, demandez-vous sérieusement pourquoi cela vous gêne tant d'appeler un être humain par son prénom. Ensuite, surmontez votre peur, et faites-le tout de même. Vous vous sentirez probablement soulagé, et vous verrez qu'aucune des catastrophes que vous aviez imaginées ne se produira.

Si vous ne fumez pas et que vous ne supportez pas la fumée, ayez le courage de le dire quand la fumée des autres vous importune. Ne soyez pas forcément désagréable, dites simplement mais fermement : « Je vous serais reconnaissant de ne pas fumer. » Vous n'avez pas à demander à un fumeur la permission de lui demander de ne pas fumer. Indiquez seulement votre préférence. S'il refuse, ce qui est quelquefois son droit, vous n'avez plus qu'à vous lever et changer de place. Mais vous n'êtes jamais forcé de rester à la même place en vous consumant de rage. Quelle est la pire chose qui puisse arriver ? Que le fumeur continue de fumer : il le fait déjà ! Neuf fois sur dix pourtant, les fumeurs respecteront le souhait que vous avez formulé, et très peu nombreux sont ceux qui continueront de fumer avec arrogance s'ils savent qu'ils vous dérangent. S'ils ne peuvent vraiment pas se passer de fumer, ils peuvent toujours aller dans une autre pièce, ce qu'ils font en général volontiers.

Apprenez à utiliser votre colère ou votre peine dans un sens qui vous est favorable, plutôt que de vous laisser exploiter par elles. Si votre enfant s'obstine à jouer dans la rue et que vous voulez qu'il comprenne une fois pour toutes que vous ne le permettez pas, allez-y, élevez la voix, prenez une attitude énergique, simulez la colère, mais faites-le dans le but de produire un effet. Si cela doit vous faire battre le cœur et augmenter votre tension artérielle, c'est que vous vous êtes laissé exploiter par la conduite d'un enfant qui n'est pas encore responsable de ses actes. Vous pouvez, en revanche, faire preuve de fermeté et vous dire après l'incident : « Je ne m'en suis pas mal tiré du tout. Je lui ai vraiment fait comprendre que je n'avais pas l'intention de céder et je ne me suis pas le moins du monde énervé ! » En faisant appel à votre force intérieure, vous éviterez les ulcères, l'hypertension, la colère, les angoisses, etc.

Lorsque vous avez affaire aux représentants des pompes funèbres, ne leur permettez jamais d'exploiter votre chagrin. Dites-leur tout de suite ce que vous êtes prêt à payer, et s'ils se mettent à user envers vous de tactiques visant à vous culpabiliser, retirez-vous tout simplement, en ajoutant toutefois que vous leur parlerez quand ils voudront bien écouter ce que vous avez à dire.

La tactique qui consiste à refuser de parler aux gens lorsqu'ils n'écoutent pas ce que vous vous efforcez à leur dire en termes très clairs et à vous éloigner de quelques pas, est des plus efficaces. Lorsqu'ils viendront s'excuser auprès de vous, dites-leur simplement que vous n'avez nullement l'intention de perdre votre temps à parler à des gens qui refusent de vous entendre.

La tactique la plus sûre qu'utilisent les exploiteurs consiste à vous écouter d'abord et à suggérer ensuite exactement le contraire de ce que vous venez de proposer. Mais vous n'êtes pas forcé de vous laisser mener en bateau et vous en aller est encore le meilleur moyen de les faire taire en leur donnant une bonne leçon.

Ne craignez jamais de passer par-dessus quelqu'un pour vous faire entendre. Les professeurs d'université qui utilisent les notes comme autant de menaces envers les étudiants, les percepteurs qui essayent de vous intimider en exploitant votre ignorance de textes de loi obscurs, les employés des services publics qui essayent de vous en imposer en invoquant la grandeur de leur entreprise, etc., ont tous des supérieurs hiérarchiques à qui ils doivent obéir. Un simple coup de fil, une lettre bien tournée, envoyée en recommandé au P.-D.G., au directeur ou à n'importe qui d'autre, est un antidote très efficace à l'exploitation exercée par des gens qui jouissent d'un certain pouvoir. Dès l'instant où vous vous rendez compte que vous n'arriverez pas à obtenir satisfaction en passant par un subalterne, montrez clairement que vous n'hésiterez pas à vous adresser plus haut – et, si c'est nécessaire, ne vous en privez surtout pas.

Efforcez-vous de garder votre calme lorsque vous avez affaire à des exploiteurs en puissance. Ne les laissez jamais s'apercevoir que vous êtes anxieux, que vous avez peur, ou que vous êtes intimidé. Rappelez-vous toujours que votre valeur et votre bonheur ne doivent en aucun cas dépendre d'un échec ou d'une victoire éventuels. Envisagez les situations où vous pouvez perdre ou gagner comme des petits jeux auxquels vous vous amusez. Plutôt que de vous répéter sans cesse : « C'est si important pour moi ! », prenez la résolution d'être efficace en allant au-devant de ces situations avec des tactiques toutes prêtes et en vous gardant bien de laisser transparaître le moindre signe de peur ou d'intimidation. Dès qu'un adversaire se rend compte que vous envisagez une confrontation comme un événement décisif et donc susceptible de vous affecter profondément, il peut aisément vous pousser à dire des choses que vous ne pensez pas et même à avoir un comportement irrationnel. Affichez au contraire votre indépendance, ce qui l'empêchera même d'envisager qu'il peut avoir de l'ascendant sur vos émotions. C'est ainsi que vous parviendrez petit à petit à maîtriser vos émotions et à vous épanouir pleinement.

Lorsque vous posez votre candidature pour un poste ou que vous êtes convoqué pour une entrevue, gardez-vous bien de jamais tenir ce genre de discours : « Je ne suis pas du tout sûr d'y arriver », « Je n'ai reçu aucune formation dans ce domaine, mais je crois que je pourrai me débrouiller », etc. Dites au contraire que vous pouvez apprendre à tout faire et qu'étant donné que vous avez souvent eu l'occasion de mettre vos capacités à l'épreuve, vous êtes persuadé d'être assez souple pour vous adapter aux exigences du poste en question. Parlez avec enthousiasme de vous-même et de vos qualifications et n'hésitez pas à faire savoir à votre interlocuteur que vous êtes de ceux qui apprennent facilement. Si votre assurance peut quelquefois paraître choquante aux yeux de ceux qui se sentent facilement menacés par les fortes personnalités, vous pourrez généralement les repérer assez vite, et la vaste majorité appréciera au contraire votre détermination qu'ils jugeront comme une qualité susceptible d'être extrêmement profitable à leur société. Si vous tombez sur une chiffe molle, parlez-en à la direction et réclamez un nouvel entretien avec quelqu'un d'autre. Si vous persévérez dans ce sens, vous verrez que vous n'aurez qu'à vous en féliciter.

N'hésitez jamais à parler de votre vie intime. Débarrassez-vous de la peur que l'on puisse vous nuire en dévoilant des faits personnels de votre vie ; la vieille peur de « l'autre-personne-qui-vous-veut-du-mal » relève à 99 % du mythe. Si vous êtes libre de vous exprimer sur tout et n'importe quoi et ne manifestez pas de réticence à vous engager dans une conversation lorsque tel ou tel sujet est abordé, vous serez beaucoup plus fort que si vous vous réservez de nombreuses petites zones de sensibilité taboues. S'il n'est aucunement nécessaire de révéler vos fantasmes personnels dans le domaine de la sexualité ni de déterrer les vieux cadavres, vous pouvez du moins vous débarrasser de l'idée que vous serez passé à tabac si l'on découvre qui vous êtes vraiment.

Parlez de vous avec franchise. Participez à la vie des autres lorsque vous en éprouvez le désir et ôtez-vous de l'esprit qu'il est dangereux de se dévoiler. Ne pas tenir à parler de soi est une chose, mais en avoir peur en est une autre. Vous verrez qu'il est très sain de remettre en cause toutes les raisons que vous invoquez pour justifier votre réticence à parler de vous. Si toute votre vie vous avez été timide, si vous avez eu la larme facile, si vous vous êtes laissé facilement intimider ou si vous avez été d'une agressivité excessive, de quelle manière pensez-vous que l'on puisse utiliser ces éléments d'information contre vous ? La plupart des réponses que vous pourriez donner se trouveront peu ou prou être liées à l'une de ces catastrophes imaginaires dont nous avons parlé plus tôt. Votre patron vous mettra-t-il à la porte ? Vous savez bien que non. Mais même si vous étiez effectivement licencié, souvenez-vous qu'il existe d'autres emplois. Des rumeurs circuleront à votre sujet ? Probablement pas. Et même si cela était, pourquoi vous fonderiez-vous pour vivre sur ce que disent les autres. Et puis, dites-vous bien que les gens feront toujours circuler toutes sortes de rumeurs même si cela ne vous plaît pas, et même si vous ne parlez jamais de vous-même. Alors pourquoi vous réduire au silence pour éviter les commérages ?

Si vous soupçonnez quelqu'un, dont vous payez les services, d'essayer de vous exploiter en ne faisant pas ce qu'il avait promis, comme par exemple effectuer certains travaux sur votre voiture, prenez la décision de rester sur les lieux pour surveiller les travaux en question, pourvu que cela ne vous pénalise pas davantage en vous faisant perdre trop de temps.

Demandez aux garagistes de vous fournir la preuve qu'ils ont exécuté les travaux convenus et gardez-vous bien de leur signer à l'avance un accord de principe qui vous obligera à payer ce qu'ils voudront bien vous réclamer. Dites-leur d'avance que vous ne désirez pas que l'on vous change le filtre à huile, sinon vous pouvez être sûr de vous retrouver avec un neuf, que vous en ayez besoin ou non. Ayez pour principe de toujours demander des explications au sujet de factures qui ne vous semblent pas justifiées. Au restaurant, si le garçon vous réclame une note trop élevée, adressez-vous à la direction, et ne laissez pas de pourboire si vous avez le sentiment que l'erreur n'était pas accidentelle à 100 % (les garçons se répandront toujours en excuses et jureront leurs grands dieux qu'ils se sont trompés). Refusez donc tout net de récompenser l'incompétence ou une tentative d'escroquerie.

Prenez l'habitude de toujours vérifier les factures que vous recevez. Si l'on vous réclame des sommes excessives, faites-le savoir à la société en termes précis et refusez de traiter avec des gens qui ne sont pas honnêtes envers vous. Vous pouvez également vous adresser officiellement à des associations pour la défense du consommateur et à divers organismes spécialisés. Une petite lettre qui ne vous prendra que deux minutes à l'une de ces organisations vous aidera à mettre un terme à ce genre de pratiques. Vous pensez peut-être que ces cas sont rares et généralement accidentels. Mon expérience personnelle m'a montré que les additions au restaurant étaient souvent inexactes, et 90 % des « erreurs » qu'il m'est arrivé de relever étaient à mes dépens ! Il semblerait que la loi des probabilités ne s'applique pas à ces erreurs-là ! Lorsque cela vous arrive, avisez-en immédiatement la direction, et si vous tenez à marquer le coup, allez jusqu'au bout avec détermination. Sinon contentez-vous d'informer la direction que vous n'avez pas l'intention de payer l'excédent et que vous ne remettrez plus les pieds dans l'établissement.

Lorsqu'on vous déclare que vous devez attendre des délais ridicules pour une livraison de meuble ou de voiture, ne vous laissez pas exploiter en permettant au fournisseur de supposer que vous êtes disposé à attendre son bon plaisir ou que vous le croyez sur parole lorsqu'il vous assure que personne d'autre ne pourra vous donner satisfaction plus tôt. Si c'est une voiture que vous désirez ou dont vous avez besoin au plus tôt, renseignez-vous auprès d'autres concessionnaires dans des villes voisines et même dans d'autres régions si nécessaire. Indiquez clairement que vous n'avez pas l'intention d'attendre et adressez-vous à la direction plutôt qu'aux employés. Déclarez votre intention de vous adresser à leurs concurrents s'ils ne peuvent vous donner satisfaction plus tôt. Adressez-vous à des grossistes ou même à des fabricants pour accélérer les choses. Ne payez jamais à l'avance et obtenez qu'il soit précisé dans tout contrat que vous signez que votre dépôt de garantie vous sera intégralement remboursé si la marchandise ne correspond pas exactement aux détails mentionnés dans le contrat. Il ne s'agit pas de se montrer maniaque, mais simplement ferme et déterminé et de ne pas faire partie des victimes qui se complaisent à dire : « Encore dix semaines à attendre ! Eh ben tant pis ! Faut c'qui faut, j'imagine ! »

Un de mes clients à qui on avait répondu qu'on ne pouvait lui livrer une voiture à New York avant huit semaines appela un grossiste dans le Michigan et apprit ainsi qu'il pouvait en avoir une dans cet État en quatre jours et pour 300 dollars de moins. Il s'y rendit personnellement pour en prendre livraison, fit un voyage agréable et réalisa en même temps une économie.

Vous pouvez sortir victorieux de pratiquement toutes les situations, si vous ne vous attendez pas à être exploité et si vous n'acceptez pas de l'être.

Refusez par principe de payer pour des produits de mauvaise qualité ou pour un service inefficace. Si votre salade a un goût de paille ou que votre tarte est desséchée, faites-le simplement remarquer et demandez à ce que l'on ne vous les fasse pas payer. Si vous tombez sur un garçon ou un caissier qui fait l'incrédule, adressez-vous calmement à un employé plus important et vous ne serez pas exploité.

S'il arrive que l'on vous envoie une facture pour un article que vous n'avez pas commandé, ou que l'on vous réclame une note trop élevée, ne payez pas tout simplement et ne soyez pas intimidé par les lettres de relance ou les menaces de cessation de crédit. Rien ni personne ne peut vous nuire si vous ne le permettez pas, et refuser de payer pour des produits ou des services de qualité inférieure est une arme que vous avez à votre disposition pour combattre l'exploitation.

Pour adopter une position de force, vous devez commencer par avoir totalement confiance en vous, et ne pas permettre aux autres d'exercer une quelconque sorte d'autorité sur vous. Vous prêtez le flanc à l'exploitation lorsque vous vous en remettez totalement à quelqu'un d'autre pour contrôler votre vie. Si, au lieu d'attendre le succès les bras croisés, vous saisissez ou créez vos propres chances de réussir et allez au-devant de vos objectifs sans que vos émotions personnelles ne soient en jeu, vous ferez partie des non-victimes, avant même de vous en apercevoir. Ce petit axiome résume en quelques mots le contenu de ce chapitre : « Si c'est vous qui payez les musiciens, assurez-vous au moins qu'ils jouent l'air que vous avez choisi. »

CHAPITRE 3

COMMENT SE SOUSTRAIRE À L'INFLUENCE DE SON PASSÉ

Toute évolution est impossible si vous calquez systématiquement votre comportement d'aujourd'hui sur celui d'hier.

L'une des tactiques les plus couramment utilisées, dans notre société, par un individu qui cherche à vous exploiter en vous culpabilisant, consiste à vous rappeler des faits et des comportements sur lesquels vous ne pouvez plus revenir. Vous pouvez apprendre à éviter ces pièges dangereux en refusant tout simplement de vous laisser, entraîner dans des discussions à propos d'actions passées, en prenant conscience que les reproches qui vous sont adressés à leur sujet sont destinés à vous détourner de la réalité et à vous placer sur la défensive, et enfin en rejetant systématiquement les arguments fallacieux dont les gens se servent pour vous piéger.

J'ai toujours soutenu que nous aurions beaucoup à apprendre en regardant vivre les animaux – sans aller, bien sûr, jusqu'à vouloir ramener notre comportement à un niveau purement instinctif. Walt Whitman, dans son livre *Leaves of Grass*, nous parle avec enthousiasme de son amour des animaux :

« *Je crois que je pourrais aller vivre avec les animaux, ils sont si placides et si réservés,*
Je reste des heures et des heures à les regarder.
Ils ne s'échinent pas à travailler et ne gémissent pas sur leur sort,
Ils ne restent pas éveillés la nuit et ne pleurent pas sur leurs péchés,
Ils ne m'écœurent pas à discuter leur devoir envers Dieu,
Il n'en est pas un qui soit mécontent, pas un qui soit rendu fou par la rage de posséder des choses,
Il n'en est pas un qui s'agenouille devant un autre, ni devant un de ses pareils qui vivait il y a des milliers d'années,
Il n'en est pas un sur toute la terre qui soit "comme il faut" ou malheureux[1]. »

Les animaux sont incapables de revenir sur le passé ; si cela les prive de quelques merveilleux souvenirs, en revanche, notre fâcheuse tendance à ressasser inutilement nos rancœurs leur est étrangère, car ils n'ont d'autres références que le présent. Vous devrez, pour ne plus faire partie de la longue liste des exploités, vous inspirer du comportement des animaux et adopter le programme suivant : avoir toujours présentes à l'esprit les différentes choses que vous ne pouvez pas changer ; prendre conscience de la façon dont les gens utilisent votre passé pour vous exploiter ; vous rendre compte dans quelle mesure vous le faites vous-même inconsciemment ; mettre en pratique plusieurs techniques précises pour combattre l'exploitation chaque fois que le besoin s'en fera sentir.

---

1. *Chant de moi-même* (Feuilles d'herbe), trad. Roger Asselineau Aubier, Flammarion (1972), p. 125.

LES CHOSES AUXQUELLES VOUS NE POUVEZ RIEN CHANGER

Votre comportement passé constitue de toute évidence le premier élément de cette catégorie. Tout ce que vous avez fait auparavant est bel et bien terminé, et même si vous pouvez presque toujours en tirer une bonne leçon et parfois même modifier certains effets qui continuent dans le présent, vous ne pourrez jamais défaire ce qui a été fait. Par conséquent, chaque fois que vous vous reprochez d'avoir agi d'une manière ou d'une autre au lieu de chercher à tirer la leçon de vos erreurs passées ou de rectifier les effets présents, vous tombez dans un piège dont vous ne réchapperez pas. Ruminer sans arrêt la même chose, se questionner inlassablement sur ses actions passées, se torturer jusqu'à l'obsession à propos de solutions que l'on a rejetées, telles sont les réactions types des personnes qui se laissent manipuler. Il ne tient qu'à vous de ne pas faire partie de celles-ci. Étant donné que vous ne pouvez vivre que dans le moment présent, il est absurde et destructif de vous laisser torturer par ce qui n'est plus.

À votre propre passé viennent s'ajouter une foule de choses sur lesquelles vous n'avez aucun pouvoir et qui, par conséquent, ne doivent pas vous obséder. Vous devez apprendre à accepter ce que vous ne pouvez pas éviter sinon vous vous rendrez malade à force d'y songer. Voici une liste de faits à propos desquels vous devez vous rendre compte de votre impuissance :

Les conditions climatiques

Cela peut vous sembler inutile que je vous dise que vous n'avez aucun pouvoir sur le temps, mais posez-vous la question suivante : « Le vent, la pluie, ou l'orage ne me mettent-ils pas de mauvaise humeur ? » C'est bel et bien un exemple d'autoblocage. Il n'est pas question, évidemment, de prétendre aimer le mauvais temps, mais il est en votre pouvoir de ne pas vous laisser influencer le moins du monde par les conditions climatiques.

Le temps qui passe vite ou lentement

Le temps s'écoulera toujours de la même façon, que vous le vouliez ou non. Passer votre vie à vous plaindre que le temps passe trop vite ou trop lentement ne servira qu'à vous faire vieillir plus vite.

Les impôts

Allez-y, laissez-vous abattre par les impôts trop élevés, je vous garantis que vous n'y gagnerez rien sauf un sujet d'énervement supplémentaire. Les impôts existeront toujours et, de plus, seront toujours trop élevés. Vous pouvez vous efforcer de réduire votre participation fiscale, voter pour des hommes politiques en faveur d'impôts modérés, mais vous faire du mauvais sang ne servira strictement à rien.

Votre âge

Vous ne pouvez changer votre âge. Vous pouvez modifier votre apparence, votre comportement, votre habillement et même votre attitude vis-à-vis de votre âge. Mais vous plaindre constamment d'être vieux n'y changera rien, si ce n'est que vous vous sentirez plus vieux encore, plus fatigué, plus rouillé, plus arthritique, etc.

L'opinion que les autres ont de vous

Une fois de plus, ce que les autres pensent de vous les regarde. Les gens penseront toujours ce qu'ils veulent, que cela vous plaise ou non, et même si vous faites ce qui est en votre pouvoir pour les traiter comme vous voudriez qu'ils vous traitent, ou bien pour leur faire entendre raison, vous avez mieux à faire que de perdre votre temps à essayer de les convaincre. Puisque vous ne parviendrez jamais à vous rendre maître de l'opinion que les gens ont de vous, il n'y a aucune raison valable pour que vous vous en préoccupiez, à moins que vous n'attachiez plus d'importance à leur jugement qu'au vôtre.

Les événements actuels

Vous laisser angoisser par le résultat des élections, une guerre, une controverse ou un orage, ne servira qu'à vous bloquer. Il en va de même pour les grands drames sociaux de notre époque. Prenez par exemple « la guerre actuelle en... ». Que cela vous plaise ou non, l'homme est une créature agressive pour qui la guerre est un moyen d'affirmer son pouvoir dès qu'il n'utilise pas suffisamment son intelligence pour agir raisonnablement. La guerre a toujours existé et si les hommes se battent encore aujourd'hui quelque part sur le globe, nous ne devons pas nous en étonner. Vous pouvez refuser de vous battre et même tenter l'impossible pour éliminer ce fléau de la planète. Mais vous sentir malheureux, perdu, angoissé, parce que d'autres ont choisi de se battre relève de l'auto-culpabilisation. Vous ne parviendrez pas à empêcher les guerres, les calamités ou les famines en vous culpabilisant et en vous torturant, aussi réfléchissez tranquillement et demandez-vous si de tels sentiments ne sont pas aussi stupides que nuisibles.

Votre taille et votre apparence physique

Vous plaindre de votre taille, de vos oreilles, de vos orteils, de votre poitrine, ou de la dimension de vos organes génitaux est encore une autre manière de vous bloquer. Il ne tient qu'à vous d'accepter votre corps ou de le modifier si vous en éprouvez le désir en suivant par exemple un régime ou en développant vos biceps… Ce que vous ne pouvez changer, vous avez intérêt à l'accepter sans condition.

Les maladies des autres

Les gens qui vous entourent tomberont forcément malades un jour ou l'autre. Si vous vous laissez affecter par leur état, vous ne tarderez pas à les rejoindre sur leur lit de malade. Aidez-les bien sûr, tant que vous le pourrez, restez à leur chevet si vous le désirez, rassurez-les, mais ne vous dites pas : « Ce n'est pas juste ! », ou « Je ne peux pas supporter de le voir ainsi ! ». Votre propre force servira d'exemple aux autres et pourra les aider à guérir, alors que si vous paraissez affligé, vous leur ferez du mal comme vous vous en ferez à vous-même.

La mort

Bien que certains s'efforcent de le nier, personne n'échappe à la mort. La vie est en fait une maladie incurable. Nous avons développé une mystique de la mort qui nous la présente comme quelque chose de redoutable, de maudit, dont on ne peut se consoler quand elle vient à frapper un de nos proches ou qu'elle nous menace. Mais cette attitude défaitiste à l'égard de la mort fait partie de votre héritage culturel. Vous pouvez la modifier et adopter un point de vue plus réaliste.

Rappelez-vous ce que Jonathan Swift disait de la mort : « L'on ne peut imaginer qu'une chose aussi naturelle, aussi nécessaire et aussi universelle que la mort puisse avoir été conçue par la Providence comme une terrible épreuve infligée à l'humanité. »

La nature

Jennifer, jeune fille de dix-neuf ans, pleurniche : « Je ne veux pas pique-niquer sur la plage, il y a du sable partout » Les plages sont sablonneuses, les rochers sont durs, l'eau de mer est salée et les rivières ont des courants. Vous ne serez jamais fort si vous n'acceptez pas la nature telle qu'elle est et si vous perdez pied chaque fois que vous vous heurtez à la réalité. Toutes les fois que vous vous surprendrez à vous plaindre d'un aspect de la nature, dites-vous que cela est aussi vain que de souhaiter vivre sur la planète Mars.

Voilà donc un aperçu des innombrables choses sur lesquelles l'homme n'a aucun pouvoir. Il est tout à fait louable d'essayer de changer le monde. Mais apprenez plutôt à définir vos limites et ne vous laissez pas miner par le désir insensé de changer ce qui est immuable. Laissons à Ralf Waldo Emerson le soin d'exprimer cette idée avec force et concision dans son essai intitulé *Prudence*, écrit aux environs de 1841 : « Faites ce que vous voulez, il y aura toujours des mouches en été. Si nous nous promenons dans les bois nous devons nous résoudre à leur servir de pâture. »

Après plus de cent vingt-cinq ans, il y a toujours des mouches en été, et des moustiques dans les sous-bois.

UN PIÈGE TYPE : LE « VOUS AURIEZ DÛ »

Chaque fois que quelqu'un vous dit : « Vous auriez dû », considérez cela comme un acte d'oppression. Un « Vous auriez dû » ne changera rien à ce que vous avez fait, mais en revanche il peut être utilisé pour vous faire admettre que vous avez tort et pour éviter d'avoir à parler avec vous de ce qui peut être fait maintenant. Aussi longtemps qu'un oppresseur éventuel réussira à limiter la conversation à votre comportement passé, vous pouvez être sûr de ne jamais arriver à rien.

Voici un exemple qui illustre le petit jeu de votre oppresseur :

Un vendredi après-midi, Arthur, qui s'installait dans un nouvel appartement, téléphona à la Compagnie d'Électricité pour que l'on vînt brancher le courant chez lui. L'employé qu'il eut au téléphone lui répondit : « Vous auriez dû faire votre demande mercredi. Il est trop tard pour faire quoi que ce soit aujourd'hui. » Arthur était à deux doigts de se laisser posséder, s'il s'en était tenu à ce raisonnement, ce qui aurait été totalement illogique puisqu'il ne pouvait décemment pas savoir que la compagnie demandait deux jours de délai pour brancher l'électricité chez un particulier et que, par ailleurs, comme c'était vendredi, il lui était impossible de revenir deux jours en arrière pour téléphoner à temps. Par conséquent, lui dire ce qu'il aurait dû faire était aussi grotesque qu'inutile. Mais Arthur flaira le piège. Il savait que ce genre de réponses était typique et que la compagnie était tout à fait en mesure de lui brancher l'électricité ce jour-là ; il suffisait qu'une personne habilitée à le faire en donne l'ordre. Il insista donc pour parler au chef de service et évita ainsi que la conversation ne s'envenime avec son interlocuteur. Arthur expliqua son cas en détail au chef de service et ses lampes s'allumèrent ce soir-là, en dépit de ce que lui avait affirmé le premier employé qu'il avait eu au téléphone.

Ce « Vous auriez dû » est utilisé quotidiennement, presque à chaque minute de la journée, et tout particulièrement dans les administrations du monde entier, par des gens qui éprouvent un malin plaisir à faire preuve de mauvaise volonté. Ils arrivent à leurs fins uniquement parce que les victimes potentielles ne sont pas conscientes de leur tactique et n'arrivent pas à se défaire d'un sentiment de culpabilité ou d'irresponsabilité. Malheureusement, la plupart des gens ont tendance à se replonger dans leur passé et se laissent ainsi facilement posséder par ceux qui vont même jusqu'à leur reprocher des actions qu'ils n'ont jamais commises. Lorsque les gens utilisent la tactique du « Vous auriez dû », ils essayent généralement de tirer avantage de votre sentiment de culpabilité plutôt que de vous faire profiter de vos erreurs passées ou de corriger votre ignorance. Une fois que vous vous sentez coupable ou stupide, il leur est facile de vous convaincre qu'ils ne sont plus en mesure de vous aider et que vous n'avez d'autre solution que d'accepter une réponse telle que : « Je suis désolé, mais je ne peux rien faire pour vous maintenant ; vous auriez dû... ». Si vous ne réagissez pas, vous acceptez alors d'être une docile petite victime qui n'a pas su flairer le piège qu'on lui tendait si adroitement, sans pour cela qu'il s'agisse toujours d'un acte délibéré. Il est plus facile, bien évidemment, de punir quelqu'un qui accepte inconsciemment de payer sa faute et le « Vous auriez dû » est un des moyens de vous conditionner dans ce but.

Le « Vous auriez dû » est aussi une tactique couramment employée avec les enfants pour les culpabiliser et les forcer ainsi à obéir. « Denis, tu aurais dû me dire ce matin que tu voulais construire ta cage à lapins dans la cave. Maintenant il est trop tard, parce que je viens de finir de nettoyer et je ne tiens pas à recommencer. » Denis sait pertinemment qu'il lui était impossible de prévoir que son père allait nettoyer la cave et que le « Tu aurais dû » n'a aucun sens. Mais son raisonnement d'enfant ne peut rien contre celui de son père qui, une fois engagé sur cette voie, ira jusqu'à utiliser sa colère ou sa taille pour augmenter son pouvoir sur son fils.

La seule façon d'éviter le piège du « Vous auriez dû » consiste à refuser dès le début de participer au rituel en concentrant votre attention sur ce qui peut être fait vraiment dans le moment présent. Lorsque quelqu'un vous dit : « Vous auriez dû », vous pouvez répondre : « Étant donné que je ne peux pas revenir en arrière et faire ce qu'à votre avis j'aurais dû faire, je préfère que nous parlions de ce qui peut être fait maintenant. » Si quelqu'un refuse tout simplement de vous tenir un autre langage que ce « Vous auriez dû », comme ce fut le cas pour l'employé qui répondit à l'appel d'Arthur, ayez donc recours à un de ses supérieurs. Vous parviendrez peut-être à éviter que celui-ci vous fasse le même numéro en lui déclarant tout de suite : « J'essaie d'obtenir que l'on me branche l'électricité aujourd'hui, mais votre employé refuse de me parler d'autre chose que d'hier (de la semaine dernière, de l'année dernière). »

AUTRES TACTIQUES POUR VOUS FAIRE REVENIR SUR LE PASSÉ

George Noel Gordon (Lord Byron), l'illustre poète anglais, écrivit un jour : « Nulle main ne peut retarder la pendule et lui faire sonner pour moi les heures enfuies. » C'est pourtant précisément ce que les gens qui cherchent à vous culpabiliser tentent de faire en employant une variété de tactiques qui s'attaquent toutes à votre comportement passé. Le coup du « Vous auriez dû... » n'est qu'un des nombreux exemples parmi les tactiques les plus courantes et les plus élaborées. Voici une liste de sept phrases clés les plus fréquemment employées pour vous forcer à vous replonger dans votre passé et vous transformer en dociles petites victimes prêtes à accepter le châtiment.

« Pourquoi avez-vous agi de la sorte ? »

Vous demander d'expliquer en détail ou de justifier votre comportement passé vous détourne inutilement du présent. Quelle que soit votre réponse, elle sera accueillie avec mépris et désapprobation, ce qui vous amènera une fois de plus à vous placer sur la défensive. Méfiez-vous comme de la peste de ce mot à caractère magique : « pourquoi ». Il vous fera battre en retraite toute votre vie.

« Si seulement vous aviez commencé par me demander mon avis ! »

Il est possible que si vous aviez commencé par consulter cette personne, les choses se seraient mieux passées. Mais cette hypothèse est réfutable, car celle-ci n'aurait pas nécessairement été en mesure de vous dire alors ce qu'elle vous dit maintenant. Elle ne fait peut-être que profiter de l'occasion pour se valoriser à vos dépens. De plus, étant donné que vous ne pouvez en aucun cas modifier vos actions passées, cette petite phrase apparemment inoffensive n'aura d'autre effet que de vous culpabiliser pour avoir agi sans consulter cette personne. Dès lors, elle est à peu près sûre de vous tenir à tous les coups puisqu'elle vous a convaincu que vous aviez tort.

« Mais nous avons toujours procédé de cette manière. »

Cette petite phrase insidieuse implique que tout écart par rapport à un comportement passé est une faute et une atteinte non seulement aux droits d'autrui mais également aux vôtres. (De quel droit changez-vous ?) Si on arrive à vous le faire admettre, vous signez donc votre « arrêt de mort » chaque fois que vous modifiez votre comportement.

« Puisque vous l'avez dit auparavant, pourquoi n'êtes-vous plus d'accord ? »

C'est l'implacable logique du « pour toujours » qu'appliquent les gens, quand cela les arrange, pour vous forcer à être toujours en accord avec ce que vous avez dit, parfois même des années auparavant ; et pourtant, peut-être avez-vous changé, les situations se sont certainement modifiées et le monde entier s'est peut-être renversé. Si vos actions vont à l'encontre de vos paroles, vous serez traité d'immoral, de lâche, de sans scrupules ; c'est à vous de savoir si vous êtes prêt à affronter la critique. Si l'on parvient à vous culpabiliser parce que vous avez changé, il est fort probable que vous ferez marche arrière et que vous vous en tiendrez à ce que vous aviez dit à l'origine, même si vous n'êtes plus d'accord, ce qui, bien sûr, fera la force et la joie de votre interlocuteur.

« Si seulement je n'avais pas fait cela ! »

C'est la névrose du « retour en arrière », par laquelle vous vous faites du tort en passant au crible vos erreurs passées ; vous irez même parfois jusqu'à vous maudire d'avoir agi de telle ou telle manière. La phrase inverse, *« Si seulement j'avais fait cela »*, vous culpabilisera tout autant, ce qui est aussi stupide. Comme il est impossible de modifier aujourd'hui des actions passées, les ressasser ne sert qu'à gaspiller le temps présent.

« Eh bien, hier justement,
nous avons eu un cas exactement semblable au vôtre. »

C'est une tactique très souvent utilisée par les employés de service. En vous relatant un cas semblable au vôtre, ils arrivent à vous faire accepter sans broncher qu'ils ont le droit de vous traiter comme ils l'entendent, pour la seule raison qu'hier encore ils ont possédé quelqu'un d'autre.

« À qui la faute ? »

Reconsidérer méthodiquement toutes les étapes d'un événement malheureux, en assignant à chacun sa part de responsabilité, ne sera bien souvent qu'une source de confusion supplémentaire. C'est perdre son temps que de vouloir chercher à tout prix des coupables, à moins qu'il ne s'agisse de préjudices moraux ou physiques. Une fois que vous saurez qu'Antoine est responsable à 40 %, Michel à 35 % et que les autres se partagent les 25 % qui restent, vous serez bien avancé ! Si vous ne dépassez pas ce stade, vous passerez la meilleure partie de votre vie à chercher des coupables pour des actions déjà terminées.

Voici à nouveau la liste des sept phrases clés déjà citées, en face desquelles vous trouverez sept autres phrases dont on a soustrait l'élément culpabilisateur :

Phrases négatives	Phrases positives
Pourquoi avez-vous agi de la sorte ?	Quelle leçon avez-vous tirée ?
Si seulement vous aviez commencé par me demander mon avis !	À l'avenir, vous auriez plutôt intérêt à me consulter.
Mais nous avons toujours procédé de cette manière.	J'ai du mal à accepter que vous vouliez faire les choses différemment.
Puisque vous l'avez dit auparavant, pourquoi n'êtes-vous plus d'accord ?	Vous avez changé d'avis et cela me contrarie beaucoup.
Si seulement je n'avais pas fait cela !	Je comprends l'erreur que j'ai commise et ne recommencerai pas.
Eh bien, hier justement, nous avons eu un cas exactement semblable au vôtre.	Que puis-je faire pour vous ?
À qui la faute ?	Comment pouvons-nous éviter qu'une telle erreur se reproduise ?

Ces phrases négatives sont des exemples types des remarques que vous feront vos proches pour vous modeler à leur gré. Les membres de votre famille les utiliseront pour justifier les punitions qu'ils voudront vous infliger ou pour briser toute tentative de rébellion de votre part. Les commerçants qui voudront vous faire payer sans discuter agiront de même ainsi que les employés pour vous empêcher de bousculer la marche normale de la société qu'ils servent aveuglément. Ces tactiques sont pour eux un moyen de faire échec à la raison, d'échapper à la réalité, de vous intimider, de vous manipuler et de vous dominer.

Dès qu'une allusion au passé se glisse dans la conversation, dans le but précis que nous avons défini, vous devez vous placer immédiatement sur la défensive et réagir en conséquence. Voici un exemple :

Il y a quelques années, Sam commanda par téléphone des obligations émises par la municipalité et le courrier lui promit qu'elles lui seraient envoyées à une date X. Quand elles arrivèrent, avec une semaine de retard, Sam les retourna par le premier courrier. Le courtier qui venait de perdre une forte commission l'appela au téléphone et essaya de lui prouver qu'il n'avait aucun droit de refuser et qu'il aurait dû prévenir qu'il ne les avait pas reçues dès le premier jour de retard. Selon lui, Sam n'avait d'autre solution que de les accepter. « Pourquoi ne m'avez-vous pas prévenu ? », répétait-il inlassablement.

La réponse de Sam fut la suivante : « Vous pensez que c'est à moi à fournir des explications ? Vous croyez vraiment que c'était à moi qu'il revenait de vous appeler alors que c'est vous qui êtes responsable de ce retard ? » Le courtier abandonna vite la partie et se retrouva avec ses obligations sur les bras.

VOUS POUVEZ VOUS NUIRE SI VOUS N'ÉCHAPPEZ PAS À L'EMPRISE DU PASSÉ

S'il est entendu que les autres utilisent à dessein votre passé pour vous manipuler, vous pouvez vous-même et de la même façon vous faire bien du tort. Vous vivez peut-être, comme bien d'autres, en fondant votre expérience sur des croyances passées qui parfois n'ont plus aucune raison d'être. Vous vous sentez certainement prisonnier de votre passé sans pour cela être disposé à vous en libérer pour recommencer sur une base nouvelle.

Joanne, une de mes clientes, vint me consulter un jour parce qu'elle était toujours nerveuse et facilement angoissée. Elle me confia qu'elle ne se sentait jamais vraiment détendue. Et elle me révéla qu'elle reprochait encore à ses parents son enfance malheureuse. « Ils ne me laissaient jamais aucune liberté. Tous mes faits et gestes étaient surveillés. C'est à cause d'eux que je suis dans cet état aujourd'hui. » Telles étaient les plaintes de Joanne, bien qu'elle eût déjà cinquante et un ans et que ses parents aient disparu depuis longtemps. Elle continuait à s'accrocher à des choses qui avaient eu lieu plus de trente-cinq ans auparavant. L'aider à se libérer d'un passé qu'elle ne pouvait changer fut donc le but principal de nos entretiens.

À force d'analyser la haine qu'elle éprouvait à l'égard de ses parents – qui avaient agi malgré tout en croyant bien faire –, et en restituant ces expériences dans leur contexte, Joanne apprit vite à cesser de les condamner. Elle en tira grand profit. Elle se rendit compte que, dès l'adolescence, elle avait accepté délibérément de se laisser étouffer par l'excès de protection de ses parents et que si sa personnalité avait été plus affirmée à l'époque elle en aurait moins pâti. Elle comprit petit à petit qu'elle avait le pouvoir de *choisir* sa vie, qu'elle était seule responsable du choix qu'elle avait fait jusque-là d'être malheureuse, et qu'elle devait à tout prix se débarrasser de son comportement autodestructeur.

Lorsque vous évaluez l'influence de votre passé sur votre existence actuelle, assurez-vous que vous avez définitivement écarté de votre esprit l'idée que vos pensées, vos actions ou vos frustrations même, sont imputables à d'autres. Dès que vous vous surprenez à blâmer vos parents, vos grands-parents, les difficultés de l'époque, etc., et à les rendre responsables de vos problèmes actuels, dites-vous ceci : « Si c'est à cause du passé que je suis ce que je suis aujourd'hui – puisque le passé ne peut être modifié –, je suis condamné à rester ainsi toute ma vie. » Or, chaque jour est un nouveau départ, et vous pouvez dès à présent décider de vous débarrasser de tous ces souvenirs désagréables pour jouir totalement du présent.

En ce qui concerne vos parents, dites-vous qu'ils ont fait ce qui leur était possible de faire à l'époque. Un point c'est tout. Si votre père vous a abandonné quand vous n'étiez encore qu'un bébé, si votre mère vous couvait trop ou qu'elle vous délaissait, c'est parce que c'était les seules choses dont ils étaient alors capables. Par ailleurs, quels que soient les malheurs qui vous sont arrivés dans votre jeunesse, il est plus que probable que le souvenir les a dramatisés. Les jeunes enfants s'adaptent en général à toutes les situations, à moins d'un cas extrême, et ils ne passent pas leur temps à pleurnicher ou à reprocher à leurs parents d'être ce qu'ils sont. Ils acceptent assez facilement leur famille et l'attitude de leurs parents, quelles qu'elles soient, tout comme la pluie et le beau temps, et pour eux, quoi qu'il arrive, la vie continue. Ils ont la tête remplie des merveilles de l'univers et ils ont du plaisir à vivre même s'ils sont confrontés à ce que les adultes appelleraient des conditions déplorables. Mais dans notre société, les « grandes personnes » analysent fréquemment leur passé et se souviennent avec effroi d'horribles expériences qui n'ont bien souvent d'ailleurs jamais eu lieu.

Quand mes clients s'efforcent de trouver dans leur passé l'explication de leurs comportements actuels, je leur montre la liste qui suit et leur conseille de s'appliquer à y choisir les formules qui, à leur avis, les concernent le plus. Dès lors, l'esprit plus clair, ils peuvent, s'ils en éprouvent le besoin, prendre de bonnes résolutions pour l'avenir. Ces phrases sont, en effet, les expressions que nous utilisons le plus souvent pour expliquer nos comportements. La plupart des gens qui se font analyser – après avoir dépensé beaucoup de temps et d'argent – en arrivent presque toujours à une ou plusieurs de ces conclusions :

Mes parents étaient irresponsables.
Mes parents étaient trop repliés sur eux-mêmes.
Ma mère me couvait trop.
Ma mère me délaissait.
Mon père m'a abandonné.
Mon père était trop sévère.
On faisait tout pour moi.
On ne m'a jamais aidé.
J'étais fils unique.
J'étais le benjamin de x enfants.
J'étais l'aîné.
J'étais le cadet.

Les temps étaient durs.
Tout était trop facile.
Je vivais dans un bidonville.
Je vivais dans un château (ou une grande propriété).
Je n'avais aucune liberté.
J'étais trop libre.
Ma famille était trop religieuse.
Personne ne voulait m'écouter.
Je n'avais aucune intimité.
Mes frères et mes sœurs me détestaient.
Je suis un enfant adopté.
Il n'y avait pas d'enfants dans notre voisinage…

Quelles que soient les raisons que vous retenez, souvenez-vous qu'il n'existe pas d'interprétation véritable du passé d'un être. Au mieux, un psychologue peut vous guider dans votre introspection en vous donnant des points de repère qui peuvent vous aider à mieux vous comprendre. Ces suggestions ne sont d'ailleurs valables que dans la mesure où elles correspondent, selon vous, à la réalité.

J'admets qu'il soit possible d'approfondir la connaissance de soi-même en examinant le passé, mais le fait est que cet éclaircissement ne changera rien au passé ou au présent et que considérer votre passé comme la cause de votre comportement actuel ne servira qu'à vous empêcher de progresser.

La plupart des grands penseurs ont fait abstraction de leur passé, sauf pour ce qui est des expériences ou des faits historiques dont ils pouvaient tirer profit ; ils vivent complètement dans le présent tout en se préoccupant déjà d'un avenir meilleur. Les innovateurs ne disent jamais : « Nous avons toujours agi ainsi, il nous est donc impossible de changer. » Jamais. Ils tirent des leçons du passé, mais ils n'y vivent pas.

Dans plusieurs de ses pièces, Shakespeare fait allusion à la folie de se laisser miner inutilement par le passé. Rappelons ces vers : « Ce qui est accompli, ce qui est au-delà de tous nos efforts, devrait l'être de tout chagrin[1]. » Et : « S'il n'y a plus de remède à tout cela, n'y revenez plus : c'est fait, c'est fait[2] ! »

L'art d'oublier peut être un élément essentiel de l'art de vivre. Tous ces souvenirs pénibles que vous avez rangés dans votre mémoire avec tant de soin valent rarement la peine d'être remués. Puisque vous êtes maître de votre mémoire, rien ne vous oblige à les y garder éternellement. Débarrassez-vous de tous ces souvenirs qui vous paralysent et surtout des reproches haineux que vous adressez à des gens qui croyaient généralement agir pour votre bien. S'ils vous ont réellement traité d'une manière inadmissible, tirez-en donc une leçon, promettez-vous de ne jamais traiter les autres de cette façon et, du fond de votre cœur, pardonnez-leur. Si vous refusez de leur pardonner, vous choisirez alors de continuer à vous faire du mal. Par ailleurs, si vous ne parvenez à oublier, à pardonner, vous serez la seule personne, et j'insiste sur ce point, la seule personne qui en souffrira. Si vous considérez le problème sous cet angle-là, comment pourriez-vous alors continuer à vous cramponner à un passé malheureux qui n'a pour effet que de prolonger votre souffrance ?

---

1. *Le Conte d'hiver* (Œuvres complètes de Shakespeare), trad. Yves Bonnefoy, Le Club Français du Livre, 1957, p. 209.
2. *Macbeth*, Éd. L'Arche, trad. Jean Curtis, tableau 12, p. 39.

TACTIQUES POUR NE PLUS ÊTRE LA VICTIME DES RÉFÉRENCES AU PASSÉ

La tactique fondamentale pour éviter le piège des références au passé consiste à demeurer vigilant, à les « voir venir » et à faire en sorte de ne pas vous laisser prendre dans l'engrenage. Une fois que vous aurez compris la situation, ce n'est que grâce à votre courage et à votre détermination que vous parviendrez à vous en sortir. Voici quelques conseils d'ordre général qui vous aideront à mettre en échec toute tentative visant à vous jeter dans les filets du passé.

Chaque fois qu'une personne vous dit que les choses sont « telles qu'elles ont toujours été », ou vous rappelle le comportement passé des autres dans le but de vous nuire, posez-lui la question suivante : « Croyez-vous vraiment que ce que vous me dites m'intéresse ? » Cela désamorcera, sur-le-champ, toute tentative de vous nuire. Si votre interlocuteur vous répond : « Je n'en sais rien vraiment. Cela vous intéresse-t-il ? », vous répondrez simplement : « Non, pas le moins du monde. Je ne veux parler que de ce qui peut être fait maintenant. »

Lorsque les gens avec qui vous entretenez des relations personnelles utilisent des expressions telles que « tu aurais dû », « la semaine dernière encore, tu aurais pu... », pour ne pas avoir à vous écouter, essayez de prendre vos distances, établissez une « petite barrière » entre vous. C'est par des actes et non par des mots que vous réussirez à convaincre les gens. Montrez-leur que vous êtes décidé à ne pas parler de circonstances passées lorsqu'elles sont pour votre interlocuteur un moyen de vous manipuler.

Efforcez-vous d'éliminer tout propos de ce genre de vos propres discours, pour éviter que les gens s'en servent à vos dépens. Appliquez-vous à soustraire de votre vocabulaire les « vous auriez dû », « pourquoi avez-vous agi de la sorte ? » et autres formules de ce type qui pourraient amener vos amis à se culpabiliser. Votre attitude leur montrera ce que vous attendez d'eux, et vous éviterez ainsi que l'on vous accuse d'être de mauvaise foi quand vous demanderez que l'on vous épargne un tel traitement.

Lorsque quelqu'un entame la conversation par « Vous auriez dû », essayez de lui dire : « Si vous pouvez m'offrir un voyage à travers le temps pour que je retourne à l'époque dont vous parlez, je serais heureux de suivre votre conseil. Comme vous ne le pouvez pas... » Votre « adversaire » comprendra alors que vous ne vous êtes pas laissé prendre au piège et vous aurez déjà presque gagné la bataille. Une autre solution consistera à dire : « Vous avez raison, j'aurais dû. » En le reconnaissant, vous obligerez votre interlocuteur à vous parler du présent.

Si quelqu'un vous demande pourquoi vous avez agi de telle ou telle manière, répondez de la façon la plus nette et la plus concise possible. Si la personne continue à vous reprocher vos actes passés, vous pouvez lui faire part de votre sentiment présent à ce sujet et lui dire que vous pensiez qu'il vous avait demandé d'expliquer vos motivations et non de vous justifier. Si nécessaire, vous pouvez même ajouter : « Si ces explications ne vous conviennent pas, vous pouvez peut-être m'expliquer vous-même pourquoi j'ai agi de la sorte ; nous pourrons ainsi échanger nos points de vue plutôt que de ne parler que du mien. » Cette réponse nette et claire fera vite comprendre à votre interlocuteur qu'il est inutile de vous tendre des pièges.

Quand vous sentez que quelqu'un vous en veut, et qu'il va se servir de votre passé pour vous manipuler au lieu d'essayer de vous expliquer ce qu'il ressent au moment même, forcez les choses en disant : « Je vous déçois, n'est-ce-pas ? », ou « Ma foi, vous êtes encore plus en colère que je ne l'aurais cru », ou encore : « Vous êtes en colère parce que vous avez l'impression que je vous laisse tomber. » Le vrai problème, la détresse de votre interlocuteur, réapparaîtra de lui-même. Cette tactique qui consiste à forcer votre adversaire à dévoiler dès l'abord ses sentiments véritables désamorcera très vite toute tentative susceptible de vous nuire.

Si vous sentez que les reproches qui vous sont faits sont fondés, n'ayez pas peur de dire : « Tu as raison et, la prochaine fois, je ne recommencerai pas. » Dire ce que vos erreurs vous ont appris est infiniment plus constructif que vous forcer à défendre le passé et donc à le revivre éternellement.

Lorsqu'un proche – un camarade, un ami qui vous est cher – fait allusion à un incident passé qui, vous le savez, lui est pénible et qui, à votre avis, a suffisamment fait l'objet de discussions, essayez de limiter la conversation à ses sentiments plutôt que de vous laisser entraîner par les « Comment avez-vous pu ? », ou « Vous n'auriez pas dû » habituels.

Si la personne continue à vous tourmenter, ne vous embarquez pas dans des réponses compliquées qui ne feront qu'intensifier sa peine, offrez-lui plutôt un geste d'affection – un baiser, une petite tape sur l'épaule, un sourire chaleureux – et éloignez-vous temporairement. En vous éloignant après avoir prouvé votre affection, vous montrez aux autres que vous les comprenez mais que vous refusez de vous laisser culpabiliser en revivant cent fois encore cet événement déjà amplement discuté, puisque cela ne fait qu'aggraver le mal.

Promettez-vous de tirer les leçons du passé plutôt que d'en parler sans cesse, et faites part de votre résolution ouvertement à ceux qui, à votre avis, vous manipulent le plus souvent. Établissez clairement les bases de cette résolution : « Ne revenons pas sans cesse sur des événements passés et efforçons-nous de nous empêcher mutuellement de nous laisser entraîner sur des terrains dangereux. » Avec votre conjoint ou quelqu'un d'aussi proche, vous pouvez même convenir d'un petit signe, un léger clin d'œil, par exemple, quand vous sentez que l'autre se met à faire référence au passé dans cet esprit.

Quand quelqu'un se prépare à vous parler du « bon vieux temps » ou des coutumes d'alors dans le but de s'en servir comme exemple, vous pouvez répondre : « Le fait que vous ayez vécu si longtemps peut bien sûr signifier que vous avez beaucoup d'expérience de la vie, mais rien ne prouve que pendant toute cette période, vous n'avez pas agi de manière inefficace. De ce fait, que vous ayez toujours agi d'une certaine manière n'implique pas automatiquement que je doive vous ressembler et aligner mon comportement sur le vôtre. » Une affirmation aussi simple que celle-ci fait comprendre à votre adversaire éventuel que vous ne vous laissez pas piéger facilement et que vous ne calquez pas votre ligne de conduite sur celle des autres.

Ne gardez pas en mémoire toutes les choses que vous avez faites dans le simple but de pouvoir vous en souvenir. Efforcez-vous de vivre au jour le jour. Et puis, au lieu d'utiliser votre vie future à vous rappeler le passé, vous pouvez vous consacrer à des occupations nouvelles et plus agréables. Les souvenirs ne tiennent pas toujours de la névrose, mais ils peuvent souvent vous empêcher de profiter du moment présent. Francis Durivage écrivit à ce propos : « On nous apprend à nous souvenir ; pourquoi ne nous apprend-on pas à oublier ? Il n'est pas un seul homme qui n'ait pensé, à un moment de sa vie, que la mémoire était cause d'autant de souffrance que de joie. »

Efforcez-vous de ne pas vous plaindre à propos d'événements appartenant au passé, tels que ceux que nous avons évoqués dans ce chapitre. Essayez de vous maîtriser chaque fois que surgira, dans votre esprit ou dans vos propos, une plainte inutile, jusqu'à ce que vous parveniez à écarter à jamais de vos habitudes tous ces petits jeux qui vous portent préjudice. Notez soigneusement vos succès sur un journal quotidien si c'est nécessaire.

Pardonnez en silence à celui qui pense que vous vous êtes mal comporté dans le passé et qui vous tourmente à ce sujet et jurez-vous de cesser de vous faire du tort en vous remémorant des souvenirs attristants ou des pensées de « vengeance personnelle » qui ne pourront que vous nuire. Si cela vous est possible, écrivez ou téléphonez à quelqu'un à qui vous avez refusé de parler depuis longtemps et rétablissez vos relations avec cette personne. Les vieilles rancunes ne feront que vous priver de la jouissance de bien des moments susceptibles d'être enrichissants et de bien des contacts agréables avec les gens, pour la seule raison que ces personnes ont commis, une fois ou peut-être deux fois, des erreurs qui vous ont affecté. À qui cela n'est-il pas arrivé ? Et souvenez-vous que si vous êtes aujourd'hui encore contrarié par leur comportement, c'est que vous êtes toujours sous leur emprise.

Efforcez-vous de prendre des risques, ayez un comportement affirmé, soyez disponible. Prenez le temps de dire aux autres ce que vous ressentez et expliquez-leur si c'est nécessaire que vous ne continuerez pas à discuter de choses que vous ne pouvez changer. Prenez des risques avec les gens ou acceptez d'être une victime : c'est à vous de choisir.

Notre esprit est capable d'emmagasiner un nombre incalculable de faits. C'est bien sûr une bénédiction à bien des égards, mais cela peut être aussi une véritable calamité lorsqu'il conserve des souvenirs qui nous sont préjudiciables. Votre esprit vous appartient : vous avez le pouvoir de faire table rase de toutes ces pensées négatives. En vous montrant vigilant et résolu à ne pas vous laisser faire vous aiderez les autres à ne plus faire de vous une victime.

CHAPITRE 4

COMMENT ÉCHAPPER AU PIÈGE DE LA COMPARAISON

Dans un monde d'individualités,
la comparaison est une absurdité.

Test en dix questions

Oui	Non	
......	......	1. Vous arrive-t-il souvent de souhaiter ressembler à quelqu'un que vous trouvez très beau ou très séduisant ?
......	......	2. Éprouvez-vous le besoin de savoir les notes que les autres candidats ont obtenues quand vous passez un examen ?
......	......	3. Utilisez-vous des mots tels que « normal » ou « moyen » pour vous décrire ?

......	......	4. Interdisez-vous à vos enfants, ou vous interdisez-vous vous-même, d'agir d'une certaine manière sous prétexte que les autres n'agissent pas ainsi ?
......	......	5. Vous efforcez-vous d'être comme les autres de peur que l'on ne vous remarque ?
......	......	6. Vous arrive-t-il souvent de dire : « Pourquoi ne peux-tu pas être comme tout le monde ? »
......	......	7. Êtes-vous jaloux de la réussite des autres ?
......	......	8. Fixez-vous vos propres objectifs par rapport aux réalisations des autres ?
......	......	9. Acceptez-vous sans broncher que quelqu'un vous dise : « C'est la même chose pour tout le monde, vous ne faites pas exception » ?
......	......	10. Vous faut-il savoir ce que les autres portent avant de vous décider pour le choix d'un vêtement ?

Toutes les réponses positives indiquent que vous êtes la victime d'un mal très répandu dans notre société et qui consiste à se comparer aux autres pour définir sa propre ligne de conduite.

Seuls les gens ayant une personnalité très affirmée parviennent à décider de leurs actions en ne s'en remettant qu'à eux-mêmes ; à défaut de cette assurance, les gens ont généralement recours aux seules autres références disponibles, à savoir la comparaison avec les autres. En effet, on a presque tous tendance à se comparer aux autres afin de ne pas s'écarter de la norme. Pour vous défaire de l'habitude de vous comparer systématiquement aux autres, il vous faudra apprendre à avoir confiance en vous, décider d'en faire preuve quotidiennement dans chacun de vos actes, et vous efforcer d'appliquer certaines des tactiques exposées dans ce chapitre.

Cependant, vous devez d'abord comprendre qu'il est impossible d'être « comme tout le monde » en restant soi-même. Ralph Waldo Emerson l'a très bien exprimé dans son livre *Self Reliance :*

« Celui qui veut être un homme doit être *non conformiste*. Celui qui veut acquérir des palmes immortelles ne doit pas être arrêté par ce qu'on appelle le bien ; il doit s'enquérir si c'est véritablement le bien. Rien n'est sacré que l'intégrité de votre propre conscience[1]. »

Ces paroles sont d'or mais reflètent des idées bien peu partagées. Le non-conformisme, par définition, n'est pas approuvé par la majorité des gens qui, en tant que majorité, établissent les normes du conformisme. Si un non-conformisme ostentatoire, dont le seul but est de vous faire remarquer, n'est pas ce qui est préconisé ici, il est cependant important que vous vous analysiez avec attention, que vous vous interrogiez sur vos aspirations les plus profondes et que vous vous rendiez compte combien il est absurde de fonder votre vie sur

1. *Confiance en soi* (Sept Essais d'Emerson), trad. I. Will, Éd. Lacomblez, 1907, p. 7.

des comparaisons avec les autres. Ceux qui ont intérêt à ce que vous soyez comme eux, ou tel qu'ils le désirent, vous rappellent continuellement leur comportement, ou celui des autres, pour vous donner de solides exemples à suivre. Résistez à leurs suggestions et à votre propre tentation de prendre les autres pour modèle.

VOUS ÊTES UNIQUE AU MONDE

Prenez conscience du fait qu'il n'y a qu'un seul être comme vous sur la Terre et que cet « être » vous accompagne partout. Comme le dit ce vieil adage : « Où que j'aille, je me retrouve en face de moi-même. » Il n'existe pas deux êtres au monde qui aient les mêmes sentiments, les mêmes pensées et les mêmes désirs. Soyez convaincu que votre être le plus profond est unique. Si vous admettez cette idée, vous comprendrez alors qu'il faut hésiter avant de prendre quelqu'un pour modèle.

Dans notre société, tout être (unique en lui-même) est une menace pour autrui du fait même qu'il est différent. Bien sûr, nous faisons souvent référence à des personnages historiques dont le caractère unique nous les fait admirer et respecter. Je connais, par exemple, un entraîneur de football américain qui cite souvent Emerson dans ses discours. Connaissant les idées d'Emerson, je suis à peu près sûr que celui-ci n'aurait pas fait long feu dans l'équipe de l'entraîneur en question. En effet, toutes les recommandations dont celui-ci truffe ses discours – ne pas être conformiste, ne pas avoir de héros, être soi-même – ne manquent pas de surprendre quand on sait qu'il interdit à « ses » joueurs de parler à la presse, qu'il les récompense d'avoir bien joué en leur distribuant des petites décalcomanies personnalisées, et qu'il se présente toujours comme seul porte-parole de l'équipe. De même, des hommes tels que Jésus, Socrate, Thomas More, et plus près de nous Gandhi, Harry Truman et Winston Churchill, qui furent méprisés en leur temps pour leur individualisme, furent plus tard portés aux nues quand cela ne représentait plus aucun risque.

Dans notre système éducatif, nous nous servons de barèmes spéciaux pour décider du niveau des élèves – nous voulons tout mesurer, tout uniformiser, dans notre recherche d'une sacro-sainte moyenne. Frederick Crane a dit un jour : « Les esprits médiocres trouvent la sécurité dans l'uniformisation. »

Pourtant, en dépit de toutes les pressions exercées sur vous et bien que l'on vous rappelle constamment que vous devez être comme les autres, cela vous est absolument impossible. Si vous comprenez les motivations des autres lorsqu'ils se réfèrent à des normes extérieures pour vous comparer – leurs motivations étant bien sûr de vous manipuler ou d'exercer sur vous leur pouvoir – vous serez alors mieux en mesure de mettre le holà à cette forme d'exploitation.

LE CONCEPT DE LA SOLITUDE EXISTENTIELLE

Outre le fait que vous êtes unique au monde, vous devez aussi accepter l'idée que vous êtes toujours seul. Oui, seul ! Personne ne peut ressentir exactement ce que vous ressentez, que vous soyez entouré d'une foule de gens, que vous soyez deux à faire l'amour, ou que vous vous trouviez seul en un lieu isolé. Votre « solitude existentielle » est inévitable et cela signifie tout simplement que vous êtes prédestiné à la solitude et que vos sentiments et vos pensées ne seront jamais totalement partagés.

La prise de conscience de cette solitude peut vous procurer une sensation de liberté intense, ou au contraire d'asservissement extrême, selon ce que vous choisissez d'en faire. Mais dans un cas comme dans l'autre, cette solitude est inéluctable. Il vous est tout à fait possible, cependant, de choisir d'en faire une expérience libératrice en en tirant parti, comme j'ai encouragé plusieurs de mes clients à le faire.

Prenons l'exemple de Henri, cadre de quarante-six ans, qui vint me consulter il y a quelques années.

C'est très abruptement que Henri se trouva confronté à sa propre solitude existentielle. Il me raconta qu'un soir, alors qu'il était assis au salon et qu'il regardait fixement sa femme qui lisait, il eut tout à coup un sentiment étrange qui lui donna le frisson : la personne avec qui il était marié depuis vingt-quatre ans ne le connaissait même pas, elle était comme une étrangère assise là dans son salon. Pour la première fois, il comprit que cette personne ne pénétrerait jamais dans ses pensées les plus intimes.

Ce sentiment le terrifia et, ne sachant comment s'en libérer, il vint me consulter. Les premiers temps, Henri avait le sentiment qu'il devait absolument faire quelque chose pour y remédier – divorcer peut-être, ou s'enfuir. Mais lorsqu'il prit conscience de cette vérité fondamentale sur laquelle repose toute existence humaine, il apprit à voir sa propre solitude sous un nouveau jour – un peu comme une promesse de libération. Puisque sa femme ne pourrait jamais ressentir ce qu'il ressentait lui-même, il ne devait plus s'attendre à ce qu'elle soit toujours « avec lui ». Il comprit également que sa femme, tout comme lui, était existentiellement seule et cela lui permit de se soulager d'un lourd fardeau. Car il avait en effet toujours cherché à tout partager avec elle, même ses sentiments les plus intimes, ce qui l'avait conduit à se culpabiliser inutilement quand il échouait. Grâce à cette nouvelle sagesse, d'une part, il put interrompre cette quête infernale et destructrice qui consistait à vouloir tout partager avec un autre être. Il cessa d'autre part d'attendre de sa femme ce qu'elle ne pouvait lui apporter et arrêta donc de la harceler.

Avant longtemps, Henri se sentit un homme neuf, car il s'était libéré du désir insensé de communier totalement avec un autre être.

Il est important que vous compreniez que cette nouvelle conscience de sa solitude aurait pu avoir sur Henri un effet désastreux si, comme bien d'autres, il s'était mis alors à se considérer comme un prisonnier de sa condition d'homme et comme un être à jamais incompris. Avant de venir me consulter, il se plaignait constamment de l'incompréhension de sa femme et le fait de se rendre compte tout à coup qu'elle lui serait à jamais « étrangère » aurait pu aggraver son malaise et rendre la situation encore plus désespérée. Au fur et à mesure de nos entretiens, Henri prit conscience qu'il n'arriverait jamais à faire accéder quelqu'un d'autre à son moi profond. Il comprit que les êtres peuvent partager beaucoup de choses, être très proches, mais qu'ils n'ont jamais qu'une connaissance superficielle les uns des autres (car il n'est pas possible à l'homme de jamais se livrer totalement).

La solitude existentielle peut être une source de grande force, mais elle peut aussi être à l'origine de graves problèmes. Chaque fois que la tentation vous vient de prendre la vie des autres comme modèle, souvenez-vous de cette phrase de Henrik Ibsen, dramaturge norvégien du XIXe siècle : « L'homme le plus fort du monde entier, c'est celui qui est le plus seul[1]. »

On peut bien sûr juger cette attitude égoïste, antisociale et d'un individualisme suspect. Pourtant, il faut bien reconnaître que ceux qui ont le plus influencé l'humanité et qui ont secouru le plus grand nombre d'individus sont des êtres qui ont suivi leurs inclinations sans se soucier de l'opinion des autres. Dans cette optique, être fort signifie renoncer à essayer d'imposer aux autres ses propres sentiments et de défendre ses convictions.

Reprenons l'exemple de mon client, Henri. Il se souvient encore aujourd'hui de cet instant de lucidité où il fit connaissance avec sa propre solitude, comme l'un des moments les plus importants de sa vie. Ce fut grâce à lui qu'il vint me consulter et qu'il apprit à se libérer du sentiment paralysant et tout à fait inutile d'avoir à tout partager avec sa femme et ses enfants, et qu'il eut la force d'être lui-même et de s'assumer totalement. Il croit, comme avant, que l'homme n'est pas un être totalement autonome, fait pour vivre en ermite, mais il sait à présent – pour en avoir fait personnellement l'expérience – que nous sommes tous intérieurement des êtres uniques, que chacun de nous fait une expérience unique de l'existence et que c'est précisément cette conscience de notre propre solitude qui nous permettra d'aller vers les autres et de ne plus les considérer en étrangers lorsque nous nous apercevrons que nous ne leur sommes pas en tout point semblables.

---

1. *Un ennemi du peuple*, acte V, *Encyclopédie des citations*, Éd. de Trévise, trad. Dr Stockmann, p. 460.

VOUS COMPARER AUX AUTRES : UN MOYEN SÛR DE VOUS NUIRE

Une fois cette lucidité acquise, vous serez bien obligé de reconnaître que le petit jeu de la comparaison aux autres vous est familier. C'est à vrai dire une maladie universelle qui atteint tous ceux d'entre nous qui ne sont pas d'une force à toute épreuve. Notre civilisation nous a enseigné à être toujours à l'affût de modèles et la plupart de nos jugements sont inspirés par cette vision de soi relative aux autres. Comment savoir si vous êtes intelligent ? En vous comparant avec les autres. Comment savoir si vous êtes équilibré, séduisant, estimable, heureux, comblé, épanoui ? En vous évaluant par rapport à votre entourage pour déterminer ensuite à quel niveau de l'échelle comparative vous vous situez.

Vous en êtes peut-être arrivé au point où vous n'envisagez pas d'autre moyen pour vous évaluer que de vous juger par rapport aux normes admises. Vous faites alors abstraction d'un critère fondamental qui est votre propre satisfaction quant à la façon dont vous dirigez votre vie. Vous n'avez nullement besoin de regarder autour de vous pour vous évaluer. Comment savoir si vous êtes intelligent ? Parce que vous le dites, que vous le savez et parce que toutes vos entreprises réussissent. Êtes-vous séduisant ? Oui, selon vos critères personnels que vous devez établir une fois pour toutes afin de ne pas vous apercevoir un jour que vous êtes soumis, à votre désavantage, à ceux des autres.

Vous courez à votre perte si vous continuez à vous référer aux autres car vos critères d'auto-estimation seront alors dépendants d'éléments extérieurs à vous-même, sur lesquels vous n'aurez aucun pouvoir. Ce petit jeu vous prive de tout sentiment de sécurité étant donné que vous ne pouvez jamais savoir comment les autres vous jugent. Vous serez pourtant tenté de vous comparer aux autres de peur d'affronter les risques de l'individualisme. Par ailleurs, il est évident qu'en vous comparant aux autres et en vous efforçant de leur ressembler, vous parviendrez à susciter l'approbation du plus grand nombre, du moins en apparence. Mais cette attitude risque de faire de vous un être faible et sans ressources. Vous rêvez peut-être secrètement de sortir un peu des chemins battus, en changeant par exemple le style de vos vêtements, en sortant avec une personne plus âgée ou plus jeune que vous ou toute autre chose qui sorte de l'ordinaire. Mais parce que personne ne le fait dans votre entourage, vous voilà bloqué.

S'il vous arrive quelquefois de « faire comme tout le monde » vous n'avez certes pas lieu de vous inquiéter. Mais si, au contraire, cette habitude vous est quotidienne, vous êtes sans aucun doute tombé dans le piège de la comparaison. Encore une fois, il n'est certainement pas indispensable d'adopter systématiquement une attitude non conformiste, dans le seul but de prouver votre originalité. Bien au contraire, car un non-conformisme forcé, qui étudie le conformisme pour ensuite s'y opposer point par point, est tout autant exposé à la manipulation des autres. Au moment de prendre une décision, vous devez faire appel à votre propre bon sens, sans éprouver le besoin de calquer votre comportement sur celui des autres – ne serait-ce que parce que vous êtes unique, et que même si vous le voulez vous ne parviendrez jamais à être « comme tout le monde ».

PERMETTRE AUX AUTRES DE VOUS COMPARER À EUX : UN MOYEN ENCORE PLUS SÛR DE VOUS NUIRE

S'il ne tient qu'à vous de vous débarrasser de vos habitudes autodestructrices qui consistent à vous comparer constamment aux autres, et d'apprendre à vous évaluer selon vos critères personnels, il vous sera, en revanche, beaucoup plus difficile de mettre fin aux incessantes comparaisons dont vous faites l'objet et qui tendent toutes à vous exploiter.

Il est facile, en effet, d'exploiter ceux qui sont prêts à se plier à n'importe quelle servitude, uniquement parce que les autres autour d'eux acceptent d'être traités de la sorte.

La plupart du temps, il est tout à fait normal que vous soyez traité comme tout le monde. Mais lorsqu'un règlement – qui devrait être assez souple pour ne pénaliser personne – vous est arbitrairement imposé, souvenez-vous que vous avez en face de vous quelqu'un qui n'aura de cesse qu'il fasse de vous une victime.

Les employés, en général, sont particulièrement rompus à ce genre de pratique. Souvenez-vous de cette maxime citée dans le premier chapitre : *un employé est un être borné*. Les employés étant payés pour faire respecter un règlement qu'une société veut imposer à tous ses clients, il est logique que tout subalterne trouve normal de répéter à longueur de journée : « Voyez cette dame, elle au moins ne trouve rien à redire ! » ou encore : « Le règlement s'applique à tout le monde. » Ne croyez pas cependant que les employés soient les seuls à se comporter de la sorte.

Voici deux petites anecdotes, qui illustrent bien la manière dont les employés utilisent la comparaison avec les autres, et qui montrent également comment deux de mes amis s'en sont habilement sortis, en évaluant d'abord la situation et en appliquant ensuite les tactiques appropriées.

La dame de la crêperie

Lorsque Chuck entra dans la crêperie, la serveuse le fit asseoir à une toute petite table avec une chaise en bois, placée en plein courant d'air devant une porte de secours dont la poignée lui rentrait dans le dos. Il appela donc celle-ci pour lui demander s'il ne pouvait pas s'asseoir à la table d'à côté qui était inoccupée. Elle lui répondit que cette table était réservée aux groupes de plusieurs personnes. Chuck insista pour avoir une autre table et s'entendit alors répondre : « Je suis navrée, monsieur, c'est le règlement ! On ne fait pas d'exception. Regardez l'homme qui est assis là-bas, il ne se plaint pas lui ! »

Elle avait effectivement raison. Un homme tremblant de froid car assis face à la porte d'entrée mangeait sans rien dire ses crêpes glacées. « Et alors, qu'est-ce que vous voulez que ça me fasse ? répondit Chuck. Je ne me plains pas. J'aimerais simplement manger le repas que je suis prêt à payer à une table agréable. Si cela vous semble si compliqué, appelez le gérant. »

« Il s'est absenté. »

« Bien. Mais enfin, il y a d'autres tables libres, et je ne vois pas pourquoi je dois être mal installé. »

Chuck ne voulait surtout pas se fâcher au point d'être obligé de se lever et de sortir, ce qui l'aurait pénalisé davantage car il avait faim et n'avait pas le temps d'aller ailleurs. Par ailleurs, il préférait éviter de forcer la main à la serveuse en allant s'asseoir, malgré son interdiction, à la table voisine, car il sentait bien qu'elle était capable de provoquer une scène désagréable. Il n'était pas non plus disposé à lui glisser un pourboire afin qu'elle le laisse s'installer à la table de son choix. Il décida donc de simuler une crise de nerfs.

Il demanda encore une fois à la serveuse d'être raisonnable, mais comme celle-ci prit un air encore plus hautain, il commença à faire des mouvements saccadés, son bras se mit à trembler et son visage se crispa.

« Qu'est-ce qui ne va pas, monsieur ? » lui demanda la serveuse, se radoucissant soudain.

« Je ne sais pas, répondit Chuck, en respirant avec difficulté. Quand ces choses-là m'arrivent, je deviens complètement fou. » Comme il haussait la voix, le gérant fit miraculeusement son apparition : « Pour l'amour de Dieu, Alice, laissez-le s'asseoir où il veut ! »

Fin de l'histoire. Dans ce cas précis, Chuck exerça ses talents de comédien, ne fit tort à personne et put savourer ses crêpes bien au chaud, confortablement installé à une grande table. Au moment de sortir, il fit un petit clin d'œil à la serveuse et ne lui laissa bien entendu aucun pourboire afin de ne pas l'encourager à agir ainsi à l'avenir.

Sarah se promenait un jour à bicyclette lorsqu'elle remarqua une pancarte à la vitrine d'une épicerie : « Jus d'orange à un dollar les trois litres. » Comme ce n'était pas cher, elle s'arrêta, et, quelques instants plus tard, elle se présentait à la caisse les bras chargés de six bouteilles qu'elle prit soin d'emballer dans deux sacs en papier, mis l'un dans l'autre pour plus de précaution.

La caissière voyant ce qu'elle faisait lui annonça, indignée : « Je suis désolée, mon petit, mais vous ne pouvez pas utiliser deux sacs à la fois. C'est contre le règlement. »

Sarah lui répondit : « Je regrette. Votre règlement ne s'applique pas ici. Je suis à bicyclette et si je n'utilise pas deux sacs pour six bouteilles, je vais casser les bouteilles. »

La caissière se mit en colère et Sarah se rendit compte qu'elle considérait que son honneur était en jeu. Elle insista : « Je vous répète que vous ne pouvez pas utiliser deux sacs ! »

Sarah connaissait ce règlement et le trouvait même justifié dans 99 % des cas, en raison du trop grand gaspillage de papier, mais elle n'avait nullement l'intention de se laisser pénaliser par celui-ci, dans le cas présent.

La caissière lui fit remarquer que personne n'utilisait deux sacs et qu'il n'y avait donc aucune raison pour qu'elle fît exception (Sarah lui avait pourtant exposé son cas très gentiment). Elle continua sur sa lancée et Sarah finit par lui demander si elle l'autorisait à mettre trois litres dans un sac et trois dans un autre. La caissière lui répondit que oui, mais qu'il n'était pas permis d'utiliser les deux mêmes sacs mis l'un dans l'autre !

Devant une telle logique, Sarah demanda à voir le gérant, qui ne put évidemment que constater la sottise de son employée. Sarah repartit donc sur sa bicyclette avec son jus d'orange emballé comme elle l'entendait. Elle ne s'était pas laissé exploiter, ce qui n'était pas le cas de la caissière.

Dès que Sarah fut partie, celle-ci entra dans une colère extrême, s'en prit à tout ce qui l'entourait et tout cela parce que Sarah avait refusé de se plier bêtement au règlement, alors que son cas de toute évidence demandait que l'on fit exception.

Un article paru dans un récent numéro de *Time Magazine* nous conte comment le célèbre joueur de base-ball américain, Joe DiMaggio, fut un jour reçu par son manager, lorsqu'il se présenta à son bureau pour lui réclamer une augmentation : « À la fin de ma quatrième saison, j'ai demandé un salaire annuel de quarante-trois mille dollars, et mon manager, Ed Barrow, me répondit alors : "Jeune homme, savez-vous que Lou Gehrig, qui joue depuis seize ans, ne touche que quarante-quatre mille dollars !" Voici un exemple de plus de la référence à autrui, utilisée dans un but d'exploitation. Si vous acceptez ce type de raisonnement, vous serez manipulé de la façon la plus brutale pour le restant de vos jours, sous prétexte que les autres le sont. Vos adversaires les plus agressifs auront immédiatement recours à cette stratégie, dès qu'ils sentiront qu'ils sont sur le point de perdre la plus petite parcelle de l'emprise qu'ils ont sur vous.

Les employés et les fonctionnaires font souvent pression sur les autres pour les inciter à appliquer, comme ils le font eux-mêmes, les règlements de la société qui les emploie. S'il y a une pancarte indiquant qu'il est interdit de parler et que vos enfants n'en font aucun cas, l'employé de service vous jettera probablement un regard noir qui signifiera : "Qu'est-ce qui vous autorise à croire que vous n'êtes pas concerné par le règlement ?" Lorsque cette interdiction devient totalement absurde, étant donné qu'on ne peut exiger des enfants qu'ils se comportent en adultes, vous auriez bien tort d'y obéir aveuglément.

L'hiver dernier, John se baignait dans la piscine climatisée de l'hôtel où il séjournait. Bien que celle-ci fût recouverte de milliers de ballons en plastique, dont le rôle consistait à empêcher la chaleur de s'échapper dans l'air froid, une pancarte indiquait qu'il était interdit d'éclabousser et de jouer au ballon. Quand plusieurs enfants, qui n'étaient même pas ceux de

John, commencèrent à se lancer les ballons et à s'éclabousser, le surveillant lui demanda de faire respecter le règlement. D'une part étant le seul adulte de la piscine, les jeux des enfants ne dérangeaient vraiment personne, et d'autre part ce n'était pas à lui que revenait le rôle de les réprimander. Il répondit donc : "Je suis personnellement contre ce règlement. Pour moi une piscine est un endroit où les enfants devraient pouvoir s'amuser. Ils ne me dérangent pas et ils ne peuvent en ce moment importuner personne d'autre. Si vous voulez les en empêcher, vous n'avez qu'à sauter dans la piscine et le faire vous-même. Mais ne comptez pas sur moi." Le surveillant fut outré, persuadé, on ne sait pourquoi, qu'il était du devoir de John, en tant qu'adulte ou résident de l'hôtel, de prendre parti contre les enfants. Il plongea néanmoins dans la piscine et "fit son travail". »

Pour John, il s'agissait de toute évidence d'un cas d'oppression. Il alla donc voir le directeur de l'hôtel, lui expliqua ce qui s'était passé, et lui déclara qu'à son avis ce règlement était absurde et que le surveillant l'avait appliqué arbitrairement.

« C'est bien simple, ajouta-t-il, je ne ferai pas venir ma famille dans cet hôtel tant que ce règlement sera en vigueur, et il est bien possible que la prochaine fois que je serai dans la région pour affaires, je descende moi-même dans un autre hôtel. » Résultat : le directeur modifia sur-le-champ le règlement. La pancarte fut enlevée et il fut recommandé au surveillant de faire preuve d'un peu plus de bon sens et de se borner à s'assurer que tous les résidents de l'hôtel puissent profiter de la piscine autant qu'il leur plairait, aussi longtemps qu'ils ne dérangeaient personne et qu'ils respectaient les normes de sécurité. Le directeur avait compris que le règlement en question, bien que conçu à l'origine pour la convenance des clients, semblait plutôt les éloigner, ce qui n'était certes pas dans ses intérêts.

L'une des tactiques préférées des gens qui veulent vous manipuler consiste à vous parler de « la dame qui était là la semaine dernière ». Cela pourrait tout aussi bien être « le monsieur », « le couple » ou « les personnes », mais on ne sait pourquoi cette bonne dame semble être la plus populaire ! Si vous contestez le montant d'une facture, on vous donnera tous les détails sur « la dame » qui a dû payer deux fois plus, sous-entendant ainsi que vous devriez vous sentir heureux de vous en tirer à si bon compte. Si vous ne trouvez pas une table dans une boîte de nuit, « la dame » se sera assise dans un coin près des toilettes, ce qui ne l'aura pas empêchée de beaucoup apprécier le spectacle. Si on vous livre avec deux semaines de retard, « la dame », elle, aura attendu quatre mois !

Les gens sortiront cette pauvre dame comme d'un sac à malices, chaque fois qu'ils voudront vous culpabiliser pour avoir osé demander que l'on vous traite décemment. Méfiez-vous d'elle ! Chaque fois que cette dame fera son apparition dans la conversation, dites-vous bien que l'on va essayer de vous faire avaler n'importe quoi en vous racontant une histoire montée de toutes pièces.

Vous êtes peut-être vous-même un employé ou quelqu'un à même de manipuler les autres en les forçant à se plier à des règlements qui, dans certains cas, sont totalement absurdes. (Les hommes n'ont pas encore établi de règle qui n'admette pas d'exception.) Il vous est certainement arrivé d'être manipulé à votre tour par des fonctionnaires comme vous, lorsque vous avez été tenté de faire exception à certaines règles, dans des cas particuliers. Mais vous invoquez alors toujours le même prétexte : « Si je le fais, je vais perdre ma place », ou une autre catastrophe du même genre. Non seulement cette excuse est fausse, mais elle a servi d'échappatoire aux plus infâmes exploiteurs que notre civilisation ait connus à travers les siècles.

Rien ne vous oblige à le clamer sur les toits, lorsqu'il vous arrive de transgresser le règlement en faveur d'un client dont le cas vous semble exceptionnel. De telles occasions devraient s'imposer à votre bon sens et vous vous rendrez compte alors qu'il est facile de faire une entorse au règlement, à partir du moment où vous n'établissez pas de parallèle entre votre valeur personnelle et la scrupuleuse application d'un règlement. S'il entre dans vos attributions de contraindre les autres à respecter des règlements qui n'ont d'autre but que de les exploiter, et si cela ne vous plaît pas, demandez-vous alors pourquoi vous attachez plus d'importance aux exigences d'un emploi particulier qu'à vos convictions personnelles.

Si Emerson vivait encore de nos jours, il répéterait probablement ceci aux champions de la comparaison et à tous ceux qui consacrent leur vie à imposer l'application des règlements : « Chaque homme est beau à sa manière... et chaque esprit a sa propre méthode. Un vrai homme ne se préoccupe pas de suivre les règlements. »

Si les « exploiteurs » de ce monde étaient capables de voir les choses de cette manière, peut-être n'éprouveraient-ils pas autant le besoin impérieux de « faire respecter le règlement ». Cela ne veut pas dire évidemment qu'une personne dont c'est le métier d'être employé doit être dénuée de personnalité. Mais le travail d'employé exige si souvent que l'on manipule les autres qu'il attire souvent ceux qui veulent s'affirmer en faisant plier les autres aux règlements, peu importent les circonstances. La plupart d'entre eux, d'ailleurs, restent employés toute leur vie.

Il existe, par ailleurs, de nombreux employés qui ne travaillent que pour gagner leur vie et qui n'identifient donc pas leur valeur personnelle et l'application arbitraire des règlements. Ils font consciencieusement leur travail et savent fermer les yeux lorsque les circonstances l'exigent. Si vous êtes amené, un jour, à travailler comme employé pour gagner votre vie, il ne tiendra qu'à vous d'être l'un ou l'autre de ces deux types d'employés.

J'ai eu l'occasion dernièrement d'observer un sergent de ville dont le travail consistait à faire traverser les enfants à la sortie de l'école. J'ai remarqué qu'il faisait exprès d'attendre qu'il y ait de la circulation pour faire traverser les enfants. Il attendait donc qu'une voiture arrive pour faire signe aux enfants de traverser, se plantait pour cela au beau milieu de la route et, d'un geste autoritaire, faisait signe à la voiture de s'arrêter. C'est l'exemple type du fonctionnaire qui évalue sa valeur personnelle en fonction du pouvoir qu'il peut avoir sur les autres. Il pénalise ainsi bien sûr inutilement les conducteurs, mais c'est sans doute la seule occasion qu'il a dans la vie d'éprouver son pouvoir sur les autres. Il ne fait pas grand mal, mais cet exemple est très significatif. À partir du moment où les gens éprouvent le besoin d'exercer leur pouvoir sur les autres, soyez assuré qu'ils ne s'en priveront pas. D'ailleurs, si vous aviez l'occasion de parler à ce sergent de ville et de lui faire remarquer qu'il importune inutilement les conducteurs en les forçant à s'arrêter alors qu'il pourrait très bien faire traverser les enfants lorsque la voie est libre, il vous répondrait très certainement : « Tout le monde s'arrête et personne ne se plaint. Qu'est-ce qui vous prend ? Vous n'aimez pas les enfants ? » Comme beaucoup d'autres, les allusions aux autres et les raisonnements absurdes sont des tactiques qu'il utilise, consciemment ou pas, pour détourner l'attention de son comportement et vous culpabiliser.

AUTRES EXEMPLES DU PIÈGE DE LA COMPARAISON

Voici un échantillon de phrases types qui sont couramment employées pour vous manipuler en focalisant l'attention sur autrui. Méfiez-vous-en comme de la peste, chaque fois que vous les entendrez, ou que vous serez vous-même tenté de les utiliser.

« Pourquoi ne fais-tu pas comme… ? »

Cette réflexion est destinée à vous faire douter de vous et à vous culpabiliser parce que vous ne vous comportez pas comme Untel qui est la perfection même. C'est une tactique très efficace dont se servent surtout les « symboles d'autorité » tels que les parents, les patrons, les professeurs, afin de vous manipuler.

« Vous êtes le seul à vous plaindre ! »

Cette tactique est fréquemment utilisée par des gens qui espèrent bien que vous serez comme les autres et que vous n'aurez pas le courage d'exiger que l'on respecte vos droits.

« Et si tout le monde faisait comme vous ? »

Les exploiteurs essaieront de vous intimider et vous accuseront de provoquer l'anarchie chaque fois que vous affirmerez vos droits. Vous savez bien sûr que chacun n'est pas prêt à le faire et que, même si cela était, la vie n'en serait que plus agréable, car personne alors n'empiéterait sur les droits de son voisin.

« Vous devriez être satisfait de ce que vous avez. »

Cette habile formule de comparaison est généralement accompagnée de commentaires tels que : « Vos grands-parents n'en avaient pas autant », ou « Pensez plutôt aux petits enfants qui meurent de faim au Biafra », etc., et est destinée à vous culpabiliser du fait que vous osez réclamer ce que vous croyez être en droit d'attendre, alors que d'autres n'ont pas ou n'ont jamais eu ce que vous avez. Cela implique que, tant qu'il y aura des gens moins favorisés que vous, vous ne devrez pas réclamer votre dû. Si votre « oppresseur » peut arriver à vous culpabiliser à propos de choses qui ne dépendent pas de vous, il aura réussi à vous démontrer que vous n'avez pas le droit de réclamer quoi que ce soit que n'avaient pas vos grands-parents, ou que les enfants du Biafra n'ont pas, etc.

« Ne vous mettez pas dans cet état, cela me gêne. »

Cette tactique vous amènera à abandonner la partie pour la simple raison que votre interlocuteur ne supporte pas le scandale. Elle est utilisée plus spécialement pour apprendre aux jeunes à s'inquiéter de ce que pensent les autres, ce qui les amènera à perdre confiance en eux, à se sous-estimer et finalement à avoir recours aux conseils d'un psychologue.

« Pourquoi ne peux-tu pas faire comme tes frères et sœurs ? »

Beaucoup de personnes souffrent encore, à l'âge adulte, d'avoir été constamment comparées à leurs frères et sœurs lorsqu'elles étaient enfants. Cela a constitué un frein à leur développement et à leur épanouissement, car l'on ne peut s'attendre à ce que les enfants aient le sens de leur individualité et de leur valeur personnelle si l'on exige d'eux qu'ils se comportent exactement comme les autres membres de leur famille. Chaque être est unique et doit être traité comme tel.

« Il veut que ce soit fait comme ça. »
« C'est lui qui décide. »

Méfiez-vous de cette référence à une autorité supérieure qu'utilisera votre interlocuteur chaque fois qu'il voudra vous donner l'impression qu'une « puissance souveraine » a dicté des règles que vous êtes forcé de respecter. Si votre interlocuteur n'est pas capable de vous dire qui est ce « il », vous pouvez conclure qu'il n'existe pas et que vous n'avez aucune raison de vous plier à ses volontés.

« C'est ce que Dieu m'a dicté. »

Il existe beaucoup de gens qui croient être reliés directement avec l'autorité divine, et quand ces communications avec l'Éternel les conduisent à exploiter les autres, ils peuvent alors dire que c'est la main de Dieu qui frappe. Le journal *Miami Herald* daté du 12 décembre 1976 rapportait les explications que l'entraîneur de l'équipe de football des New York Jets donna à la presse pour justifier sa démission anticipée, alors qu'il avait signé un contrat qui le liait à cette équipe pour encore quatre ans : « Je ne peux pas consacrer toute ma vie au football. Dieu n'a pas mis Lou Holtz sur Terre pour ça ! » Il put ainsi, ayant invoqué la volonté de Dieu, accepter un autre poste d'entraîneur dans une autre région. Il faut croire que les entraîneurs de football sont persuadés que Dieu n'a rien d'autre à faire que de s'occuper de savoir qui entraîne telle ou telle équipe !

QUELQUES STRATÉGIES POUR DÉJOUER LE PIÈGE DE LA COMPARAISON

Comme pour ce qui est des autres directives présentées dans ce livre, votre stratégie consistera à évaluer les situations difficiles, à être toujours sur vos gardes et à avoir constamment à votre disposition une contre-offensive, si vous voulez déjouer toute tentative de manipulation. Voici quelques-unes des techniques qu'il vous faudra avoir présentes à l'esprit chaque fois que vous aurez affaire à des gens qui essaieront, au moyen de comparaisons avec les autres, de vous empêcher d'atteindre vos objectifs, ou qui voudront vous forcer à agir comme ils l'entendent.

Chaque fois qu'une personne se référera aux gens qu'elle a déjà exploités dans l'espoir de faire de vous une nouvelle victime, dites-vous bien que ces comparaisons ne s'adressent pas à vous en particulier. En effet, votre interlocuteur doit se servir des mêmes exemples à l'égard de tout le monde. En refusant de vous laisser faire, vous ne tarderez pas à décourager toute tentative de manipulation.

Quand on vous cite l'exemple de quelqu'un d'autre comme argument pour essayer de vous contraindre à faire une chose que vous ne voulez pas faire, n'hésitez pas à dire : « Ce qui vous est arrivé la semaine dernière avec un client et ce que vous lui avez dit ne m'intéresse pas du tout. » N'ayez pas peur d'être direct car votre interlocuteur, lui, n'est pas prêt à vous faire de cadeau.

N'hésitez pas non plus à interrompre les gens dès qu'ils se mettent à vous comparer aux autres en disant, par exemple : « Je vous arrête. Vous êtes en train d'essayer de me convaincre d'agir de telle ou telle façon en me citant d'autres personnes en exemple. Mais ces autres personnes ne sont pas moi. » Bien que cela ne vous soit peut-être pas familier, vous devez toujours contre-attaquer aussi directement, même si au fond de vous-même vous n'en menez pas large. Après avoir essayé cette méthode une fois ou deux, vous verrez que tout deviendra plus facile et que vos oppresseurs habituels, voyant que vous ne plaisantez pas, cesseront toute tentative inutile. Comprenez bien qu'ils n'agissent ainsi que parce que cela « marche ». Quand ils verront que cela « ne marche pas », ils cesseront de le faire.

Prenez l'habitude, quand vous vous trouvez dans de telles situations, de commencer vos phrases par tu ou par vous : « Tu crois vraiment que je devrais faire comme Martine ? » « Tu penses que je devrais faire comme tout le monde ? » Vous montrez ainsi à votre interlocuteur que vous ne vous sentez pas attaqué personnellement et que vous êtes tout à fait conscient de ce que ces phrases sous-entendent. Posez ces questions d'un air incrédule et paraissez même épouvanté qu'il puisse imaginer des choses pareilles.

En dernier ressort, faites la sourde oreille aux références à autrui. Ne réagissez pas, tout simplement. Cette tactique est particulièrement efficace à l'égard des membres de votre famille. Votre silence ne manquera pas d'être remarqué si désormais c'est la seule réaction que vous opposez aux références aux autres. S'ils demandent la raison de ce silence, répondez qu'ayant tout essayé pour les empêcher de vous comparer aux autres, vous avez décidé de ne plus répondre chaque fois qu'ils persisteront à le faire. Ils risquent de se fâcher (autre tactique pour vous arrêter) mais au moins ils auront compris.

Vous pouvez aussi recourir à la stratégie inverse et dire, par exemple : « Je suis ravi que vous me parliez de la dame de la semaine dernière qui ne s'est pas plainte, car je voulais justement vous parler du mécanicien que j'ai vu la semaine dernière et qui me réclamait moins cher que vous pour cette réparation ! » Ou encore : « Si tu continues à me répéter que je devrais être mannequin comme ma cousine Liz, je te dirai, moi, que tu ferais bien d'être aussi généreux qu'oncle Harry ! » Votre interlocuteur ne tardera pas à se rendre compte que vous voyez clair dans son petit jeu.

Vous pouvez, plus particulièrement, montrer que vous comprenez la tactique employée par votre interlocuteur et que vous êtes conscient de ce qui le met dans un état pareil : « Tu es contrarié et tu me compares à quelqu'un d'autre afin de m'empêcher de faire ce que je crois être juste. » Toute phrase de ce genre montrera clairement que vous n'êtes pas disposé à vous laisser faire, contribuera à créer autour de vous une ambiance de franchise et d'honnêteté, et mettra fin aux discours évasifs et aux comparaisons insensées.

Cessez immédiatement de vous entretenir avec des employés dès que vous vous apercevez qu'ils ne peuvent ou ne veulent vous aider, c'est-à-dire dès qu'ils commencent à vous répéter qu'il n'y a pas de raison pour que vous soyez traité différemment de la dame de la semaine dernière et que le règlement est fait pour tout le monde. Si vous avez le malheur de continuer à discuter, une fois le piège découvert, vous aurez beaucoup plus de mal à vous sortir de situation. Si, alors que vous parlez à un avocat, un médecin, un agent du fisc, ou qui que ce soit d'autre, vous vous apercevez tout à coup que vous en savez plus long que ce soi-disant expert, retirez-vous poliment et adressez-vous à quelqu'un qui puisse répondre à vos questions. Si vous n'arrivez pas à vous tirer de ces situations à temps, vous deviendrez la plupart du temps la victime de vos interlocuteurs.

À chaque fois que vous avez affaire à un exploiteur potentiel qui se sert d'arguments de comparaison pour vous exploiter, posez-vous la question suivante : « Qu'est-ce que j'attends de cet entretien ? », mais ne vous dites pas : « Pour qui se prend-il ? » ou « Qu'est-ce qui l'autorise à me dire que je devrais faire comme Untel ? » Ce petit monologue intérieur vous sortira d'affaire, sans vous laisser paralyser par la colère. Une fois que vous savez ce que vous voulez obtenir, faites ce qui est en votre pouvoir pour arriver à cette fin, sans vous laisser affecter outre mesure par le comportement de votre exploiteur.

Efforcez-vous d'évaluer avec précision ce que recherche tout exploiteur – en vous gardant bien de tomber dans le piège des comparaisons. Éprouve-t-il le besoin de se sentir puissant, compris, important ou respecté ? Si vous réussissez à ce qu'il s'en sorte à son avantage, ou à ce qu'il arrive à sauver la face, vous détournerez plus facilement toute tentative de manipulation. Si vous avez affaire à un directeur d'hôtel ou à un maître d'hôtel, chez qui l'on remarque souvent le besoin de se sentir important, vous pouvez lui parler de la lourde responsabilité qu'il a d'assurer un service parfait à la clientèle (lui faisant ainsi comprendre que vous n'admettez aucun accroc). Si vous voyez qu'il est disposé à parler plus intimement, vous pouvez lui demander depuis combien de temps il fait ce travail (si cela fait peu de temps, il a donc appris rapidement ; si cela fait longtemps, il doit avoir beaucoup d'expérience). Chaque fois que vous réussirez à mettre les gens de votre côté, ils seront plus disposés à vous venir en aide.

Si vous vous rendez compte que certains de vos amis et relations ont pris l'habitude de vous manipuler en se servant de comparaisons et de références extérieures, choisissez un moment où vous êtes calme afin d'en discuter avec eux. Demandez-leur d'y réfléchir. Une demande aussi simple et directe, faite à un moment neutre, sera beaucoup plus efficace que toutes les discussions à n'en plus finir et les dialogues de sourds qui ne manqueront pas de se produire si vous vous mettez en colère et qui ne seront qu'une preuve de plus que votre interlocuteur vous a possédé.

Dès que les comparaisons font leur apparition, feignez la surprise et dites, toujours avec le sourire : « Vous rendez-vous compte que vous venez de me comparer à quelqu'un que je ne connais même pas et qui n'est pas là pour vérifier vos dires. Si vous ne pouvez traiter avec moi, ici et maintenant, allez donc chercher la personne dont vous me parlez et débrouillez-vous avec elle. Mais pourquoi m'en parler ? » Vous pouvez aussi déclarer avec fermeté : « Le règlement ne s'applique pas dans ce cas-là », ou faire des commentaires d'un ordre plus général comme, par exemple : « L'uniformisation est le plus sûr garant de la médiocrité. » Ces formules concises, que vous pouvez imaginer vous-même, sont des outils efficaces qui arrêteront net votre interlocuteur et vous feront reprendre la situation en main.

Si vous avez l'impression que quelqu'un est en train de vous jouer une petite comédie pour essayer de vous manipuler, n'ayez pas peur d'user de la même technique. Souvenez-vous de la « crise de nerfs » de Chuck en face de la dame de la crêperie. Si quelqu'un persiste à vous dire que vous devriez agir comme quelqu'un d'autre, vous pouvez – en abondant dans son sens – vous amuser à jouer le rôle d'une personne de votre choix, qui en l'occurrence sera quelqu'un de résolu à ne pas se laisser avoir. Jouer la comédie est une petite ruse à laquelle vous pouvez recourir, parce qu'elle est amusante et qu'elle « marche » si elle n'est pas utilisée trop souvent.

Faites attention à ne pas devenir vous-même un exploiteur. La meilleure façon de l'éviter est de surveiller ce que vous dites et de vous efforcer de bannir de votre langage toute formule de comparaison, de manière à ne pas encourager les autres à agir de même. Éliminez les phrases telles que : « Tu devrais faire comme lui, comme elle... » Débarrassez-vous à tout jamais de « la dame qui... » et de tous ses compagnons d'infortune. Cessez de demander à vos enfants qu'ils fassent comme leurs frères et sœurs et traitez-les comme des êtres uniques. Cessez de vous citer en exemple. Ne dites plus : « Ce n'est pas moi qui t'aurais fait cela ! », « Moi je ne l'aurais pas fait, je ne vois pas pourquoi toi tu le ferais. » Ne donnez pas non plus aux autres l'occasion de vous dire : « De quoi tu te plains : tu m'as fait la même chose ! » Il vous suffit de ne plus le faire pour que cette excuse n'ait plus de sens.

Redoublez de vigilance et refusez systématiquement d'être comparé aux autres. Ne vous contentez pas de le faire remarquer à votre interlocuteur : soyez persévérant jusqu'à ce que les gens de votre entourage aient compris à qui ils ont affaire.

Brûlez vos idoles et vos modèles. Soyez votre propre héros. S'il n'est pas interdit d'admirer les exploits des autres, vous ne devez pas les placer plus haut que vous. Si vous voulez toujours ressembler aux autres et reproduire leurs exploits, vous faciliterez la tâche de vos exploiteurs qui ne se priveront pas de vous les citer en exemple lorsqu'ils voudront vous faire rentrer dans le rang.

Mais surtout, faites en sorte que chacune de vos relations avec les autres soit agréable, divertissante, enrichissante, et non pas une joute dans laquelle vous engagez votre honneur. Prenez plaisir à être quelqu'un d'efficace. Si vous réussissez sans pour cela que votre valeur soit mise en jeu, vous arriverez sans difficulté à ne plus jamais vous comporter en victime. Mais au contraire, si vous avancez péniblement dans la vie et si vos rapports avec les autres sont difficiles parce que vous n'y mettez pas assez d'humour ou que vous êtes trop tendu, vous vous présentez comme une proie facile à exploiter, et vous n'avez en fait que ce que vous méritez. Ce sont les gens détendus, qui savent s'amuser et profiter de la vie, qui sont de loin les plus efficaces dans tout ce qu'ils entreprennent. Admirez la merveilleuse aisance des champions. Elle est due au fait que leur technique est devenue pour eux une seconde nature, qu'ils ne se forcent jamais et ne sont pas obnubilés par l'exploit. C'est en général lorsqu'ils sont tendus et qu'ils « poussent trop fort » qu'ils perdent. Mais quand ils sont décontractés, rien ni personne ne peut les battre.

Albert Einstein dit un jour : « Les grands esprits se sont toujours heurtés à l'opposition la plus farouche de la part des esprits médiocres. » Comme il avait raison ! Si vous voulez obtenir le meilleur de vous-même, vous surpasser en toutes choses, vous devez vous référer uniquement à vous et à vous seul ; sinon, vous n'aurez d'autre choix que de supporter les critiques virulentes de la plupart des gens que vous rencontrerez.

La majorité vous comparera toujours aux autres, car c'est la seule arme qu'elle possède pour vous manipuler et vous forcer à vous soumettre. Vous devez, pour échapper au rôle de victime, refuser catégoriquement de prendre les autres pour modèles et apprendre à décourager une fois pour toutes les tentatives qu'ils feront pour vous dominer.

CHAPITRE 5

COMMENT DEVENIR « DISCRÈTEMENT EFFICACE » ET NE PAS CHERCHER À ÊTRE TOUJOURS COMPRIS

Les relations amoureuses marchent parce qu'il ne faut pas les faire marcher.

TEST EN DOUZE QUESTIONS

Vous ne gagnerez jamais s'il vous faut à tout prix prouver que vous êtes « le gagnant ». Vous apprendrez, dans ce chapitre, comment devenir « discrètement efficace » dans tout ce que vous entreprenez. Les réponses que vous apporterez aux questions suivantes vous permettront de juger dans quelle mesure vous y parvenez déjà.

Oui	Non	
......	......	1. Vous mettez-vous dans tous vos états lorsque vous n'arrivez pas à vous faire comprendre ?

...... | ...... 2. Éprouvez-vous le besoin de clamer vos succès sur les toits ?

...... | ...... 3. Éprouvez-vous le besoin d'informer les autres que vous avez remporté une victoire sur quelqu'un ?

...... | ...... 4. Êtes-vous facilement blessé ou offusqué par ce que disent ou font les autres ?

...... | ...... 5. Trouvez-vous difficile de mentir même lorsqu'il serait plus logique et plus pratique de le faire ?

...... | ...... 6. Éprouvez-vous de la difficulté à exiger que l'on respecte votre intimité, sans vous sentir coupable ?

...... | ...... 7. Vous arrive-t-il de vous laisser démoraliser par l'humeur acariâtre de votre entourage ?

...... | ...... 8. Vous surprenez-vous souvent à dire ou à penser : « Il (ou elle) ne me comprend pas ! » ?

...... | ...... 9. Avez-vous le sentiment que la souffrance est un état naturel et qu'il faut souffrir sur cette terre ?

...... | ...... 10. Vous est-il difficile de vous débarrasser de casse-pieds tels que les ivrognes ou les raseurs ?

......	......	11. Vous arrive-t-il souvent de vous justifier et vous en voulez-vous d'avoir à le faire ?
......	......	12. Passez-vous votre temps à analyser vos relations avec vos parents et amis ?

Les réponses affirmatives révèlent des zones d'exploitation que vous feriez bien d'éliminer. Si vous éprouvez constamment le besoin de vous justifier aux yeux des autres, si vous voulez toujours être compris, ou si vous essayez toujours de vous faire valoir par votre comportement ou par vos propos, c'est que vous n'êtes pas « discrètement efficace ».

APPRENDRE À DEVENIR « DISCRÈTEMENT EFFICACE »

Qu'est-ce que cela veut dire « être discrètement efficace » ? C'est le mot *discrètement* qui retiendra ici notre attention, la notion de l'efficacité ayant déjà été largement traitée dans les chapitres précédents. Être discrètement efficace signifie ne pas avoir à clamer vos victoires sur les toits afin qu'elles aient pour vous une signification. S'il est tout à fait normal de parler des événements de votre vie, vous deviendrez une victime si vous éprouvez le besoin absolu d'en parler aux autres avant d'en être vous-même satisfait. En adoptant une telle attitude vous vous soumettez au jugement des autres et si, pour une raison ou pour une autre, ils vous refusent leur approbation, vous vous effondrerez et ils arriveront une fois de plus à vous manipuler.

Être discrètement efficace signifie également ne pas éprouver le besoin de jeter constamment vos succès à la face des autres. Si vous éprouvez la nécessité d'agir de la sorte, les autres se comporteront de même envers vous, et essayeront de vous contrarier d'une manière ou d'une autre. Le jugement que vous portez sur vous-même est, à cet égard, d'importance capitale. Si vous avez confiance en vous, il vous suffira d'être satisfait de votre personne – puisque cette personne (vous, en l'occurrence) a de l'importance à vos yeux. Alors que si vous vous tenez en faible estime, vous serez enclin à rechercher l'approbation des autres, ce qui ne manquera pas de vous attirer des ennuis. Dès l'instant où vous éprouvez le besoin de vous raccrocher à des références extérieures pour vous sentir bien dans votre peau, vous devenez une proie facile de l'exploitation.

Dany, un de mes clients de trente ans passés, fort intelligent, était quelqu'un qui faisait beaucoup de bruit autour de lui et avait dans la vie un comportement typiquement inefficace. Il avait été licencié plusieurs années auparavant lorsque la société qui l'employait avait fait faillite, et il était venu me consulter parce qu'il n'arrivait pas à trouver un autre emploi. Il me l'expliqua lui-même en ces termes : « Je n'arrive pas à établir de bons contacts avec les gens, et j'ai bien peur de continuer à chercher du travail toute ma vie. »

Dès les premières séances, Dany manifesta un net besoin d'impressionner. Il était pratiquement incapable d'ouvrir la bouche sans parler de ses relations avec telle ou telle personnalité, qu'il inventait d'ailleurs pour la plupart de toutes pièces. Dany se vantait à qui voulait l'entendre de ses exploits et, de surcroît, en inventait de nouveaux. Bref, il ne pouvait rien garder pour lui et n'avait aucun sens de sa dignité d'homme.

Il avait besoin de l'approbation des autres pour se sentir bien dans sa peau.

Dany comprit, en s'analysant, que le besoin qu'il avait de se faire valoir lui venait d'un sentiment d'inutilité qui lui collait à la peau depuis qu'il avait perdu son emploi et qu'il se considérait comme un raté. Il avait établi un tel rapport de dépendance entre sa valeur personnelle et sa réussite professionnelle que lorsqu'il ne fut plus en mesure d'exercer son activité parce que sa société – donc son employeur – avait fait faillite, sa valeur se volatilisa. Il se mit donc à compenser en essayant de prouver à tout le monde à quel point il était « sensationnel ». Mais personne n'en fut dupe et il s'enlisa dans son manque de respect envers lui-même. Dès qu'il se mettait à parler des « gens importants » à qui il avait eu affaire, ses amis le délaissaient ou l'ignoraient tout simplement. Il s'extirpa petit à petit de ce piège en apprenant à garder pour lui ses succès et en s'appliquant consciemment à éviter de parler de lui, de se vanter et de se conduire en « m'as-tu-vu ». Cette attitude disparue, on apprécia de plus en plus sa compagnie, il regagna confiance en lui, et ce qui est plus important encore, il cessa d'être victime de ses propres attitudes et de son comportement.

LE DROIT À L'INTIMITÉ

À mesure que vous apprendrez à avoir confiance en vous, vous cesserez de vous attendre à ce que tout le monde autour de vous veuille entendre le récit de vos exploits et vous apprécierez de plus en plus la solitude. Vous devez à tout prix protéger votre intimité car elle est essentielle à votre bien-être intérieur.

Vouloir être compris de tous et partager toutes vos pensées, tous vos sentiments et toutes vos actions avec les autres est autodestructeur.

De plus, ne pas avoir besoin d'être toujours compris et garder certaines choses secrètes sont des moyens d'éviter de se laisser manipuler. Je ne vous invite pas à vivre en ermite, mais vous suggère seulement d'insister pour que l'on respecte votre droit à l'intimité, surtout auprès de ceux qui ont tendance à vous exploiter en en abusant ou, pire encore, en niant ce droit, tout simplement. Henry David Thoreau, qui vécut seul pendant presque deux années à Walden Pond, en parla en ces termes dans *Walden :* « On me dit souvent : "Il me semble que vous devez vous sentir bien seul là-bas, et que vous aimeriez être près de quelqu'un [...]." J'ai envie de leur répondre [...] : "Pourquoi me sentirais-je isolé ? Notre planète ne fait-elle pas partie de la Voie lactée ? Je pense qu'il est salutaire d'être seul la plupart du temps. Être en compagnie, même avec les meilleurs des hommes, est bientôt lassant et dégradant. J'aime être seul[1]." »

Bien que nous ne soyons pas tous de cette trempe, et que nous soyons aujourd'hui au XXe siècle, ses paroles restent valables. Il n'est pas nécessaire pour s'accomplir d'être toujours entouré, ni de tout partager avec les autres et d'être tout le temps compris. En fait, vous finirez par être une victime si vous nourrissez de telles aspirations ou si vous permettez à d'autres de vous imposer les leurs. Il faut un certain courage pour exiger que l'on respecte votre intimité, surtout lorsque les autres veulent vous persuader que votre but, en la protégeant, est de vous débarrasser d'eux.

---

1. *Walden ou La Vie dans les bois*, trad. G. Landré-Augier, Éd. Aubier, Coll. bilingue des Classiques étrangers, p. 257 et 261.

Mais essayer de vous expliquer à ce sujet est presque toujours inutile. C'est en exerçant vos droits et en agissant que vous arriverez à vous faire comprendre et que vous apprendrez aux autres comment vous voulez être traité. Si vous passez votre temps à en discuter avec eux et à analyser à n'en plus finir votre besoin d'intimité, vous finirez par vous laisser avoir et par être obligé de toute façon d'y renoncer.

VOUS NE SEREZ JAMAIS COMPRIS TOUT LE TEMPS

Vous vous souvenez de ce que nous avons dit au chapitre précédent à propos de la solitude existentielle – à savoir que nul ne peut vous comprendre en toutes circonstances, et que vous non plus ne pouvez comprendre totalement les autres. Votre conjoint fera des choses que vous ne comprendrez pas, vos enfants seront pour vous des énigmes indéchiffrables pratiquement toute votre vie, les hommes politiques diront ou feront des choses qui vous couperont le souffle et les gens continueront à être décevants et déçus jusqu'à ce que le monde se désintègre… Si vous vous attendez à ce que l'on comprenne tout ce que vous dites ou tout ce que vous faites, vous serez non seulement la plupart du temps déçu, mais aussi exploité. Voici quelques idées importantes auxquelles je vous demande de porter une attention particulière lorsque vous vous efforcerez d'adopter dans la vie une attitude discrètement efficace.

Savoir se contenter d'un haussement d'épaules

Apprenez à passer sur certaines choses. Ne vous sentez pas forcé de réagir avec violence aux attitudes et aux comportements des autres que vous trouvez peut-être irritants mais qui ne vous sont pas vraiment préjudiciables. Contentez-vous d'un haussement d'épaules et passez à autre chose. Si vous vous ennuyez à une soirée, tenez-vous le raisonnement suivant : « Tout le monde ici se croit peut-être obligé de parler de la pluie et du beau temps et de faire des manières, mais je ne suis pas du tout forcé de me conduire comme eux et je m'en porte très bien. » Vous pouvez vous en aller, ou vous réjouir d'être si « discrètement efficace », ou faire ce que bon vous semble. Mais il n'est nullement nécessaire d'en faire tout un plat, de vous plaindre du comportement des autres invités, de vous montrer agressif et de finir par vous nuire et par offenser tout le monde. Contentez-vous de hausser les épaules et de vous dire à vous-même : « Qu'est-ce que cela peut bien faire ? », et le tour sera joué. Voilà comment se comporte une non-victime. Il ne s'agit pas d'avoir une attitude fausse, mais d'être simplement quelqu'un qui n'éprouve pas la nécessité absolue de laisser toujours les autres savoir ce qui se passe en lui.

S'offenser : une attitude de victime

Ne soyez plus jamais offensé de rien – qu'il s'agisse d'attaques délibérées contre vous ou de choses que vous avez peut-être pris l'habitude de considérer comme blessantes. Si vous n'approuvez pas ce que dit ou ce que fait quelqu'un, n'y faites pas attention surtout lorsque cela ne vous concerne pas directement. En en prenant ombrage et en manifestant votre contrariété par des phrases telles que : « Comment ose-t-il dire ça ? », « Il n'a pas le droit de me faire ça ! », ou « Cela m'indispose de rencontrer des types bizarres ! », vous vous rendez victime du comportement d'autrui – ce qui revient à permettre à ceux-là mêmes que vous n'aimez pas de jouer tant et plus sur vos émotions. Haussez les épaules, n'y faites pas attention, passez votre chemin, demandez-vous si c'est si grave que cela ; ou, si vous voulez vraiment modifier la situation, prenez vraiment les choses de front. Mais ne choisissez pas l'attitude de la victime qui est de s'offenser et de se mettre dans tous ses états.

Analyser sans fin vos relations peut vous nuire

Si vous croyez nécessaire de passer des heures à vous appliquer à « soigner » vos relations, tout particulièrement votre mariage, peut-être vous livrez-vous ainsi à un exercice plus névrotique encore que vous ne l'imaginez vous-même. S'appliquer à « soigner » une relation suppose souvent avoir de longues conversations, essayer de comprendre les motivations respectives de chacun, et se jurer d'être toujours sur la même longueur d'ondes. Ces choses-là peuvent être utiles à l'occasion, mais lorsqu'on en fait une habitude cela peut devenir contraignant, frustrant et tout simplement assommant. Qui donc en rentrant chez lui le soir après une journée de travail veut encore « travailler » à bien faire fonctionner une relation. Réfléchissez-y à deux fois avant de prétendre qu'une telle attitude démontre un manque de sensibilité. Les plus belles relations qu'il m'a été donné d'observer sont celles où les partenaires s'acceptent mutuellement pour ce qu'ils sont, et ne passent pas leur temps à analyser chacun de leurs actes.

Les amoureux de quinze ans qui s'acceptent totalement l'un l'autre ne manquent pas de maturité ! Ils se regardent dans les yeux et sont heureux de ce qu'ils voient. Aucune question de posée, aucune exigence d'être compris. Mais s'ils se retrouvent plus tard bien installés dans une relation vraiment « adulte », il se peut bien qu'après cinq ans de mariage ils se tiennent à peu près ce langage : « Pourquoi as-tu fait ça ? », « Tu as changé, tu n'es plus comme avant ! », « Pourquoi ne fais-tu pas ce que je veux ? », « Tu ne m'as pas demandé mon opinion ! ». Ne vous laissez pas aller à l'engouement lorsque vous parlez du grand amour, essayez plutôt de vous demander dans quelle mesure vous acceptez ceux que vous aimez pour ce qu'ils sont.

Si partager ses pensées et ses sentiments peut être une expérience extrêmement enrichissante lorsqu'on n'en fait pas une obligation – j'y encourage moi-même mes clients –, je suis convaincu que beaucoup de relations sont aujourd'hui analysées à l'excès et que c'est pour cette raison que, pour beaucoup de couples, la vie à deux est faite de plus de tourment que de passion. Le fait est que vous êtes deux êtres bien distincts, que vous ne vous comprendrez jamais tout à fait et que si vous y pensiez bien, vous ne le désireriez même pas. Alors pourquoi ne pas vous accepter mutuellement tels que vous êtes et cesser une fois pour toutes d'analyser et de re-analyser à l'infini votre relation ? Que chacun de vous reste unique et, suivant le conseil de Kalhil Gibran, « faites en sorte qu'il y ait des espaces dans votre union ».

Se disputer ne sert à rien

Le vieil adage archi-ressassé qui prétend que les gens se disputent parce qu'ils s'aiment devrait être sérieusement remis en question, surtout lorsque vos disputes finissent, d'une manière ou d'une autre, par faire de vous une victime. Vous pouvez vous laisser inciter à la bagarre, vous trouver dans tous vos états, avec la tension artérielle qui grimpe, fin prêt pour un ulcère, disposé à vous livrer à des actes de violence, et sortir de là en pensant que tout cela est tout à fait normal. Mais ces situations sont loin d'être normales : elles sont autodestructrices et font de vous une victime.

Ôtez-vous de l'esprit qu'il est toujours sain de se disputer. S'il est vrai qu'une bonne petite bagarre n'a jamais fait de mal à personne, cela n'est généralement pas possible lorsqu'on a affaire à des gens querelleurs qui ne peuvent se passer de se disputer. Ils n'hésitent pas à se montrer grossiers et insultants et finissent toujours par exploiter tout le monde autour d'eux.

Lorsque vous discutez avec quelqu'un qui ne vous comprend pas, vous serez surpris de constater combien souvent le fait de discuter ne fait qu'accentuer la mésentente qu'il y a entre vous et renforcer votre interlocuteur dans sa propre opinion. La discussion ne fait qu'enraciner davantage son obstination – et vous êtes pourtant prêt à prétendre que de telles discussions peuvent être valables !

En ouvrant la portière de sa voiture dans un parking, Hank heurta accidentellement celle de la voiture d'à côté. Un homme en sortit précipitamment, le visage pourpre de colère, fonçant tout droit vers la bagarre : « Mais qu'est-ce qui vous prend espèce de… » Il voulait à tout prix pousser Hank à se disputer avec lui afin de renforcer sa propre colère et en arriver aux mains.

Mais Hank se refusa à ce petit jeu. « Écoutez, je suis désolé. C'est ma faute, je n'ai pas fait attention. Je vous comprends, je n'aime pas non plus que l'on me cogne ma voiture. Je paierai les dommages s'il y en a. »

L'attitude calme de Hank détendit l'atmosphère explosive. L'autre conducteur se calma lui aussi après quelques instants : « Je ne sais pas pourquoi je me suis mis dans une telle colère contre vous. Ce n'est pas un de mes meilleurs jours. Mais je ne voulais vraiment pas être aussi désagréable pour une si petite chose. Ce n'est rien. Il n'y a même pas une égratignure. » Ils se séparèrent sur une poignée de main.

La morale est claire. Si vous vous laissez entraîner dans des discussions en espérant amener les autres à comprendre votre position, vous finirez presque invariablement par devenir leur victime. Même si vous sortez « vainqueur » d'une discussion enflammée, l'état de tension nerveuse dans lequel vous vous trouvez devrait suffire à vous convaincre que vous n'avez pas vraiment gagné la partie. Vous pouvez essayer de prouver votre supériorité soit par un comportement susceptible de provoquer des ulcères, de la tension artérielle ou des maladies de cœur, soit, si vous le voulez, éviter de telles discussions et rester sain de corps et d'esprit.

Il n'est pas toujours immoral de mentir

Il se peut bien qu'en essayant d'être toujours compris ou en recherchant l'approbation de tous, vous ayez adopté une attitude rigide vis-à-vis du mensonge – vous refusant de jamais recourir à une pratique aussi vile.

Réfléchissez-y de nouveau. Vous arrive-t-il de vous faire exploiter parce que vous êtes de ceux qui-disentla-vérité-à-tout-prix ? Peut-être conviendrez-vous avec moi que si, par exemple, vous étiez sur le point d'être exécuté par les nazis à moins que vous n'arriviez à les convaincre que vous n'êtes pas juif – et que vous soyez juif – vous ne seriez pas tenu de dire la vérité. Dans des cas extrêmes comme celui que je viens de citer, les gens admettent volontiers que l'on ne doit à ses ennemis aucun serment d'allégeance à la vérité. Il est même tout à fait recommandé d'user de toutes les ruses et supercheries possibles et imaginables contre eux. Vous voyez bien que vous n'êtes pas contre le mensonge en toutes circonstances, mais vous ne le trouvez probablement admissible du point de vue de la morale que dans une marge très étroite que vous vous êtes vous-même fixée. Il s'agit donc pour vous à présent de repenser sérieusement à la question, et de redéfinir les circonstances dans lesquelles vous admettez le mensonge. Est-ce oui ou non raisonnable de se refuser à mentir, quand vous savez que la vérité fera de la peine aux autres ? Vos principes (votre ligne de conduite) sont-ils plus importants que les personnes à qui ils sont censés venir en aide ? Pensez sérieusement à ces questions et demandez-vous si vous ne vous rendez pas victime de votre trop grande rigidité.

Une de mes clientes, qui était âgée de soixante et un ans, vint me consulter, bouleversée de ne pas arriver à trouver un emploi, bien qu'elle fût une sténographe expérimentée. Elle se plaignait de discrimination de la part d'employeurs qui refusaient de l'engager en raison de son âge. Lorsque je l'encourageai à se rajeunir et à combattre la discrimination dont elle était l'objet avec ses propres armes, elle fut ahurie : « Mais ce serait mentir ! », s'exclama-t-elle.

Je savais bien sûr que c'était précisément de cela qu'il s'agissait. Ma cliente s'était vu refuser sept postes par des employeurs insensibles qui l'avaient écartée par des moyens illégaux, et elle s'obstinait cependant à se pénaliser elle-même en ne se permettant pas de mentir. Elle finit un jour par faire une légère entorse à la vérité en n'avouant que cinquante-cinq ans (elle en paraissait encore moins) et fut engagée. On reconnut immédiatement sa compétence et à peine six mois plus tard elle fut promue chef de service. Et pourtant, si elle avait persévéré dans ses tabous ridicules, elle n'aurait jamais eu la chance d'entrer à nouveau dans la vie active.

Posez-vous aussi la question suivante : « Qu'est-ce qu'un mensonge à mes yeux ? » Supposons qu'il existe un fait quelconque sur vous-même que vous pensez avoir le droit de garder privé. Cela ne regarde tout simplement personne. Quelqu'un survient qui vous demande de dévoiler ce fait, croyant être autorisé à empiéter sur votre vie privée. Cette personne s'efforcera de vous convaincre qu'il s'agit d'un mensonge de votre part si vous voulez « cacher » un élément d'information que vous pensez avoir le droit de ne pas divulguer. Elle voudra que vous vous sentiez coupable de ne « pas pouvoir » révéler ce fait au grand jour. Mais pensez-vous vraiment être obligé de lui dire quoi que ce soit ? Bien sûr que non. Pensez-vous mentir en lui disant : « Il se trouve que ça ne vous regarde absolument pas. » Comment cela se pourrait-il ? Tous les tribunaux du monde vous accordent le droit de refuser de répondre à certaines questions qui pourraient contribuer à votre propre accusation, et, tout particulièrement, si vous avez le sentiment que les gens risquent de se servir de ce que vous dites contre vous, soyez assuré que vous ne leur devez rien.

Vous ne serez pas toujours compris ; c'est le thème même de ce chapitre. Examinez de près votre attitude vis-à-vis du mensonge et voyez si vous ne vous exploitez pas vous-même ou si vous ne vous laissez pas exploiter en permettant aux autres de régir votre comportement par votre obsession de la vérité. Lorsqu'en disant la vérité vous faites du mal à quelqu'un d'autre ou à vous-même, pensez-vous avoir aidé les autres à vous comprendre ?

Parler du mensonge comporte certains risques, puisqu'il existe tant et tant de personnes qui sont convaincues que le mensonge est toujours répréhensible et que l'on doit se sentir coupable d'y recourir – même s'il peut se justifier en certaines circonstances. Je suis loin, bien sûr, de favoriser le mensonge inconsidéré, mais si en disant la vérité vous vous nuisez vous-même en révélant des faits personnels qui selon votre propre définition doivent demeurer « privés », vous adoptez une attitude autodestructrice et vous feriez peut-être bien d'examiner votre attitude à cet égard. De plus, si le mensonge est la seule ou la meilleure tactique qui vous permettrait d'échapper à un piège tendu pour vous exploiter, n'ayez pas peur d'y songer. Pensez-vous qu'un prisonnier de guerre tentant de s'échapper répondrait par la vérité au gardien qui lui demanderait : « Avez-vous l'intention de vous évader ? » Il mentirait sûrement et vous lui donneriez probablement raison. Eh bien, voyez comme souvent vous vous comportez en prisonnier lors des « inquisitions » courantes dont vous faites l'objet, et tirez vos propres conclusions. Vous ne devez plus jamais vous laisser manipuler par les autres en leur révélant des faits que vous préférez garder privés, ni en vous laissant exploiter par une dévotion aveugle à la vérité.

FAIRE SES PREUVES : UNE ABSURDITÉ

Avoir à démontrer aux autres sa valeur signifie que l'on est dominé par eux. Un comportement discrètement efficace vous évitera cet écueil. Enfant, vous aimiez bien être remarqué. Vous vouliez attirer sur vous l'attention de tout le monde, et plus particulièrement celle de vos parents, lorsque vous plongiez dans la piscine, que vous faisiez des exploits sur vos patins à roulettes, votre bicyclette, ou que vous vous livriez à toute autre expérience nouvelle. Vous aviez besoin alors de ces yeux braqués sur vous car vous vous fabriquiez une image de vous-même en fonction des réactions des personnes qui comptaient dans votre vie. Mais ce temps est révolu. Vous n'êtes plus un adolescent qui doit constamment en donner plein la vue – à moins que vous ne soyez un de ces adultes qui ont toujours besoin de l'approbation de tous ceux qu'ils rencontrent sur leur chemin.

Le fait d'avoir à démontrer votre valeur et à vous justifier aux yeux des autres sera pour vous une source d'exploitation constante. Vous serez contrarié lorsqu'on ne vous remarquera pas assez, ou lorsque l'on vous désapprouvera ou, pire encore, lorsqu'on ne vous comprendra pas. Par conséquent, vous vous efforcerez encore plus de vous faire comprendre, et vous donnerez ainsi une preuve de plus de l'emprise que les autres ont sur vous. J'en veux pour exemple le cas d'un de mes amis qui essaya de convaincre sa femme qu'il était naturel qu'il joue au football le dimanche après-midi et qu'il n'était pas obligé de rester chez lui pour lui tenir compagnie. Elle ne comprenait tout simplement pas qu'il puisse avoir l'envie de courir derrière un ballon, entouré d'un groupe d'hommes en sueur, alors qu'il pouvait être avec elle, d'autant plus qu'ils avaient été séparés pendant toute la semaine. Il était évident que plus il s'expliquait, moins elle comprenait. Il en arriva vite à se plaindre de ne pas être compris et finalement ne joua pas au football ce jour-là. Il gâcha non seulement son après-midi, puisque sa femme et lui ne se parlaient plus, mais elle ne comprenait toujours pas qu'il ait voulu jouer au football. Il était donc trois fois perdant ! S'il s'était rendu compte qu'elle ne comprendrait jamais son désir de jouer au football avec ses amis, et que c'était normal qu'elle ne le comprenne pas, il aurait évité de se laisser piéger en essayant de lui prouver qu'il était tout de même un type bien, même s'il éprouvait le désir de faire une chose qu'elle ne comprenait pas !

Il y a aussi la situation inverse – celle où ce sont les autres qui s'attendent à ce que vous vous justifiiez. Il vous arrive souvent d'entendre : « Qu'est-ce qui t'a poussé à faire ça ? », « C'est comme ça ? Eh bien, prouve-le ! », ou d'autres commentaires du même genre. Une fois de plus, vous devez vous garder de prouver à quiconque quoi que ce soit. En de telles circonstances dites-vous simplement : « Ai-je besoin de prouver quoi que ce soit à cette personne ? Est-ce que cela changera quelque chose à la situation ? Peut-être dois-je ne pas insister et le laisser penser ce qu'il veut ! » C'est surtout envers les étrangers qu'il convient d'adopter cette attitude. Vous êtes-vous jamais demandé combien il est ridicule de perdre son temps à se justifier aux yeux de quelqu'un que l'on ne connaît ni d'Ève ni d'Adam et d'essayer de le convaincre de son bon droit ? On le fait d'ailleurs souvent pour s'en convaincre soi-même et l'on se sert alors de l'autre personne comme d'un miroir.

Bientôt vous apprendrez à apprécier vos victoires discrètes. Pendant l'entracte d'un concert auquel il assistait avec des amis, Kevin alla au bar et acheta quatre limonades. Il fit demi-tour pour les apporter à ses amis dans la salle lorsqu'il vit un avis sur le mur, à côté de l'entrée, qui disait ceci : Les boissons doivent être consommées au bar.

Kevin se retrouva donc avec quatre limonades sur les bras et plusieurs solutions à sa disposition. Il savait que le vigile posté à l'entrée attendait qu'il passe devant lui, ses boissons à la main, pour l'arrêter et exercer son autorité.

Kevin avait plusieurs choix – il pouvait boire les quatre limonades, les jeter, les donner, les laisser sur le comptoir et rejoindre ses amis, essayer d'expliquer au vigile que l'on ne pouvait voir l'avis en question qu'après avoir acheté les consommations et que par conséquent il devait fermer les yeux et lui permettre d'apporter les boissons à l'intérieur et s'arranger par la suite pour que l'avis soit placé ailleurs. Mais comme il y réfléchissait, il eut une idée qui lui sembla plus efficace. Il remarqua qu'il y avait derrière le bar une porte s'ouvrant sur une allée qui bordait le bâtiment. Il s'y faufila et vit une porte de secours qui était ouverte à l'avant de la salle, là où se trouvaient ses amis. Il alla donc jusqu'au bout de l'allée, s'avança assez loin dans la foule pour se faire entendre de ses amis et ceux-ci le rejoignirent dans la rue pour boire les limonades.

Si Kevin avait éprouvé le besoin de dire au vigile : « Ah ! Ah ! Voilà, je vous ai bien eu ! », il aurait fini par être le perdant de ce minidrame, en gâchant son temps à une scène aussi inutile que désagréable. Mais en évaluant la situation et en y apportant une solution en quelques secondes, il put s'en sortir à son honneur, sans faire de mal à personne et sans avoir à prouver sa supériorité.

Dans des cas comme celui-ci, le tact est une qualité d'importance primordiale. Avoir du tact implique éviter aux autres de se trouver dans ses situations où ils pourraient se nuire, respecter leurs sentiments et reconnaître leurs responsabilités. Lorsqu'on se sent forcé de démontrer sa valeur, on manque souvent de tact et l'on finit par être grossier et par se faire exploiter en même temps. Voici mon anecdote préférée sur le tact – elle nous est narrée par l'un des plus grands « raconteurs » qui ait jamais existé : John Steinbeck.

« Deux hommes trinquaient ensemble à un bar, lorsque quelqu'un se mit à parler de Green Bay dans le Wisconsin. Le premier homme dit : "C'est un endroit vraiment chouette !" Le second répondit : "Qu'est-ce qu'il y a de chouette là-bas ? Green Bay n'est connu que pour deux raisons : son équipe de football et ses affreuses putains." "Hé ho ! Attends un peu, espèce de salaud, dit le premier, ma femme vient de Green Bay." "Ah ! répondit l'autre, comme c'est intéressant ! Quelle position joue-t-elle ?" »

SE JUSTIFIER AUX YEUX DE SA FAMILLE ET DE SES AMIS

C'est au sein de votre famille, parmi vos parents les plus proches, que vous devez vous appliquer avec le plus d'insistance à ne pas vous répandre en justifications et à éviter des discussions animées à propos de vos moindres faits et gestes.

Il est plus ou moins admis dans beaucoup de familles que l'on doit tout savoir les uns sur les autres, et le droit à l'intimité est non seulement considéré comme tabou mais souvent comme un danger susceptible de mettre en péril l'existence de la famille elle-même. Lorsqu'on a affaire à des parents tyranniques, il faut constamment s'expliquer, se justifier, et fournir des preuves. Il y a aussi une tendance à « noter les présences » aux réunions familiales telles que les mariages, les funérailles, les anniversaires, les baptêmes, les fêtes de fin d'année, etc., et vous êtes sommé d'y assister que cela vous plaise ou non. Votre façon de vous habiller ou votre manière d'être en général est passée au crible. On va même jusqu'à vous demander pourquoi vous ne vous êtes pas fait couper les cheveux et la raison pour laquelle vous n'avez pas été « gentil » envers tel ou tel autre membre de la famille. Ils sont aussi passés maîtres dans l'art de détecter tout comportement qu'eux-mêmes ou que la société qualifie de « bizarre », aussi inoffensif soit-il. Ce sont les personnes au monde que vous aurez le plus de difficulté à convaincre de ce que vous ne tenez pas à être compris, car ce sont celles qui insisteront toujours pour mettre le nez partout et pour vouloir comprendre toutes les situations, bien qu'elles n'y réussissent presque jamais. Si les liens familiaux peuvent être une source de joie et de bonheur, vous devez faire preuve de vigilance et vous défendre de vous laisser étrangler par eux.

Je suis toujours très étonné par le nombre de personnes qui, à la veille d'un divorce, font le genre de commentaire suivant : « Oui, bientôt je serai libre de nouveau ! » Pourquoi le divorce représente-t-il la liberté pour tant de gens, même s'ils le disent quelquefois en boutade ? Le mariage est-il généralement considéré comme le contraire de la liberté, c'est-à-dire l'esclavage ?

C'est, hélas ! vrai dans énormément de cas – et il y a de bonnes raisons à cela. Les gens ne se sentent libres ni dans leur famille, ni dans leur couple, parce qu'ils ont toujours au fond d'eux le sentiment d'avoir à se justifier et la peur de ne pas être tout le temps compris. Si nous bannissions ces deux éléments, la plupart des mariages qui se terminent par le divorce pourraient être sauvés.

En revanche, en amitié, je veux parler de celles qui durent toute une vie, on n'a pas de preuve à fournir. Un ami n'attend rien de vous, excepté que vous soyez vous-même, et vos rapports avec lui sont fondés sur l'honnêteté.

Lorsque je m'adresse à des réunions de parents, je leur recommande toujours de s'inspirer de leurs propres amitiés, et d'essayer de traiter leurs enfants ou les autres membres de leur famille de la même manière qu'ils traitent leurs amis. Si, par exemple, un ami renversait un verre de lait sur la table vous lui diriez sûrement : « Ce n'est rien, je vais t'aider à nettoyer. » Mais vous diriez peut-être à votre enfant : « Fais attention, voyons ! Pourquoi es-tu si empoté ? » Soyez avec votre femme, avec vos enfants et avec les autres membres de votre famille, comme vous êtes avec un ami. C'est dans les familles que se développent pour une grande part les premières semences de la détresse mentale. C'est dû en partie au fait que peu d'entre elles se rendent compte que lorsque les droits de chacun à l'intimité ne sont pas respectés, et lorsque l'on doit constamment s'expliquer ou se justifier, les liens d'affection ne tardent pas à devenir cause de tension. Ces deux lignes extraites de l'essai d'Emerson, *Friendship*, résument à mon sens si merveilleusement cette pensée capitale que je les ai reprises à mon compte dans la dédicace de ce livre :

« Un ami est quelqu'un avec qui je puis être sincère. Devant lui, je peux penser tout haut[1]. »

Mon expérience professionnelle en tant que conseiller familial ou matrimonial me porte à croire que dans très peu de familles on se réfère, dans les rapports de la vie quotidienne, aux critères de l'amitié. Et pourtant, si ces critères étaient appliqués, il y aurait au monde bien moins de victimes. Il est en votre pouvoir d'informer les membres de votre famille de votre volonté de les respecter et d'être vous-même respecté, en vous comportant de manière à ne pas vous laisser exploiter et en renonçant à tout jamais au principe illusoire de la justification.

CEUX QUI VEULENT VOUS ENTRAÎNER DANS LEUR MARASME

Écoutez ce que dit Lydia Sigourney, auteur américain du début du XIXe siècle, des gens sombres et déprimants : « Tenez-vous à l'écart de la tristesse, écrit un auteur irlandais, car la tristesse est une maladie de l'âme. La vie a assurément bien des travers, mais l'esprit qui envisage chaque chose sous son aspect le plus réjouissant et qui voit en chaque manifestation douteuse une source latente de bien porte en lui-même un antidote puissant et permanent. Une âme sombre exacerbe le malheur, alors qu'un joyeux sourire dissipe souvent les brumes qui annoncent l'orage. »

Le moyen le plus simple et le plus raisonnable de s'en sortir, lorsqu'on a affaire à des rabat-joie, est encore de les tenir à distance. Cette attitude peut

1. *Trois Essais d'Emerson : Amitié, Amour, Art,* Imprimerie Poirier-Bealu, 1897, p. 16.

sembler dure, elle n'en est pas moins fort efficace. Comme tous ceux dont la vie est entachée de « zones erronées », les insatisfaits et les maussades tirent certains avantages de leur état de dépendance – et l'un de ceux-ci est généralement l'attention que vous leur portez ou, pire encore, la satisfaction de vous entraîner dans leur marasme et de vous faire partager leurs malheurs.

Vous n'êtes nullement obligé de vous joindre à eux, ou même de rester en leur compagnie. Entourez-vous de gens heureux, de personnes gaies qui s'intéressent à la vie, plutôt que de ceux qui passent leur temps à se plaindre de leur infortune. Vous pouvez certes apporter aide et réconfort à ceux qui sont victimes de souffrances chroniques, mais restez sur vos gardes surtout lorsque vos gestes d'amitié sont constamment rejetés, car vous vous devez à vous-même de vous protéger contre ceux qui pourraient bien vous entraîner sur les pentes de la dépression.

D'autres, souvent, vous feront la fête ou vous jetteront des regards noirs et menaçants afin d'attirer votre attention sur leur misère, mais si vous laissez voir que cela vous touche, vous ne faites alors que renforcer les habitudes exécrables que vous voulez voir disparaître. En restant en la compagnie de ces gens maussades et hargneux et en vous laissant irriter par eux, vous les encouragez à persévérer dans leur comportement. Vous leur rendez donc service, en même temps qu'à vous, en les abandonnant à leur triste sort dès qu'ils se mettent à maugréer. Ils apprendront ainsi à ne plus se plaindre et à se prendre en charge, et vous pourrez à votre tour profiter pleinement de l'instant présent.

Vous devez fuir ceux qui sont atteints de mélancolie pernicieuse et qui passent leur vie à prédire des catastrophes et à tout critiquer autour d'eux. Ils ont rarement des choses agréables à dire, se complaisent à imaginer le pire et se refusent à envisager la vie avec optimisme. Ils ont le sentiment de s'être fait avoir et le récit de leurs doléances aura raison de tous les efforts que vous ferez pour les dérider. Ils pénalisent les autres en se plaignant que personne ne les comprend et refusent en même temps obstinément de faire le moindre effort pour être compris. Ils sont impossibles à satisfaire et se refusent à changer quoi que ce soit à leur comportement. Certains d'entre eux passent leur vie entière, de l'enfance à l'âge mûr, sans se défaire de cet état d'esprit. Ce serait parfaitement idiot de votre part de partager la vie de ces personnes, qu'elles fassent ou non partie de votre famille, car vous n'en tirerez jamais rien d'autre que d'interminables récits de catastrophes : l'agression d'Untel en pleine rue, la mort de quelqu'un d'autre, l'accident qui a eu lieu juste hier, leurs crampes d'estomac, leur lumbago, le mauvais temps, le froid, la malhonnêteté des hommes politiques, la crise économique et ainsi de suite. Il ne fait jamais beau pour eux. Le commentaire le plus enthousiaste qui s'échappera jamais de leurs lèvres est qu'« il pleuvra probablement demain ».

Tous ces comportements négatifs ont survécu parce qu'ils ont été allègrement supportés, voire encouragés tout au long des années par des imbéciles. Rien ne vous oblige à en faire partie. Vous pouvez vous tenir à l'écart, refuser d'y participer ou contre-attaquer par des déclarations de ce genre : « Pour quelqu'un qui a eu une enfance malheureuse, vous ne ratez pas une occasion d'en parler ! », ou : « Vous devez aimer vos crampes d'estomac, vous ne cessez pas d'en avoir et d'en parler ! ». Ne soyez pas sarcastique, faites seulement savoir aux gens que vous n'avez pas l'intention de vous laisser submerger par leurs plaintes et leurs jérémiades. Soyez de bonne disposition, mais si les ronchonnements continuent, partez, et expliquez sans ménagement la raison de votre conduite : vous aimez la vie et vous n'avez pas l'intention de vous laisser démoraliser.

Le meilleur moyen pour les éternels mécontents d'échapper à leur triste sort est de se lancer dans des activités qui les intéressent et les occupent à la fois. Soyez disposés à les aider, mais s'ils rejettent votre aide, refusez de vous sentir coupable et ne vous croyez pas obligé d'écouter les excuses que donnent les « victimes » pour ne pas faire ceci ou cela.

Soyez prêt à la confrontation, mais refusez d'être la victime d'une victime. Lorsque les gens déprimés se rendent compte que vous n'êtes pas du tout disposé à les rejoindre dans leur malheur, ils cessent presque toujours de vous exploiter et, c'est là l'ironie, leur état va s'améliorant.

PHRASES TYPES SUR L'« INCOMPRÉHENSION »

Pour mieux exploiter les autres, les gens prétendent souvent ne pas les comprendre. Voici quelques exemples typiques de phrases astucieuses que vous utilisez vous-même ou que vous avez entendu utiliser en de telles circonstances.

« Je ne comprends pas pourquoi tu fais des choses comme ça. »

Cela sous-entend que vous avez le devoir de vous faire comprendre et que vous êtes dans votre tort, tant que vous ne l'avez pas fait.

« Comment as-tu pu faire une chose pareille ? »

Non seulement votre interlocuteur est extrêmement contrarié de ce que vous ayez osé agir d'une certaine manière, mais il essaye de vous convaincre qu'il est impardonnable de votre part de faire quoi que ce soit qui échappe à sa compréhension.

« Je n'ai jamais entendu une chose pareille ! »

Ici est ajoutée la notion d'incrédulité. Votre exploiteur prétend être absolument renversé par ce que vous avez dit ou fait, etc., sous-entendant que « tout le monde » vous désapprouverait, donc que vous avez tort et que, par conséquent, vous feriez bien de faire ce qu'il vous conseille.

« Comment se peut-il que quelqu'un de ton intelligence et de ton milieu fasse une chose pareille ? »

La tactique est poussée un peu plus loin. Un nouvel ingrédient fait son apparition : celui de la culpabilité, assaisonné de flatterie voilée. « Je suis non seulement choqué et scandalisé, mais encore déçu de ce que quelqu'un comme toi... »

**« Je ne sais quoi dire...
Tu me rends vraiment perplexe ! »**

Concluez : « Bien sûr, il t'incombe de me sortir de cette perplexité... » Votre interlocuteur usera de cet argument s'il sait que vous ne supportez pas de ne pas être compris. Alors il perd la parole... et vous vous sentez obligé de la lui rendre, et vous voilà bien parti pour vous faire exploiter.

« Explique-toi encore une fois pour que j'arrive à comprendre. »

Si vous tenez compte de cette demande, vous répéterez indéfiniment la même histoire et vous serez indéfiniment exploité.

« Tu devrais pourtant savoir à quel point je souffre. »

Dans le cas présent, on vous demande de vous sentir coupable de ne pas comprendre le degré de souffrance que quelqu'un choisit de s'infliger. La situation est donc renversée : ce n'est plus l'exploiteur qui ne vous comprend pas, mais vous qui avez tort de ne pas le comprendre.

« Je ne peux pas croire que tu vas faire ça maintenant, alors que... »

Cette tactique peut vous empêcher de faire du jogging, de lire, de faire un somme ou n'importe quoi d'autre que vous voulez faire à cet instant précis, et cela en raison d'un emploi du temps que votre interlocuteur a établi ou est en train d'établir au moment même. Le fait en lui-même que vous pratiquiez l'une ou l'autre de ces activités est acceptable, mais il a décidé que le moment était mal choisi. Donc, cela le dérangera si vous agissez comme bon vous semble. Il va même souvent jusqu'à ajouter : « Tu pourrais bien attendre jusqu'à demain et t'en passer pour une fois ! » Le fait que vous ayez décidé de vous entraîner chaque jour au jogging et que vous ne voulez pas y manquer n'a pour lui aucune importance car il ne comprend absolument pas votre intransigeance en la matière.

**« Je ne comprends pas
comment cette petite tranche de gâteau
peut te faire du mal. »**

Ce genre de commentaire est destiné à vous faire renoncer à votre ferme résolution de vous mettre au régime parce que quelqu'un n'en comprend pas la nécessité. Cette tactique est aussi utilisée dans le but de vous maintenir dans un système de comportement autodestructeur, d'où votre exploiteur n'arrive pas lui-même à s'extirper. Cela revient à dire que vous devez faire des choses que vous ne voulez pas faire (donc être une victime) simplement parce que quelqu'un d'autre en a décidé ainsi ou qu'il ne comprend pas que vous n'ayez pas la même opinion que lui à cet instant précis. La déclaration peut être inversée : « Je ne comprends pas que tu puisses manger ce gâteau. Tu vois bien, moi, je n'en mange pas. » La logique est la même, elle est seulement employée à des fins différentes.

« Tu ne me dis jamais ce que tu penses. »

On essaye peut-être ainsi de vous faire parler et renoncer par la même occasion à votre besoin « maladif » de préserver votre intimité. Dès l'instant où vous dites ce que vous pensez, l'autre personne peut vous attaquer et prétendre que vous n'avez pas le droit de penser de cette manière.

« Fais-le pour moi ! »

Lorsque vos exploiteurs n'arrivent pas à vous faire faire ce qu'ils veulent en prétendant qu'ils ne vous comprennent pas, ils adoptent un ton plus personnel et ils vous demandent de faire ce qui ne vous convient pas uniquement pour leur faire plaisir.

« Vous m'avez offensé. »

Méfiez-vous des gens qui s'offensent dans le but de vous culpabiliser et de vous forcer à modifier votre comportement pour servir leurs intérêts.

« J'exige des excuses. »

On se rend ainsi maître de votre comportement en vous forçant à dire ce que vous ne pensez pas, ou en vous mettant au pied du mur : il vous est impossible de vous excuser, même si vous le voulez, sans céder en même temps à la manifestation d'abus de pouvoir de votre interlocuteur. Mais n'oubliez pas, et soyez prêt à le faire remarquer le cas échéant, que des excuses forcées n'ont aucune valeur, puisqu'elles ne sont pas sincères.

Il s'agit là de quelques-unes des phrases couramment utilisées dans notre culture pour exploiter les gens en prétendant ne pas les comprendre. Ces exemples ont été glanés au cours de milliers de séances de psychothérapie, pendant lesquelles des êtres ont raconté comment ils avaient été ballottés et maltraités par des exploiteurs qui se cachaient sous des masques d'amis, de collègues, de voisins ou de parents. Nous vous donnons plus bas quelques tactiques bien définies qui vous permettront de désamorcer et de déjouer définitivement le piège du « je ne comprends pas ».

QUELQUES TECHNIQUES DE DÉSAMORÇAGE

Cessez de vous justifier dès l'instant où vous vous apercevez que vous le faites à contrecœur. Rappelez-vous et rappelez également aux autres que vous n'êtes nullement tenu d'expliquer votre comportement à qui que ce soit et que s'il vous arrive de le faire ce sera parce que vous en aurez décidé ainsi et non pour satisfaire les exigences d'autrui. À partir du moment où vous leur aurez appris à ne pas s'attendre à ce que vous vous justifiiez à chaque fois qu'ils vous le demandent, les gens cesseront de vous importuner. Expliquez-vous si cela vous fait plaisir, mais si vous vous y sentez contraint c'est que vous vous laissez contrôler par les exigences déraisonnables d'autrui.

Cessez de croire que vous avez le devoir de vous faire comprendre des autres et déclarez ouvertement que vous vous attendez à ne pas toujours être compris et que cela est tout à fait naturel et ne doit pas être interprété comme un état pathologique particulier. Lorsque les gens vous disent qu'ils ne vous comprennent pas, haussez gentiment les épaules, souriez-leur, et citez-leur ces paroles célèbres d'Emerson dans *Self-Reliance :* « Être grand c'est être incompris[1]. »

N'accordez aucune attention aux étrangers lorsqu'ils insistent pour que vous vous expliquiez plus clairement. Dites-vous bien qu'il est fort peu probable que vous vous fassiez jamais comprendre d'eux, même si vous faites imprimer votre message sur votre tee-shirt ! Vous pouvez donc vous sentir tout à fait à l'aise et continuer à être incompris, sans vous culpabiliser ni vous considérer comme un raté pour autant. Vous êtes tout à fait capable de chasser complètement de votre conscience les récriminations des étrangers. Tournez simplement le bouton – comme s'il s'agissait d'un programme à la radio qui vous crie dans les oreilles

1. *Sept Essais d'Emerson*, trad. I. Will (M. Mali), 3e édition, Éd. Paul Lacomblez. Bruxelles, 1907, p. 15.

et que vous n'avez pas envie d'entendre. Apprenez à vous montrer « discrètement efficace » en tournant simplement le bouton, dès l'instant où l'une de ces phrases que les gens utilisent pour marquer leur incompréhension est prononcée en votre présence.

Lorsque vous vous doutez que vous n'arriverez jamais à satisfaire l'interlocuteur qui exige de vous une justification, demandez-lui simplement : « Pensez-vous que vous pourrez jamais comprendre ? » S'il vous répond affirmativement, demandez-lui de vous dire comment il interprète votre comportement et admettez, si cela est vrai, qu'il a raison sur certains points. De cette manière, vous renversez la situation et c'est à la personne qui demande l'explication qu'incombe la responsabilité de comprendre.

De même, lorsque vous soupçonnez quelqu'un de prétendre ne pas vous comprendre pour arriver à vous exploiter, essayez de le faire répéter exactement ce que vous avez dit, avant de lui permettre d'y ajouter ses propres commentaires. Pour mener à bien cette technique, il faut d'abord que votre exploiteur en puissance admettre les règles fondamentales du jeu qui sont les suivantes : vous ferez part de votre point de vue et il vous écoutera sans vous interrompre. Ensuite, il répétera ce que vous avez dit de manière satisfaisante pour *vous*. Lorsque vous serez convaincu qu'il vous a effectivement entendu, il pourra alors donner son point de vue et vous devez l'écouter et répéter ce qu'il a dit de manière satisfaisante pour *lui*. Chaque fois qu'il arrive que l'un des deux dise : « Non, vous ne m'avez pas bien entendu », l'autre doit répéter ce qu'il vient de dire.

Au moyen de ces simples techniques vous éviterez de vous faire exploiter et contribuerez à améliorer la qualité d'écoute de vos interlocuteurs. Il est probable que vous serez bien mieux compris lorsque vous aurez participé plusieurs fois à ce genre d'exercice.

Efforcez-vous d'adopter une attitude discrètement efficace en remettant à plus tard le récit de vos exploits. Accordez-vous un délai d'une, de deux ou de trois heures, et demandez-vous si vous éprouvez toujours le besoin d'en parler. Cela se révélera particulièrement utile lorsque les nouvelles que vous divulguez vous feront paraître sous un jour plus avantageux que votre interlocuteur. Ce système est efficace parce qu'après quelques heures, ou même quelques jours, vous n'éprouverez plus le besoin impérieux de faire figure de vainqueur, et lorsque la nouvelle se saura (si cela arrive) vous apparaîtrez aux yeux de tous comme quelqu'un à qui le succès ne monte pas à la tête.

Lorsque vous vous trouvez en la compagnie de gens grossiers et que vous vous sentez agressé par leur fanfaronnade ou leur opportunisme, prenez l'habitude de vous excuser, de vous lever et de vous retirer. Même au restaurant, vous n'avez aucune obligation de rester sur place et de tout supporter. Allez faire un tour. Non seulement vous vous sentirez mieux car vous serez arrivé à vous maîtriser, mais vous aurez enseigné à vos agaçants compagnons à cesser d'user de telles tactiques en votre présence, puisqu'ils ne réussissent ainsi qu'à vous éloigner, et cela sans que vous ayez à leur fournir d'explication.

Définissez, en leur présence, les tentatives que font vos amis ou relations, pour vous entraîner dans leurs états dépressifs. Lorsque vous vous rendez compte que quelqu'un essaye de vous faire partager ses malheurs, dites par exemple : « J'ai l'impression que vos malheurs réclament ma présence ! » Une phrase de ce genre, dite gentiment, fera voir à votre exploiteur en puissance que vous connaissez les finesses du jeu et il ne respectera que davantage votre intelligence et votre honnêteté – même s'il n'est pas prêt à l'admettre dans l'immédiat.

La prochaine étape consistera à lui dire que, pour l'heure qui suit, vous n'avez aucune envie d'entendre parler de tout ce qui va mal dans le monde. Chronométrez la conversation et dès que vous sentez poindre la plus petite allusion à une mauvaise nouvelle, arrêtez-le net avec une phrase de ce genre : « Nous sommes convenus de ne pas en parler pendant une heure ! » Cela attirera son attention sur une habitude dont il se peut qu'il ne soit même pas tout à fait conscient, et l'encouragera peut-être à s'en débarrasser. En tout cas, vous échapperez à ses doléances pour une heure ou un jour, ou aussi longtemps que vous fixerez la période de répit.

Montrez, par votre comportement, que vous avez l'intention d'exiger que l'on respecte votre intimité. Ne passez pas des heures interminables à exiger que l'on vous laisse seul. Prenez simplement le temps que vous pensez nécessaire à votre équilibre personnel. Faites-le gentiment, fermement, mais *faites-le*. Allez faire du footing, faites un somme, restez dans votre chambre pour lire et ne vous laissez pas entraîner à renoncer à votre intimité, parce que quelqu'un d'autre ne vous comprend pas, ou vous traite d'anachorète.

Apprenez à accepter comme naturel que l'on vous colle des étiquettes plutôt que de vous laisser intimider par elles. Si l'on dit de vous que vous êtes un type à part, un sauvage, un ours mal léché ou un rebelle, et que vous montrez que cela ne vous touche pas, on finira par vous laisser tranquille. En revanche, si vous vous culpabilisez, si vous voulez à tout prix prouver que ces étiquettes ne s'appliquent pas à votre cas particulier, ou si vous vous laissez affecter par elles, vous ne faites que les renforcer.

Lorsque vous sentez que quelqu'un vous en veut, ou essaye de vous démoraliser, définissez sur-le-champ ses sentiments : « Vous êtes vraiment contrarié de cela et vous m'en reparlez pour que j'en sois contrarié moi aussi », ou « Vous ne me comprenez pas en ce moment et vous êtes contrarié parce que je vous ai déçu ». N'hésitez pas à montrer aux gens que vous savez ce qu'ils ressentent et que vous n'avez pas peur d'en parler ouvertement.

Quand quelqu'un insiste pour que vous preniez « rien qu'un morceau de gâteau », ou joue la stupéfaction lorsque vous vous apprêtez à faire votre demi-heure quotidienne de jogging, déclarez fermement et sans hésitation : « Je suis au régime et je ne veux rien manger », ou : « Je vais faire du jogging ». Éliminez surtout les : « J'espère que ça ne t'ennuie pas », « Je t'en prie excuse-moi », « J'espère que tu n'es pas offensé », simplement parce que ce sont des invitations à la discussion et qu'éventuellement vous finirez par manger le gâteau pour ne pas offenser la personne en question ou renoncer à votre jogging. Soyez ferme et résolu et vos souhaits seront respectés.

Utilisez des phrases telles que : « Vous vous faites du tort à vous-même », « Vous vous offensez vous-même ». Des déclarations de ce genre montrent bien que vous ne vous sentez nullement coupable envers votre interlocuteur et qu'il est seul responsable du choix qu'il a fait de se sentir blessé ou offensé.

Débarrassez-vous de l'idée stupide que vous devez vous faire du souci si vos amis ne s'entendent pas entre eux. Il y a bien évidemment beaucoup de personnes au monde que vous ne choisiriez pas comme amis.

Pourquoi vous étonner si ceux que vous avez choisis pour des raisons qui vous sont particulières ne se choisissent pas systématiquement les uns les autres ? Il arrive souvent, cependant, que les gens soient inquiets ou contrariés lorsque leurs efforts pour réunir leurs amis se révèlent infructueux, au lieu d'accepter simplement les lois de sélection naturelle de « l'alchimie de l'amitié ».

De même, évitez de vous tourmenter lorsque vos amis veulent absolument vous faire aimer ceux qui leur sont chers. Vous n'êtes absolument pas obligé de partager les sentiments des amis de vos amis, ou de vos parents et, le cas échéant, cela ne doit en aucune manière porter atteinte à votre relation. Méfiez-vous, en même temps, des expressions telles que : « Comment peut-elle l'aimer ? », « Qu'est-ce qu'il lui trouve ? », que vous entendrez prononcer autour de vous et que vous vous surprendrez vous-même à utiliser quelquefois. Les gens n'ont pas à rendre compte de leurs goûts en amitié ou à subir des pressions tendant à leur faire rejeter certains amis pour d'autres. Si vous avez le sentiment que l'on veut vous manipuler dans ce domaine, comme toujours n'ayez pas peur de le faire remarquer ou de vous tenir sur vos positions en utilisant les stratégies les plus discrètement efficaces dont vous disposez.

Dès l'instant où vous vous sentez en danger de vous laisser entraîner dans une discussion susceptible de vous nuire et donc que vous préféreriez éviter, déclarez tout net : « Je viens de décider que je préfère ne pas me disputer à ce sujet. Si vous y tenez absolument, faites-le sans moi. Ou nous nous parlons poliment, ou je ne me joins pas à la discussion. » Peut-être votre interlocuteur sera-t-il abasourdi par l'honnêteté brutale de cette psychothérapie de choc, mais vous devez vous y tenir coûte que coûte et refuser de vous disputer même si vous devez pour cela quitter les lieux.

Lorsqu'en une circonstance quelconque vous vous efforcez de vous montrer aussi logique que possible à l'égard d'une partie adverse et que cela ne mène manifestement à rien, apprenez à laisser de côté la logique et à recourir à d'autres stratégies.

Jean, un de mes amis, eut une fois affaire à une contractuelle qui était sur le point de lui mettre une contravention. Jean lui fit remarquer que le parcmètre était bloqué, comme elle pouvait d'ailleurs le constater elle-même. Mais elle répliqua qu'il n'était pas permis de se garer à des endroits où les parcmètres étaient hors d'usage et qu'il aurait dû se garer ailleurs.

Jean lui répondit tout à fait logiquement que les places de parking avaient été aménagées pour la commodité des gens et que ceux-ci ne devraient pas être privés de leur usage simplement parce que les parcmètres ne fonctionnaient pas. Il répéta son argument à trois reprises avec la même logique, mais chaque fois les réponses que lui faisait la contractuelle prouvaient qu'elle ne l'avait pas écouté.

Finalement, Jean laissa de côté la logique et la supplia d'être gentille et de ne pas lui donner de contravention même s'il avait tort. Elle apprécia beaucoup cette démarche. Il lui fallait entendre Jean admettre qu'il avait tort, afin qu'elle puisse exercer un peu de son pouvoir sur lui. Dès l'instant où il lui demanda de fermer les yeux sur *sa faute*, elle accepta, et il put s'en aller.

Jean aurait pu continuer à défendre sa position – en laquelle il n'avait pas cessé de croire – mais il aurait fini selon toute probabilité en « victime logique », obligé de payer une contravention. Il avait donc, du point de vue pratique, manifestement intérêt à renoncer à la logique et à se livrer à cette petite comédie.

Cessez d'essayer de vous faire valoir aux yeux des chefs de service, des symboles d'autorité, des gens qui ont des titres, etc. Assouvissez leur soif d'honneur et de pouvoir, laissez-les croire qu'ils ont une emprise sur vous et gardez-vous bien de leur faire savoir qu'il n'en est rien.

Les patrons n'aiment pas qu'on leur donne tort. Sachant cela, vous pouvez vous éviter pas mal d'ennuis. Même si vous êtes persuadé au plus profond de vous-même avoir raison à propos de telle manière de procéder ou de telle promotion, etc., évitez de confronter votre patron avec des déclarations telles que : « Je crois que vous avez vraiment tort à ce sujet », et de le mettre ainsi dans une position où il sera forcé de prendre parti contre vous pour défendre son moi. La plus vieille stratégie au monde consiste à retourner les choses de façon à ce qu'il pense que c'est lui qui a le premier suggéré ce que *vous* voulez obtenir – surtout s'il s'agit d'une augmentation ou d'une promotion éventuelle. Cela n'est pas du tout faire preuve de manque de caractère. Il s'agit simplement de stratégies destinées à servir au mieux vos intérêts – et vous devez, pour les appliquer, savoir à quel moment exprimer votre point de vue et à quel autre vous taire.

Cessez de faire des petites choses qui vous sont désagréables, simplement parce que les autres ne vous comprendraient pas : par exemple, embrasser des parents ou des connaissances alors que vous n'y tenez pas. La prochaine fois que l'occasion se présentera, ne le faites tout simplement pas. Si les personnes en question veulent absolument en discuter avec vous, vous pouvez vous servir de n'importe laquelle des stratégies que nous vous suggérons d'utiliser envers les gens qui feignent ne pas comprendre, mais avant même d'en arriver là, arrêtez les frais. N'allez pas, tout simplement, à cette réception sinistre chez tante Myriam, et voyez bien ce qui arrive. Si l'on essaye de vous y forcer, ayez recours encore une fois aux stratégies dont il est question plus haut. Mais d'abord commencez par faire valoir vos droits en décidant de déterminer où commence et finit votre corps. Il s'agit bien après tout de votre corps, et vous n'êtes pas forcé de l'emmener là où il ne veut pas aller et où il n'a pas à être non plus.

Cessez de demander des excuses. Vous n'avez pas à vous excuser d'avoir fait une chose qui vous déplaît ou qui déplaît aux autres ; tirez leçon de l'expérience, faites savoir à ceux que vous avez pu blesser que vous ferez de votre mieux pour éviter que cela ne se reproduise et poursuivez votre chemin. N'oubliez pas également que ce n'est pas vous qui devez être désolé lorsque les autres ne vous comprennent pas. En vous excusant, vous ne faites que les encourager à continuer à ne pas vous comprendre.

Répéter « excusez-moi » à tout bout de champ peut devenir une terrible habitude de victime, un réflexe qui vous fera toujours tout endosser. J'ai entendu un jour une femme assise dans le métro dire : « Excusez-moi » à quelqu'un qui lui marchait sur les pieds.

Si vous avez contracté la manie d'analyser à n'en plus finir vos relations, promettez-vous de cesser de le faire. Laissez filer les choses pour quelque temps et renoncez à l'obsession de tout interpréter – les moindres gestes, les moindres actions, etc. Alors que l'analyse pourrait être un moyen efficace de surmonter certains problèmes, le fait de tout analyser peut devenir par lui-même une véritable maladie et plus d'une belle relation a été détruite à force d'être analysée.

Ne vous laissez pas emporter par le désir d'améliorer votre relation au point qu'elle finisse par représenter plus de souci que de plaisir, car lorsque vous en serez là, il ne restera plus rien à améliorer.

S'il vaut mieux, pour toutes les personnes concernées, qu'une chose soit tenue secrète, et que le fait de la dévoiler serait susceptible de porter atteinte à votre droit à l'intimité, ne la dévoilez pas. S'il vous est difficile de refuser de le faire, dissimulez-la de votre mieux et ne considérez pas cela comme un mensonge. Rappelez-vous que vous avez le droit de ne pas révéler des faits personnels surtout lorsque vous êtes d'avis que de toute manière cela ne regarde pas celui qui vous questionne.

Vous ne serez jamais prophète en votre pays. Vous ne serez jamais compris de tout le monde et vous finirez presque toujours par être une victime si vous pensez devoir constamment prouver votre valeur aux yeux des autres. Être discrètement efficace suppose être capable de signifier au monde, dans un clin d'œil complice, que vous avez pris votre destinée en main et que vous vous sentez assez libre et assez sûr de vous pour n'avoir à en parler à personne. Pour être totalement apprécié il faut avoir quitté depuis longtemps cette planète. Lorsque vous aurez appris cela, vous cesserez de vouloir à tout prix être apprécié et vous vous appliquerez plutôt à améliorer votre vie pendant que vous êtes encore là pour en profiter. Dostoïevski l'avait compris lorsqu'il écrivait dans les Frères Karamazov : *« Le genre humain repousse ses prophètes, il les massacre, mais les hommes aiment leurs martyrs et vénèrent ceux qu'ils ont fait périr*[1]. *»*

---

1. *Les Frères Karamazov*, trad. Henri Mongault, Éd. Gallimard, 5e édition, p. 336.

Pour quelle raison vous laisseriez-vous massacrer, même sur le plan psychologique ? Et, ce qui est bien plus important encore, pourquoi attendre d'être mort pour que l'on chante vos mérites ? Vivez pleinement dès aujourd'hui et acceptez de ne pas être compris, tout le temps, de tout le monde. Le choix vous appartient.

CHAPITRE 6

COMMENT APPRENDRE AUX AUTRES À BIEN VOUS TRAITER

La plupart des gens sont plus indulgents envers ceux qui leur sont totalement étrangers qu'ils ne le sont envers leurs proches ou envers eux-mêmes.

Comment vous traite-t-on ? Les autres se servent-ils de vous ? Abuse-t-on de vous ? Profite-t-on de vous ? Avez-vous l'impression de ne pas être respecté en tant qu'individu ? Les gens font-ils souvent des projets sans vous consulter en présumant que vous les accepterez ? Jouez-vous parfois des rôles qui vous déplaisent parce qu'ils correspondent à ce que votre entourage attend de vous ?

Telles sont en effet les plaintes le plus souvent exprimées par mes clients et mes amis qui se sentent exploités de diverses façons. Ma réponse est invariablement la même : « Les autres vous traitent comme vous leur avez appris à le faire. »

Si vous souffrez de la manière dont les autres vous traitent, je vous conseille de commencer par examiner votre mode de pensée et votre comportement et de vous demander pourquoi vous avez permis et parfois même encouragé les abus dont vous vous plaignez. Tant que vous ne prendrez pas conscience de votre part de responsabilité dans l'attitude que les autres ont envers vous, vous demeurerez impuissant face à ces situations que vous déplorez. Il y a plus de deux mille ans, le philosophe Épictète résumait déjà ces idées en ces termes : « L'affront ne vient pas de celui qui abuse de nous, mais du fait que nous-même considérons son attitude comme insultante ; de sorte que si nous nous sentons attaqué, c'est en réalité notre opinion qui en est la cause. »

Ce chapitre est une mise à jour de cette pensée ancienne qui constitue l'une des plus importantes leçons de l'existence ; elle demeure, en substance, parfaitement valable de nos jours. Vos maux ne viennent pas de la conduite des autres envers vous mais de vos réactions à leurs comportements. Si vous parvenez à modifier votre attitude à l'égard de ces « injustices », en commençant par ne plus les considérer comme inévitables, vous verrez que très vite votre sentiment d'humiliation disparaîtra et que vous vous libérerez rapidement de votre condition de victime.

APPRENEZ AUX AUTRES À VOUS TRAITER COMME VOUS LE SOUHAITEZ

Vos capacités de tolérance déterminent dans une large mesure l'attitude que les autres adoptent envers vous. Si depuis longtemps vous vous êtes laissé faire, vous leur avez montré que vous n'opposerez jamais aucune résistance à leurs traitements abusifs.

Ce n'est pas très difficile à comprendre. Si vous leur montrez clairement votre refus de tolérer leurs traitements abusifs et si votre comportement le prouve, vos exploiteurs attendent en vain la réaction qu'ils espèrent – celle de vous voir paralysé, à la merci de leurs manipulations. Mais si vous les laissez tirer vos ficelles ou si vous n'élevez que de faibles objections avant de vous soumettre finalement à leur emprise, vous les habituez à vous considérer comme leur souffre-douleur.

Une de mes clientes, Gayle, vint me voir un jour parce qu'elle en avait assez d'être inexorablement soumise à l'autorité de son mari. Elle se plaignait d'être la cible de tous les propos offensants et de toutes les tactiques de manipulation de son époux. Elle était mère de trois enfants ; aucun d'eux ne la traitait avec respect. Déprimée, désespérée, elle était vraiment arrivée au bout du rouleau.

Lorsqu'elle me raconta son passé, je compris qu'il s'agissait du cas typique d'un être qui, depuis l'enfance, s'était trouvé placé sous la coupe d'autrui. Ses parents avaient toujours pris toutes les décisions pour elle ; ils avaient exigé qu'elle leur rende compte de toutes ses actions. Son père était un être extrêmement autoritaire qui avait toujours surveillé ses moindres agissements, tout au long de ses années de formation et jusqu'à son mariage. Quand elle s'était mariée, il s'était trouvé « par hasard » que le caractère de son époux présentait bien des similitudes avec celui de son père ; le mariage la replaçait donc exactement dans la même situation. Une fois de plus, elle était prisonnière. On avait toujours décidé pour elle, elle était habituée à ne faire que ce qu'on lui disait de faire et à souffrir en silence quand personne ne voulait l'écouter.

Je fis remarquer à Gayle qu'elle avait, en fait, elle-même appris aux autres à la traiter ainsi, que ce n'était pas du tout « leur faute » et qu'elle avait donc tort de rejeter systématiquement sur eux la responsabilité de ses malheurs. Elle ne tarda pas à comprendre que, pendant toutes ces années, elle s'était fait souffrir inutilement en acceptant passivement toutes les humiliations qu'on lui avait infligées sans jamais chercher à se défendre. Elle se rendit compte que c'était en réalité en elle-même et non chez les autres qu'elle devait rechercher les causes de ses problèmes ; dès lors, nos conversations l'aidèrent à découvrir l'attitude qu'il lui fallait adopter pour se libérer de la tyrannie de son entourage. Je commençai par lui faire part de ma technique, inspirée du karaté, le « coup du tranchant de la main ».

LA TECHNIQUE DU « COUP DU TRANCHANT DE LA MAIN »

Souvenez-vous de la toute première fois que votre conjoint a abusé de vous, en haussant le ton, en se mettant en colère contre vous, en vous frappant... Son attitude vous bouleversa.

L'incident auquel vous songez a probablement eu lieu bien avant votre mariage, bien avant que vous ayez des enfants... Essayez de vous imaginer telle que vous étiez alors. L'attitude abusive de votre futur époux vous prend de court puisque c'est la première fois qu'il se conduit ainsi. Supposez qu'au lieu d'avoir été choquée, abasourdie, au lieu d'avoir eu peur ou de vous être mise à pleurer, vous ayez présenté votre main à votre partenaire en lui spécifiant qu'il s'agissait d'une arme redoutable et qu'après lui avoir décoché un solide coup du tranchant de la main dans l'estomac, vous lui ayez dit : « Je n'ai pas l'intention de me laisser humilier de la sorte. Je me considère comme une personne digne de respect, et je ne me laisserai jamais malmener ainsi, ni par toi ni par personne d'autre. La prochaine fois, je te conseille de bien réfléchir avant d'agir. C'est tout ce que j'ai à te dire. » Vous auriez ensuite continué la conversation comme si de rien n'était.

Ce récit peut paraître absurde, mais il illustre bien le problème. Si, dès le début, vous aviez réagi avec force et fermeté à un tel traitement, vous auriez une fois pour toutes fait comprendre à votre partenaire quelque chose de très important, à savoir que vous n'admettriez jamais de telles brusqueries.

Malheureusement, votre réaction a probablement été toute différente. Que vous ayez pleuré, que vous ayez paru blessée, insultée ou que vous ayez eu l'air effrayé, vous lui avez laissé voir, à vos risques et périls, que même si vous n'appréciiez pas la façon dont il vous traitait, vous étiez prête malgré tout à vous y soumettre, pire encore, à en supporter émotionnellement les conséquences.

À la fin de mon récit, Gayle s'exclama : « Jamais je n'aurais pu réagir comme vous le suggérez. » D'abord, elle essaya de défendre son point de vue : c'était son mari et ses enfants qui étaient responsables de sa condition de victime. Elle chercha à m'apitoyer sur son sort et voulut m'associer à son malheur. Je persistai à lui expliquer que le « coup du tranchant » ne devait pas systématiquement être accompagné d'un acte violent, physique ou autre, pour avoir un effet psychologique sur son partenaire et qu'il aurait suffi qu'elle quitte la pièce, qu'elle refuse de lui parler ou même qu'elle appelle la police pour prouver qu'elle ne se résignerait pas. Elle commença alors à y voir un peu plus clair. Elle reconnut bientôt qu'elle avait elle-même habitué presque tout son entourage à disposer d'elle ; et elle se décida finalement à changer d'attitude.

Gayle chercha d'abord à apprendre à son mari et à ses enfants qu'ils ne devaient plus présumer systématiquement de ses réactions. Elle mit du temps à les convaincre : les « exploiteurs » détestent abandonner leur pouvoir sans lutter. Parce qu'elle était résolue, elle gagna cependant la plupart des batailles. Quand les enfants lui manquaient de respect, elle réagissait en s'adressant à eux d'une voix forte et en les obligeant à faire ce qu'elle leur avait demandé : les tâches qu'elle leur attribuait, auxquelles jusqu'alors ils s'étaient dérobés et qu'elle était par conséquent toujours obligée d'exécuter elle-même. Pour les enfants, ce fut un choc. Jamais auparavant, ils n'avaient entendu leur mère leur parler sur ce ton. Certains jours, elle refusa même de leur servir de chauffeur et les laissa se débrouiller tout seuls. S'ils ne pouvaient ni marcher, ni aller à bicyclette, ni trouver quelqu'un d'autre pour les conduire, ils n'avaient qu'à rester à la maison.

Les enfants de Gayle comprirent vite que, dorénavant, Maman ne serait plus une « gentille petite victime ». Ce n'est pourtant ni en pleurant ni en hurlant qu'elle réussit à les convaincre, mais en adoptant de nouvelles attitudes et en se montrant ferme et résolue, même s'ils essayaient de faire naître en elle un sentiment de culpabilité.

Par ailleurs, Gayle adopta un nouveau comportement pour se libérer de l'emprise de son mari. L'une des tactiques favorites de celui-ci consistait à se mettre en colère et à lui faire des scènes tout particulièrement quand d'autres adultes ou les enfants pouvaient l'entendre. Dans ces moments-là, elle s'était toujours faite toute petite ; elle ne voulait pas provoquer de scène et elle demeurait ainsi face à lui, gênée, soumise, silencieuse. Elle se donna donc pour première tâche de tenir tête à son mari au cours de ces incidents, de parler aussi fort que lui puis de quitter la pièce. La première fois qu'elle tenta l'expérience, son mari et tous ceux qui étaient présents en furent interloqués. La petite Gayle, si douce d'habitude, « renvoyait la balle ». Personne ne pouvait y croire. Son mari réagit de façon classique en lui disant : « Que vont penser les enfants quand ils entendront leur mère s'exprimer ainsi ? »

Après quelques mois durant lesquels elle se força à réagir systématiquement de la sorte, Gayle fut tout heureuse de venir m'annoncer que sa famille avait finalement modifié son comportement vis-à-vis d'elle. Ils avaient tous essayé de l'empêcher de changer en la traitant d'égoïste, de sans-cœur, en lui disant : « Si tu nous aimais, tu serais plus gentille. » Mais Gayle avait veillé à ne pas tomber dans leurs pièges. Comme elle ne faisait plus attention à leurs tactiques, petit à petit celles-ci disparurent.

Gayle comprit ainsi que les autres la traitaient effectivement comme elle leur avait appris à le faire. Aujourd'hui, trois ans plus tard, il est rare qu'on lui manque de respect ou que l'on abuse d'elle.

VOUS DEVEZ PASSER AUX ACTES

« Nous ne devrions nous fier qu'aux actions ; les paroles d'autrui ne devraient jamais nous convaincre. » Ainsi parlait Fernando Rojas, écrivain espagnol, il y a presque cinq cents ans. Il serait tout à fait inutile d'essayer de faire comprendre aux autres que vous refusez d'être une victime en vous lançant dans des discussions compliquées à cet égard. Les débats prolongés font d'ailleurs très souvent partie de l'arsenal de ceux qui cherchent à vous manipuler : « Bon, d'accord, nous avons eu une petite discussion. Je te comprends maintenant et je tâcherai dorénavant de ne plus te traiter ainsi. » La fois suivante, quand le problème resurgit, toute la discussion a été oubliée et vous vous retrouvez exactement dans la même situation. Si vous avez une autre conversation à ce moment-là, au cours de laquelle vous décidez ensemble d'arranger les choses, vous serez plus encore piégé par les mots. Sachez que même si vous communiquez très bien avec les autres, tant que vous n'aurez pas appris à agir au lieu de parler on continuera à vous manipuler. Et vous aurez encore bien des discours à faire ! Il arrive très souvent que les gens racontent tout cela à leurs psychologues. Ceux-ci se voient alors dans l'obligation d'écouter des histoires interminables concernant tous ces horribles exploiteurs qui hantent l'existence de leurs clients. On en parle, on en reparle et rien n'est accompli.

La thérapie devrait nous inspirer de *nouveaux comportements* et décourager toutes ces discussions inutiles. Si vous vous contentez de parler de vos problèmes à quelqu'un et si cette personne, à son tour, se limite à vous montrer de la sympathie et à vous réconforter, vous serez en quelque sorte deux fois victime. Car d'une part vous serez à la merci des exploiteurs et de l'autre, soumis à la personne que vous payez pour vous plaindre.

Ce n'est que par des actes que vous vous ferez comprendre. Une action qui démontre bien votre détermination équivaut à des milliers de mots bien choisis. Observez les réactions des enfants vis-à-vis d'une « petite brute » : neuf enfants sur dix seront terrorisés par un enfant tyrannique qui les domine physiquement ; ils auront beau supplier, crier, se plaindre à un adulte, la petite brute continuera à les frapper. Un dixième enfant se présente alors, et bien qu'il soit plus petit que les autres, il se met à frapper la brute de toutes ses forces en lui rendant coup pour coup ; eh bien, soyez sûr que celle-ci ne l'oubliera pas. « Celui-ci se défend, pensera-t-il à l'avenir, et bien que je sois beaucoup plus grand et plus fort, je n'ai aucune envie qu'il me frappe à nouveau, ni d'être obligé de lui courir après et d'avoir l'air ridicule. La prochaine fois, je le laisserai tranquille et je choisirai quelqu'un qui encaisse les coups. »

Ce n'est que par votre comportement que vous apprendrez aux autres à ne pas vous brutaliser. En ne vous dérobant pas, en acceptant les risques, même si l'on vous rend parfois coup pour coup, vous montrez que vous n'avez aucune envie de vous laisser malmener et que vous ne plierez pas l'échine. Lorsque vous avez affaire à des individus qui cherchent à vous intimider, oubliez toutes les promesses et tous les propos trompeurs. Carlyle l'exprime ainsi : « Si vous cherchez à empêcher un homme d'agir, vous avez tout intérêt à le faire parler ; car plus les hommes parlent, plus ils ont tendance à ne rien faire d'autre. »

Chaque fois que vous essayez d'expliquer à quelqu'un la façon dont vous voudriez qu'il vous traite, demandez-vous si vos explications servent vraiment à quelque chose. Épuisez-vous votre énergie à parler à un vendeur qui n'est pas le moins du monde intéressé par ce que vous dites ? Les recommandations que vous faites à vos enfants rentrent-elles par une oreille pour sortir par l'autre ? Votre époux vous écoute-t-il calmement avant de recommencer à faire exactement ce dont vous venez de vous plaindre ? Voici trois exemples de situations dans lesquelles tous les beaux discours n'auraient servi à rien. Mais, en revanche, grâce à la mise en application directe d'un comportement approprié, des gens sont parvenus à se faire traiter comme ils l'entendaient.

Parents et enfants

Corinne a trois enfants. Très souvent, elle a l'impression d'être exploitée par eux. Elle passe pour ainsi dire toute sa vie à les raisonner mais aucun de ses propos ne semble les impressionner.

Pendant les vacances, Corinne et sa famille sont sur la plage. Son mari prend du bon temps ; quant à « Maman », elle a appris aux enfants qu'elle serait l'arbitre de chacune de leurs disputes ! Voici donc ce que l'on entend :

« Maman, Billy m'a lancé du sable.

— Billy, arrête d'ennuyer ta sœur. Immédiatement. »

Trois minutes plus tard :

« Maman, Billy m'éclabousse. Dis-lui qu'il arrête.

— Demande à ton père.

— Je lui ai déjà dit. Il a répondu que cela lui était égal, qu'il fallait que je te demande à toi. »

De tels dialogues peuvent durer éternellement. Chaque enfant « rapporte » à sa mère et attire ainsi son attention. Corinne réagit selon son habitude en grondant le fautif ou en protestant mais jamais elle ne fait preuve de suffisamment d'autorité pour qu'ils cessent leur manège.

Dans un supermarché, le plus jeune de ses enfants lui demande de lui acheter des chewing-gum. Corinne refuse. L'enfant se met alors à hurler jusqu'à ce que, n'y tenant plus, elle lui cède. Le message est le suivant : « Si vous voulez quelque chose, ne m'écoutez pas, faites une crise, et vous aurez tout ce que vous voulez. » Corinne passe un temps infini à parler à ses enfants, mais ils ne l'écoutent jamais car son comportement ne correspond en rien à ses propos.

C'est en adoptant une attitude différente et non par des palabres que Corinne convaincra ses enfants. Ses discours n'auront d'effet que dans la mesure où ils seront suivis d'actes. Quand les enfants lui demandent de leur servir d'arbitre, elle peut tout simplement disparaître. Oui, disparaître, partir, et les laisser régler leurs différends eux-mêmes. Elle peut aller s'enfermer dans la salle de bains ou aller faire une promenade (si les enfants ne sont pas trop jeunes pour être laissés seuls à la maison). Ou elle peut tout bonnement leur dire : « Cette fois, vous vous débrouillez tout seuls », et ignorer leurs plaintes.

Dans le magasin, elle aurait pu laisser le plus jeune de ses enfants faire sa crise de nerfs ; elle lui aurait ainsi montré qu'elle ne se laisse pas manipuler par la peur du qu'en-dira-t-on.

Laissés à eux-mêmes, les enfants savent résoudre leurs problèmes merveilleusement et il est rare qu'ils fassent alors appel à un arbitre quand ils se rendent compte qu'ils ne réussiront ni à attirer l'attention ni à tirer profit du règlement de leur dispute. En cessant d'intervenir sans arrêt pour arbitrer leurs différends, vous apprendrez à vos enfants à réfléchir, à compter sur eux-mêmes et à ne pas manipuler les autres. Si elle avait agi au lieu de parler pour essayer de se faire obéir par ses enfants, Corinne n'aurait pas eu autant à se plaindre de leurs attitudes.

Conflits conjugaux

Georges a des relations sexuelles très difficiles avec sa femme. Il lui en a parlé des milliers de fois, mais en vain. Elle persiste à ne pas se comporter comme il voudrait. Après les rapports, inévitablement, Georges se plaint ou explique à sa femme ce qu'il ressent, mais elle semble ne pas comprendre. Pour elle, il faudrait que tout soit fini aussi rapidement que possible. Georges, lui, voudrait qu'elle recherche le plaisir d'une façon plus agressive et qu'elle soit plus active au lieu de se contenter de se laisser faire. Mais elle n'a pas vraiment compris ce qu'il attend d'elle.

Sans même prononcer une parole, Georges peut apprendre à sa femme de nouvelles manières de se comporter. Il peut diriger ses gestes, ralentir toute l'expérience en freinant ses propres mouvements et démontrer lui-même certaines techniques au lieu d'essayer de les lui expliquer.

Si vous n'aimez pas le comportement sexuel de votre partenaire, il vous est bien sûr possible de lui faire part de votre insatisfaction, mais l'expression de votre frustration posera probablement plus de problèmes qu'elle n'en résoudra. Il serait plus ingénieux de vous appliquer à rechercher directement ce que vous voulez. Si vos rapports sexuels sont trop précipités, ralentissez-les en adoptant des comportements qui montrent que plus de temps vous serait à tous deux profitable. Si vous n'avez pas d'orgasme, aidez votre partenaire à comprendre ce qui peut vous satisfaire en guidant ses gestes plutôt qu'en lui en parlant indéfiniment.

Par ces propos, je ne vise pas à condamner la communication orale des couples mais à vous fournir une méthode qui vous permette d'être traité comme vous le désirez lorsque, malgré vos discours, vous n'êtes pas parvenu à vous faire comprendre.

La femme battue

Les maris qui battent leurs épouses sont beaucoup trop nombreux dans notre société. Tout psychologue, tout spécialiste des questions familiales, peut en témoigner. Or ces actes de violence physique seraient beaucoup moins fréquents si les femmes apprenaient à réagir par des actes plutôt que par des paroles à de tels abus.

Marie fut la cible des accès de violence de son mari pendant plus de trois ans. Elle souffrit d'ecchymoses, de contusions et même de quelques fractures. Après chaque incident, son mari se répandait en excuses. Chaque fois, il promettait de ne pas recommencer. Quant à Marie, après s'être plainte, après avoir pleuré et l'avoir supplié, elle se contentait d'espérer que les choses s'arrangeraient. Mais lorsque le tempérament vif de son mari reprenait le dessus, elle supportait les coups une fois de plus. Finalement, un jour qu'il lui avait administré un coup sur l'œil particulièrement sévère, elle fut convaincue que mieux valait ne pas rentrer à la maison pendant quelques jours. Elle n'appela pas pour lui faire savoir où elle était. Elle prit simplement une chambre dans un motel pour elle et ses deux enfants. Elle voulait ainsi prouver à son mari qu'elle ne tolérerait plus de sa part aucune violence physique et que si de tels incidents venaient à se reproduire, elle quitterait à jamais le foyer conjugal.

Pendant les trois jours où elle ne rentra pas, son mari fut fou d'inquiétude. Quand elle revint, il se plaignit beaucoup. Elle lui avait donné une bonne leçon. Dès lors, il comprit que s'il la frappait, elle disparaîtrait.

Il la battit cependant une fois encore. Cette fois, elle partit toute une semaine. Si cela devenait nécessaire, elle était prête à disparaître à jamais de sa vie, bien qu'elle ne jugeât pas utile d'avoir une longue conversation avec lui pour le lui expliquer ; elle le mentionna simplement en passant. Son mari comprit alors qu'elle était résolue et que, pour elle, il était désormais plus important de vivre libre que d'être mariée à un homme qui la battait régulièrement, même si elle l'aimait vraiment. Il « décida » donc qu'il devait coûte que coûte se maîtriser. En réagissant avec fermeté au comportement de son mari, Marie réussit à lui faire comprendre comment il devait la traiter. Depuis lors, il ne l'a plus jamais battue.

Ces circonstances tout à fait typiques que vous risquez vous-même de rencontrer dans votre vie montrent bien qu'il n'est pas nécessaire de faire des actions immorales ou d'aller à l'encontre de votre propre système de valeurs pour convaincre les autres. Elles prouvent aussi que les grands discours ne servent à rien. De fait, comme le dit Ibsen : « Un millier de mots n'auront jamais l'effet d'une seule action. » Si vous voulez indiquer clairement la manière dont vous désirez être traité, commencez par adopter une conduite appropriée : cessez de haranguer les gens quand cela ne sert à rien. Constituez-vous plutôt un arsenal d'attitudes efficaces. Agissez au lieu de parler.

QUE POUVEZ-VOUS ATTENDRE D'UN IVROGNE ?

Nos opinions « toutes faites » sur les comportements des autres sont le plus souvent totalement irréalistes, et lorsqu'ils nous déçoivent, nous voilà choqués, scandalisés, offensés, déconcertés. Nous voudrions toujours que les autres sachent ce qu'ils ne peuvent apprendre ou ce qu'il ne nous revient pas de leur apprendre.

La réaction de la plupart des gens en présence d'un ivrogne est un exemple classique de ce type d'auto-exploitation.

Vous êtes confronté à un ivrogne. Vous l'avez remarqué. Vous savez qu'il est en état d'ébriété et vous savez également à quoi vous attendre de la part d'un ivrogne. Si vous vous sentez contrarié parce que celui-ci agit en ivrogne, croyez-vous vraiment que vous avez une vue réaliste du monde et de la façon dont il fonctionne ? Qui est irrationnel ? L'ivrogne qui se comporte en ivrogne ou vous qui voudriez qu'il agisse comme s'il était sobre ? Si vous vous attendez à ce que les alcooliques soient agités, trop bavards, à ce que leurs gestes soient désordonnés, vous ne devez pas être surpris si l'ivrogne que vous avez en face de vous affiche un tel comportement et vous devez pouvoir agir en conséquence. Ignorez-le, éloignez-vous de lui ou adoptez une stratégie quelconque qui vous libère de son emprise. Vous éviterez ainsi de vous laisser manipuler par lui.

Voici quelques autres exemples pour illustrer ce type de mentalité :

« Ma femme est toujours silencieuse. Cela m'ennuie beaucoup qu'elle ne soit pas plus expansive. »

Qu'espérez-vous d'un être réservé ? Si votre conjoint est d'un naturel silencieux, il est absurde que vous soyez contrarié quand il se comporte comme vous pouvez le prévoir.

« Mon fils n'aime pas jouer au ballon. Je voudrais tellement qu'il soit plus sportif. »

Pourquoi voulez-vous que quelqu'un qui n'a aucun plaisir à lancer un ballon le fasse avec succès ? Qui est irrationnel ? L'enfant qui se comporte tout à fait comme on pouvait s'y attendre ou vous, qui voudriez qu'un enfant qui n'est pas sportif le soit ?

« Mon gendre est toujours en retard. Cela me met dans tous mes états quand il n'arrive pas à l'heure. »

De toute évidence, cette liste peut se prolonger à l'infini. Il importe de retenir ceci : que vous ayez commencé ou non à apprendre à ceux qui vous entourent à se débarrasser des habitudes qui vous contrarient, vous devez leur montrer que vous ne vous laisserez pas blesser ou paralyser par eux quand ils se comportent, en fait, exactement comme vous auriez pu le prévoir.

SOYEZ EFFICACE EN ÉTANT SÛR DE VOUS

Beaucoup considèrent qu'un comportement sûr de soi est automatiquement offensant. Or, ce n'est pas du tout le cas. Être sûr de soi signifie, en fait, défendre ses droits ou s'efforcer de secouer l'emprise des autres, ouvertement, avec courage et confiance.

Vous pouvez apprendre à exprimer votre désaccord sans pour cela être désagréable, et à vous défendre sans être hargneux. Même si vous avez appris aux autres à vous traiter comme vous l'entendez, il est très peu probable que vous échappiez totalement à la condition de victime, si vous ne faites pas preuve de confiance en vous.

Ceux qui atteignent leurs buts en tirant leurs propres ficelles n'ont pas peur de risquer d'exposer leurs points de vue et de défendre leurs droits quand ils sont menacés. Ils ont appris à combattre leur peur. Ils n'ont peut-être pas un courage extraordinaire mais ils sont fermes et ils refusent de reculer devant des exploiteurs en puissance. En revanche, moins vous êtes sûr de vous, plus vous vous exposez aux manipulations d'autrui.

Voici quelques exemples de comportements assurés « réussis ». Ces récits me furent relatés par des clients qui, au moment où ces incidents eurent lieu, passaient tous par une période de leur vie durant laquelle ils s'efforçaient de raffermir leur comportement.

Hélène emmène son fils de cinq ans avec elle à la banque. Tout à coup, celui-ci lui annonce qu'il a besoin d'aller aux toilettes. Elle s'approche alors du guichet et demande à l'employé : « Pourrais-je utiliser vos toilettes, s'il vous plaît ? Mon fils a un besoin pressant. » Elle s'entend répondre : « Je suis désolée, les lavabos sont réservés aux employés. » Que peut faire Hélène ? accepter cette réponse sans broncher et risquer que son petit garçon inonde son pantalon, sortir précipitamment de la banque à la recherche d'un café où elle pourra utiliser les toilettes ou choisir une autre solution de ce genre qui, inévitablement, fera d'elle et de son petit garçon des victimes ? Non, bien sûr, elle fonce tout droit en direction du directeur de l'agence et lui dit d'un ton assuré : « Mon fils a besoin d'aller aux toilettes de façon pressante et je voudrais avoir immédiatement accès à celles de votre agence ! L'employé du guichet ne m'y a pas autorisé et je tiens à vous dire que si vous refusez également, je me passerai désormais des services de votre banque. » Sur-le-champ, le directeur lui accorde la permission en s'excusant du manque de compréhension de l'employé. Conclusion : les autres vous traitent comme vous leur apprenez à vous traiter. Soyez sûr de vous et vous ne serez plus une victime.

Charlie avait besoin de monnaie pour le parcmètre. Il entra dans un magasin pour en demander. L'employé lui répondit d'un ton irascible : « Où vous croyez-vous, monsieur ? Pensez-vous que nous n'avons que cela à faire ? Nous faisons du commerce pour gagner de l'argent, pas pour faire de la monnaie ! » Charlie réagit immédiatement et, se plantant devant l'employé, il lui répondit : « On dirait que quelque chose vous tracasse aujourd'hui et le fait que je vous demande de me faire de la monnaie vous a énervé. Je vous serais néanmoins reconnaissant de faire une exception pour moi ; j'espère que ça ira mieux pour vous. » Charlie fut interloqué par la réaction de l'employé : non seulement il lui fit de la monnaie mais, en plus, il s'excusa : « Je suis vraiment désolé de vous avoir parlé sur ce ton ; j'ai des problèmes ces temps-ci. Je vous en prie, ne le prenez pas personnellement ! » Si Charlie, n'avait rien dit, il serait sorti contrarié et... sans sa monnaie. Il lui avait suffi de se montrer sûr de lui, pour que les choses tournent à son avantage et, comme il l'expliqua lui-même au cours d'une consultation, il fut éberlué par le talent qu'il venait de se découvrir.

Le mari de Patricia ramena un jour un chiot à la maison et lui annonça froidement que désormais « ils » avaient deux chiens. Il s'attendait bien sûr à ce qu'elle se charge de l'élever, de le nourrir, de le discipliner, à ce qu'elle s'accommode au fait qu'il fasse des dents sur le mobilier de cuisine, sur les meubles et sur les moulures. Car, par son attitude passée, Patricia avait habitué son mari à lui imposer toutes ses volontés, toutes les corvées et toutes les tâches de ce genre, sans rebuffade de sa part. Elle résolut pourtant, cette fois, de lui dire calmement qu'il était libre d'avoir un autre chien à la maison, mais qu'il était totalement responsable de l'animal puisqu'il ne lui avait pas demandé son avis avant de l'acheter. Elle refusa de le discipliner, de l'accepter dans la cuisine, de le sortir. Deux jours plus tard, son mari reporta le chiot au magasin. En se montrant inflexible, elle lui avait appris comment elle entendait être traitée.

Murray avait décidé d'arrêter de boire. Pendant nos consultations, il était apparu qu'il avait une tendance certaine à l'alcoolisme et il s'était promis de se restreindre. Ses amis, cependant, ne l'aidaient guère comme l'illustre ce dialogue qu'il eut avec l'un d'entre eux dans une discothèque.

« Murray, prends une bière.

— Je ne veux rien boire, merci.

— Allons, ne gâche pas cette soirée, bois donc quelque chose.

— Non merci.

Au barman : – Donnez-lui une bière.

— Non merci.

S'adressant une seconde fois au barman : – Donnez une bière à mon ami Murray. Juste une, Murray. Voilà, tu dois la boire : je l'ai payée et elle est pour toi !

— Tu peux acheter tout ce que tu veux. Je me refuse à boire quoi que ce soit. »

En refusant de se laisser aller à boire, Murray fit preuve d'une fermeté de caractère qui montra bien à ses amis comment il voulait désormais être traité, en dépit de toutes leurs tentatives pour faire de lui une victime.

Adèle s'était toujours chargée de préparer le repas du Thanksgiving Day[1] autour duquel se réunissait chaque année toute la famille et personne ne s'était jamais proposé pour l'aider. Elle n'y éprouvait aucun plaisir ; or, d'année en année, cette fête prenait de plus en plus d'importance. Elle y passait un temps

1. Cette fête est observée aux États-Unis le quatrième jeudi du mois de novembre, en commémoration de la première moisson des colons (jour d'actions de grâces).

fou et dépensait toute son énergie à préparer le menu, à nettoyer la maison de fond en comble, à faire des achats qui lui coûtaient plus que ses moyens ne le lui permettaient, à servir le repas, à tout ranger ensuite, tout cela sans que personne ne lui en soit le moins du monde reconnaissant. Pendant la période qui précédait cette fête, elle était toujours envahie par un sentiment de frustration. Après les congés, elle passait toujours une semaine dans un état de dépression totale en se jurant de ne plus jamais se laisser faire. Pourtant, après vingt-deux ans, elle continuait à préparer ce repas pour la simple raison que c'était ce qu'on attendait d'elle.

Une année, cependant, le 10 octobre, Adèle envoya une lettre à tous les membres du « clan » familial pour les informer d'une nouvelle coutume : dorénavant, le repas traditionnel aurait lieu dans un très bon restaurant de la ville. Chaque famille devait elle-même s'occuper de ses réservations. Après le repas, on irait au concert. Tout le monde trouva l'idée merveilleuse.

Ces trois dernières années, Adèle évita ainsi d'être déprimée comme elle l'avait toujours été jusqu'alors durant cette période de fêtes. Elle put enfin jouir de ces quelques jours de congé qui depuis si longtemps avaient été pour elle un moment difficile à passer. Adèle ne fut d'ailleurs pas la seule à préférer cette solution puisque tous ceux qui étaient concernés en furent ravis.

Irène et Harold étaient depuis quelque temps soumis aux manipulations d'une de leurs connaissances qui les avait en quelque sorte « adoptés » et qui en était venu à considérer leur maison comme un refuge. Sam était en effet arrivé un beau jour sans crier gare. Depuis lors, il avait passé des heures entières à leur expliquer pourquoi son mariage avait échoué et à leur relater toute une série d'histoires sordides qu'ils avaient pris l'habitude d'écouter sans sourciller.

Au début, Irène et Harold ne voulurent pas risquer de blesser la sensibilité de Sam en lui disant ouvertement ce qu'ils avaient sur le cœur. Ils préférèrent cacher leurs véritables sentiments et se laisser faire plutôt que d'offenser un invité ou de provoquer une scène. Mais au bout de deux mois, n'y tenant plus, Irène annonca à Sam qu'elle en avait assez de prêter l'oreille aux tristes détails de son existence et qu'il n'était désormais plus question qu'il vienne chez elle chaque fois qu'il éprouvait le besoin d'avoir un auditoire.

Sam cessa dès lors d'abuser de leur amitié. Désormais, il leur téléphona avant de venir pour savoir si cela leur convenait et ses visites se firent plus rares. En se montrant ferme et résolue, Irène lui avait fait comprendre comment elle entendait être traitée, alors qu'auparavant son comportement timide lui avait fait croire qu'il pouvait aisément abuser d'elle et de son mari.

Tony n'avait jamais su résister aux sollicitations des vendeurs. Il lui arrivait souvent d'acheter des choses dont il n'avait nul besoin pour ne pas blesser leur amour-propre. Il alla un jour acheter des chaussures. Le vendeur lui ayant montré une paire qui lui plaisait, il lui dit qu'il la prenait. Mais au moment où celui-ci la replaçait dans la boîte, Tony remarqua une petite éraflure sur l'une d'elles. Faisant un effort pour réprimer sa tendance habituelle à faire comme si de rien n'était, il dit au vendeur : « Ayez l'obligeance de m'apporter une autre paire. L'une de ces chaussures est un peu éraflée. »

À son grand étonnement, le vendeur lui répondit : « Oui monsieur, tout de suite. » Tony quitta le magasin avec une paire de chaussures en parfait état ; c'est ainsi qu'il comprit qu'en étant sûr de soi, on peut aisément échapper aux manipulations d'autrui, même dans la vie de tous les jours.

Cet incident marqua un véritable tournant dans son existence. Dans des situations très différentes, il entreprit dès lors de se comporter avec assurance. Les avantages qu'il en tira furent le plus souvent sans commune mesure avec celui que lui valut sa première hardiesse dans le magasin de chaussures. Son patron, sa femme, ses enfants, ses amis, tous parlèrent d'un nouveau Tony qui ne se contentait plus de plier l'échine. Aujourd'hui, il obtient plus souvent ce qu'il veut ; de plus, il a acquis le respect des autres et de lui-même.

VOS EXPLOITEURS HABITUELS

Voici une liste de ces « exploiteurs » que vous risquez très souvent de rencontrer et quelques indications quant à la façon dont il vous faut les aborder si vous voulez leur apprendre à changer d'attitude envers vous. Vous vous rappellerez sans aucun doute avoir été la victime de certains d'entre eux et si vous êtes honnête, vous vous reconnaîtrez peut-être en certains d'entre eux.

Les ivrognes et les drogués

Il est difficile de raisonner quelqu'un qui « plane » – et vous n'en avez peut-être aucune envie ! Il est de toute façon peu probable qu'il se souvienne longtemps de ce que vous lui dites. Sur le moment, cependant, montrez-lui qu'il n'obtiendra rien de vous en essayant de vous enjôler. Si vous ne réagissez pas lorsqu'il tente d'attirer votre attention, lorsqu'il vous débite des discours interminables ou qu'il s'accroche à vous, il ira en général ailleurs. Si vous faites le mort, il essayera de chercher un interlocuteur plus « vivant » que vous. Si malgré tout il ne s'éloigne pas, c'est à vous de partir.

Les raseurs

Lorsque vous continuez à écouter les propos égocentriques d'un raseur en hochant la tête alors qu'ils vous font mourir d'ennui, vous ne faites certes rien pour lutter contre un tel comportement que pourtant vous condamnez. Or, le plus souvent, les raseurs sont conscients de l'effet qu'ils ont sur vous ; ils se modéreront si, en leur faisant une remarque gentille, vous leur montrez que vous savez secouer le joug qu'ils vous imposent. Par exemple : « Ne te rends-tu pas compte que depuis un quart d'heure tu me parles sans arrêt, sans remarquer que ce que tu me racontes ne m'intéresse absolument pas ? » Mieux vaut prendre le risque de les offenser que de vous laisser rebattre les oreilles de la sorte.

Les pleurnicheurs et les rouspéteurs

À ceux qui abusent de vous en vous considérant comme une « immense oreille » dans laquelle ils peuvent déverser toutes leurs plaintes et toutes leurs lamentations, vous pouvez très bien faire comprendre que si vous refusez ce rôle de victime, il n'y aura plus personne pour les écouter. En leur montrant le caractère factice de l'emprise qu'ils croient avoir sur vous, vous pouvez beaucoup leur apprendre.

Les brutes

Ceux qui vous maltraitent parce que cela les amuse, ou pour toute autre raison, ne réagissent que très rarement aux allusions subtiles ; il faut donc généralement faire preuve de beaucoup d'assurance pour se faire respecter d'eux.

Les hôtes et les hôtesses qui vous culpabilisent

Quand vous êtes invité chez quelqu'un, il se peut que vous soyez en quelque sorte forcé de participer à des jeux ou à des activités qui vous ennuient, de manger des mets que vous n'aimez pas et qu'en tant qu'invité « poli » vous n'osez refuser. En utilisant des stratégies appropriées et « discrètement efficaces », vous pouvez rapidement faire comprendre à vos hôtes qu'ils doivent eux aussi faire un effort de politesse à votre égard.

Les ergoteurs

Le seul moyen d'échapper aux discussions qui vous ennuient est de ne pas vous y laisser entraîner. Les discutailleurs profitent toujours du fait qu'une fois lancés dans une conversation nous avons le plus souvent beaucoup de mal à garder notre calme. Ici, le secret est de rester émotionnellement détaché de façon à pouvoir appliquer les stratégies que nous avons mentionnées plus haut.

Les vantards et les affabulateurs

N'entrez pas dans leur jeu et ne vous mettez pas à raconter des histoires compliquées et ennuyeuses. En restant en dehors de la conversation, vous leur ferez comprendre ce qu'il faut absolument qu'ils sachent si vous voulez qu'ils vous laissent tranquille – à savoir que vous les considérez comme des raseurs.

Les sermonneurs

Certaines personnes se complaisent à vous expliquer que vous avez eu tort ou à vous donner à tout propos des leçons de moralité interminables, parce qu'elles sont convaincues que vous devriez penser, sentir et vous comporter comme elles. Elles continueront leurs manigances tant que vous ne leur aurez pas appris à cesser de vous traiter avec condescendance.

Ceux qui vous interrompent sans arrêt

À celui qui ne peut attendre que vous ayez fini de parler pour exprimer son point de vue, il faut apprendre à être patient. Si, au moment où il intervient, vous l'interrompez vous-même, vous lui donnez l'impression que vous partagez avec lui l'idée que l'on écoute toujours celui qui parle le plus fort et le plus longtemps. Mais si vous vous taisez tout à coup dès l'instant qu'il vous interrompt, vous le forcez à se rendre compte de son impudence et vous verrez que, le plus souvent, il s'excusera. Si, malgré tout, il ne comprend pas l'allusion, la fois suivante, il vous faudra peut-être lui dire : « Voilà dix fois que tu m'interromps ! Ne peux-tu garder en tête ce que tu veux me dire jusqu'à ce que j'aie fini de m'exprimer ? » À moins que cette personne aspire tout particulièrement à vous rudoyer (et dans ce cas-là vous savez ce qu'il vous reste à faire), il essayera généralement de se débarrasser de son habitude – même s'il a encore besoin de quelques rappels aimables de votre part.

Les provocateurs

Si vous êtes facilement choqué par un langage un peu rude, par certains détails sexuels un peu trop précis, par des plaisanteries douteuses ou des histoires d'horreur, sachez que les provocateurs tireront parti de votre vulnérabilité. Montrez-leur que cela ne vous fait aucun effet en refusant de vous laisser offusquer pour leur bon plaisir ; si cela s'avère nécessaire, dites-leur carrément que vous trouvez leur comportement puéril.

Les baratineurs et les escrocs

Lorsque vous vous rendez compte que quelqu'un ne s'intéresse à vous que pour vous soutirer de l'argent – même s'il prétend tout à fait le contraire –, la seule solution consiste à le repousser.

Les rancuniers

Ceux qui pour vous manipuler ou vous culpabiliser essayeront de vous reprocher vos actions passées n'y renonceront que si vous leur montrez que vous refusez de laisser leurs sentiments rancuniers influencer vos décisions. Essayez de le leur dire, mais si cela n'a aucun effet, ayez recours aux stratégies que vous utilisez d'habitude envers ceux qui refusent catégoriquement de vous comprendre.

Les « faiseurs d'histoires » et les rapporteurs

Si vous accordez moins d'importance à votre propre opinion qu'à celle des autres en ce qui concerne vos actions passées, il leur sera facile de vous faire du chantage. Il en sera de même s'ils vous voient complètement paniqué à l'idée de « ce qui pourrait arriver si... ». Bien des fois, un simple haussement d'épaules et un bref « Et alors ? » suffiront pour faire comprendre au « rapporteur » qu'il ne vous effraye pas. Souvenez-vous que ces gens-là ne peuvent tirer avantage des menaces de chantage qu'ils profèrent que si vous vous laissez intimider par elles. Les menaces elles-mêmes ne leur serviront à rien.

Les entêtés

Ceux qui persistent à essayer de vous faire agir comme ils l'entendent ne seront sans aucun doute que très rarement dissuadés par des discours. La seule façon de mettre fin à leurs exigences, à leurs sollicitations, à leurs implorations et à leurs flatteries, consiste à faire la sourde oreille et à refuser de vous laisser amadouer.

Les marchands de culpabilité

Les gens qui s'efforcent de faire naître en vous un sentiment de culpabilité pour vous manipuler plus facilement ne se déferont pas de leur habitude tant que vous ne leur aurez pas fait comprendre que vous ne vous laisserez pas faire. Essayez de leur expliquer pourquoi leurs manigances vous déplaisent si cela peut vous faire plaisir mais ne vous attendez pas à ce que cela suffise pour y mettre fin.

Les personnes d'humeur changeante

Si vous vous laissez aller à la mélancolie chaque fois que quelqu'un de votre entourage sombre dans le cafard, alors que vous étiez jusqu'alors d'excellente humeur, votre indépendance en pâtira (et votre joie de vivre aussi). Vous serez alors une fois de plus en plus une bonne petite victime. Restez de bonne humeur, expliquez à cette personne qu'à votre avis, il est inutile que vous ayez vous aussi des idées noires, que vous n'en avez d'ailleurs aucune envie et demandez-lui si elle croit vraiment qu'il est nécessaire que deux personnes au lieu d'une se laissent envahir par la tristesse : mais, en dernier ressort, soyez prêt à ignorer ces humeurs changeantes.

Les rapaces

La convoitise des autres est probablement ce qui provoque le plus souvent en vous un sentiment de culpabilité. Si l'un de vos proches est envieux et si vous placez votre loyauté envers lui au-dessus de vos principes et de votre indépendance, il vous dépouillera vraisemblablement de tout ce que vous possédez, et vous fera perdre votre temps, votre argent et votre liberté.

Ne pas céder à la convoitise des autres, qui est souvent un sentiment injuste et malhonnête, ne signifie pas que vous ne les aimez pas. Au contraire, en vous pliant à leurs exigences, vous ne leur rendez guère service. Le propre du rapace est de chercher à posséder ce qui ne lui appartient pas et cela bien sûr au détriment des autres. Or, ceux qui excellent dans l'art de s'approprier les biens d'autrui ne sont jamais des gens heureux. Lorsque vous avez affaire à des personnes que vous ne connaissez pas très bien ou auxquelles vous n'êtes pas particulièrement attaché, vous pouvez vous défendre simplement en utilisant une des stratégies qui leur feront comprendre qu'elles doivent vous laisser tranquille. Mais lorsqu'il s'agit de ceux qui vous sont proches, il vous faut avoir recours à *tous* les moyens dont vous disposez pour vous affranchir de leur emprise.

Les dix-sept catégories d'exploiteurs que nous venons de citer vous manipuleront sans merci à moins que vous ne sachiez les en dissuader. N'oubliez jamais que vous pouvez maîtriser vos propres réactions et combattre leurs habitudes beaucoup mieux, en tout cas, que vous ne le pensez.

QUELQUES EXEMPLES DE « VICTIMES CIBLES »

Nul n'est à l'abri des manipulations d'autrui. Riche ou pauvre, Blanc ou Noir, jeune ou vieux, chacun d'entre nous a ses propres combats à mener. Qui que vous soyez et sans que vous puissiez le prévoir, vous pouvez devenir une victime. Si vous n'êtes pas constamment sur la défensive, prêt à résister aux attaques ou capable de les prévenir, vous serez pris de court. De plus, un certain nombre d'entre nous doivent lutter encore plus que les autres contre ces agressions. Ils peuvent eux aussi se protéger en adoptant la philosophie et les stratégies que nous avons exposées tout au long de ce chapitre, mais leurs combats seront longs et plus difficiles et le risque d'échec plus grand. Quelquefois, lutter pour apprendre aux autres à ne pas vous exploiter semble si difficile que la victoire paraît tout juste en valoir la peine. Mais pour ceux qui ont persévéré et qui ont gagné, il n'a pas été question de compromis. Comme l'a dit J. Gardner : « Il n'y a pas de victoires faciles. »

Les grands hommes de l'humanité ont tous très bien senti que seule l'action permet de faire comprendre aux autres la façon dont on entend être traité. Éloignons-nous un instant de la vision très individualiste que nous avons eue jusqu'à présent dans ce livre, pour examiner le problème de l'exploitation dans un contexte social plus large. Comparons le concept de non-exploitation tel que nous l'avons exposé jusqu'ici avec l'attitude de quelques « grands hommes » qui luttèrent contre l'exploitation massive de groupes sociaux. Nous verrons que, de leur temps déjà, ils s'étaient fait les défenseurs d'une philosophie de non-exploitation.

Abraham Lincoln savait bien que l'esclavage ne serait pas aboli si l'on se contentait d'en parler. Il avait compris que c'était par des actions directes que l'on ferait admettre aux propriétaires d'esclaves que cette « institution » ne pouvait être tolérée plus longtemps.

Martin Luther King savait lui aussi que son rêve ne se réaliserait que si les gens agissaient, qu'il fallait « faire du bruit », marcher dans la rue, provoquer des réactions, faire passer des lois.

Tous deux se rendaient bien compte que si les droits civiques des minorités étaient violés, c'était parce que trop peu de gens s'insurgeaient contre cette injustice. Il fallait dire : « Arrêtez immédiatement. Nous refusons de tolérer l'esclavage dans *notre* société *un instant* de plus. » Des mots, toujours des mots, et puis finalement des actes pour apprendre aux autres comment vous entendez être traité.

Churchill avait compris qu'il était inutile de marchander avec les nazis comme Chamberlain, d'ailleurs, en avait fait la triste expérience ! Le monde entier aurait été conquis si certains ne s'étaient interposés, en risquant leur vie, en la perdant souvent, pour faire échec à cette vague d'oppression.

Jefferson et Franklin savaient que les colons américains avaient eux-mêmes appris aux Anglais à les traiter en « sujets » et que s'ils voulaient que cela change, les colons devaient cesser de parler et se mettre à agir pour conquérir l'indépendance.

De la même façon, aujourd'hui, les femmes américaines savent que c'est par des actes qu'elles doivent revendiquer leurs droits au lieu de faire des discours vides de sens et truffés d'expressions toutes faites. Si les femmes n'avaient pas montré, par leur attitude même, qu'elles acceptaient de se soumettre à la domination des hommes, elles n'auraient pas été opprimées aussi longtemps. Ce n'est que lorsqu'elles commencèrent à se rebeller – on s'en étonnera peut-être – que des mesures égalitaires furent prises. Les Indiens d'Amérique eux aussi avaient compris que les traités et les palabres n'avaient aucun sens ; on les écoute maintenant car ils n'acceptent plus d'être des victimes.

L'histoire sociale américaine est une source inépuisable d'exemples semblables. Aujourd'hui, en Amérique, l'action de Ralph Nader prouve bien que la lutte contre l'exploitation des masses continue. Avec l'aide de ses « commandos », il travaille à l'élimination des abus dont les consommateurs sont victimes. S'il parvient à les aider, c'est parce qu'il sait agir avec discernement et détermination, quand il le faut. Il a remporté un nombre de victoires considérable. Que l'on soit d'accord ou non avec le principe qu'il défend, on est obligé de reconnaître qu'il est parvenu à étendre son influence jusqu'aux grandes entreprises mondiales – y compris le gouvernement américain. C'est ainsi qu'ont opéré tous ceux qui ont participé à l'amélioration des structures sociales : par l'action. Ils savaient tous que l'on est traité comme on a appris aux autres à nous traiter.

Il n'est pas difficile de voir quels ont été les groupes sociaux les plus exploités ces dernières années. Les personnes âgées, qui ont pris leur retraite en laissant aux jeunes générations le soin de prendre la relève, ont plus à offrir au monde que toute autre catégorie de la population. Or, si elles ont été reléguées au rang de citoyens de deuxième classe, à peine tolérés par la société, c'est parce qu'elles ont elles-mêmes appris aux plus jeunes à les traiter ainsi. Tout individu ayant dépassé soixante-cinq ans et qui ne souhaite pas être rejeté, ou considéré comme un être inférieur, peut généralement éviter un tel traitement ; mais en tant que groupe, les personnes âgées se sont peu à peu laissé dépouiller de tout leur pouvoir, dans le monde occidental en tout cas.

En Amérique, les minorités religieuses ont toujours été soumises à de graves abus, que ce soient les juifs, les catholiques ou les membres de presque toutes les sectes protestantes. Les groupes qui, parmi ceux-ci, se sont obstinés à défendre le droit de pratiquer leur religion ont finalement obtenu le respect. Effectivement, cela leur a souvent coûté cher mais notre principe n'en demeure pas moins vrai : si vous vous laissez persécuter et si vous n'offrez aucune résistance, vous ne serez jamais en mesure de tirer vos propres ficelles.

De toute évidence, l'histoire des minorités raciales en Amérique n'a été qu'une longue succession de luttes. Les Noirs, les Asiatiques, les Portoricains, les Mexicains immigrés, tous durent s'insurger contre l'oppression et exiger la défense de leurs droits. Tous les leaders de ces minorités furent des risque-tout qui se donnèrent à fond pour défendre leur cause. Sans doute la discrimination raciale existe-t-elle encore de nos jours ; ce n'est pas par de longs discours que l'on y apportera une solution mais par des actes qui sont seuls capables de faire comprendre aux exploiteurs qu'ils doivent modérer leur attitude envers ces groupes minoritaires.

Dans les universités et les écoles américaines, où il existe un système de gestion par les étudiants, nombreux sont ceux qui apprirent par expérience qu'ils ne pouvaient compter sur ces conseils de gestion illusoires que l'administration de leur établissement leur proposait pour être leur porte-parole et qu'ils devaient exiger d'être consultés eux-mêmes sur les problèmes réellement importants. Dans tous ces combats menés par des groupes opprimés, c'est l'indépendance de l'homme qui est en jeu. Dans la Déclaration d'Indépendance, Thomas Jefferson fait référence au droit qu'a une nation paralysée par un gouvernement tyrannique de le modifier ou de l'abolir pour instituer un nouveau gouvernement.

Les analogies que l'on peut établir entre ce type d'exploitation et l'exploitation individuelle deviennent plus évidentes et parfois même pénibles lorsqu'on se réfère aux changements que l'on doit apporter aux conditions sociales si l'on veut mettre fin à l'asservissement d'un groupe par un autre – qui se trouve en position de force. Vous pouvez en tirer une leçon quant à la manière dont vous devez procéder pour vous libérer de l'emprise des exploiteurs. Quiconque essayerait de vous pousser à prendre une direction que vous ne choisiriez pas vous-même ne serait pas moins irresponsable ou immoral qu'un propriétaire d'esclaves, un ségrégationniste ou un dictateur. Pour être vous-même, vous devez être indépendant ; or, vous n'y parviendrez qu'une fois que vous aurez appris aux autres où se situe votre seuil de tolérance.

QUELQUES TACTIQUES SIMPLES

Voici quelques attitudes et comportements que vous pouvez adopter pour apprendre aux autres à vous traiter différemment, et pour éviter de vous faire exploiter.

Ne vous attendez pas automatiquement à ce que les autres abusent de vous. Reconnaissez que si, dans le passé, on vous a toujours traité durement, ce n'est pas toujours parce que les autres ont cherché à profiter de vous mais bien souvent parce que vous les avez vous-même habitués à le faire. Si vous acceptez votre part de responsabilité dans la façon dont les autres vous traitent, vous vous rendrez compte que c'est votre attitude, et non la leur, qui est la cause de tous vos malheurs. Pratiquement toute évolution du comportement de l'homme commence par un changement d'attitude.

Adoptez un code moral de non-victime que vous pourrez appliquer d'une manière discrètement efficace et sur lequel vous refuserez néanmoins de transiger. Par exemple :

1. Je refuse de laisser les ivrognes profiter de moi. Je ne leur parlerai pas plus de cinq minutes et je ne laisserai jamais aucun d'eux me raccompagner chez moi en voiture.

2. Je refuse de me justifier envers toute personne qui, de toute évidence, ne s'intéresse pas le moins du monde à ce que je lui raconte. Dès que je me rends compte que je m'adresse à un être indifférent, j'interromps immédiatement mes explications.

3. Je refuse de ranger les affaires des autres.

Ces règles de conduite sont très importantes. À moins que vos résolutions n'entraînent des changements pratiques dans la vie de ceux qui vous entourent – par exemple, si vous décidez qu'à l'avenir vous ne conduirez plus votre mari et tous ses amis au terrain de golf le dimanche et qu'il faut donc qu'ils trouvent un autre chauffeur –, elles n'ont pas à faire l'objet de discussions ; vous avez d'ailleurs tout intérêt à ce que cela ne soit pas le cas. Vous risqueriez de provoquer des disputes inutiles et vous finiriez par croire que ces discussions ont un effet qu'elles n'ont pas.

Dans la limite du possible, efforcez-vous de réagir par des actes et non par des paroles. Aux comportements abusifs, répondez de manière énergique. Essayez d'adopter de nouvelles attitudes qui impressionnent vos exploiteurs. Si le langage ordurier d'autrui vous gêne, répondez d'une manière encore plus grossière dans le simple but de choquer et de prouver que vous savez vous montrer sûr de vous. Si l'on vous insulte, partez. Si c'est nécessaire, vous pouvez toujours rentrer chez vous en taxi. Au début, il vous faudra avoir un comportement très ferme et très décidé pour que les autres comprennent bien que vous êtes résolu à ne pas les laisser abuser de vous.

Si l'un des membres de votre famille se dérobe systématiquement à ses responsabilités et si votre réaction consiste généralement à vous charger vous-même de sa tâche tout en rechignant, souvenez-vous que vous lui avez vous-même appris à agir ainsi. Changez de tactique. Si vous avez demandé à votre fils de vider la poubelle et qu'il ne l'a pas fait, rappelez-le-lui une fois. S'il ne réagit pas, accordez-lui malgré tout un délai pour le faire. S'il ne tient pas compte de ce délai, videz tranquillement la poubelle sur son lit. Cet acte plus que tous les discours que vous pourrez lui faire et qui ne serviront qu'à vous énerver lui montrera à qui il a affaire.

Éliminez de votre vocabulaire les mots qui expriment le mécontentement et l'apitoiement sur soi-même. Cessez de blâmer ceux qui vous entourent des durs traitements qu'ils vous infligent. Ne dites plus : « C'est de sa faute », « C'est elle qui est coupable », « Je n'y peux rien », « C'est à cause d'eux que j'en suis là », « Ils ne me respectent pas », etc. Au contraire, pensez : « C'est de ma faute car je n'ai rien fait pour l'empêcher », ou « C'est moi qui leur ai appris à me traiter ainsi ». Ces petites phrases vous rappellent que vous devez constamment faire des efforts pour vous libérer de votre condition de victime, plutôt que de la renforcer.

Cessez d'attendre passivement que les choses s'améliorent. Si vous vous contentez d'attendre que les gens ne vous maltraitent plus, vous y passerez toute votre vie. Dès maintenant, expliquez aux autres ce que vous attendez d'eux et ne vous contentez plus d'espérer que leur comportement envers vous s'améliorera avec le temps.

Promettez-vous de prendre des risques quand vous serez confronté à des exploiteurs en puissance. Trouvez le courage de rendre les coups que la « brute » vous administre, rien qu'une fois ; étudiez ensuite les résultats de votre action. Lorsque vous avez affaire à quelqu'un d'un peu trop sûr de lui, défendez-vous. N'ayez pas peur de dire clairement ce que vous pensez lorsque les décisions d'un groupe s'opposent à votre propre choix. Quand une situation vous semble irrémédiable ou si le jeu n'en vaut pas la chandelle, n'insistez pas. Forcez-vous à faire cela au moins une fois et vous verrez qu'il n'est pas très difficile d'acquérir de l'assurance. Une marche de mille kilomètres commence par un pas ; vous devez vous-même vous préparer à faire ce premier pas, en maîtrisant votre peur et votre inertie, ne serait-ce qu'une toute petite seconde.

Exercez-vous à vous exprimer avec assurance même si, dans certaines circonstances, cela vous semble un peu déplacé. Adressez-vous d'un ton ferme aux serveurs, aux vendeurs, aux inconnus, aux livreurs, aux employés de bureau, aux conducteurs de taxi, aux laitiers et *tutti quanti*. Dites-leur ce que vous attendez d'eux. Vous verrez que grâce à cette habitude vous serez mieux servi et mieux traité ; plus vous vous serez exercé, plus vous serez apte à vous montrer sûr de vous lorsque cela sera nécessaire.

Cessez de vous exprimer d'une manière qui permet aux autres, et parfois même les incite, à faire de vous une victime. Lorsque vous vous rabaissez en disant, par exemple : « Je ne suis pas très intelligent », ou « Je n'ai jamais su compter », « Je n'ai jamais rien compris aux questions juridiques », ou « Je n'ai aucune grâce », vous invitez les autres à profiter de vous. Si vous dites à un serveur que vous n'avez jamais su compter alors qu'il est en train de faire votre note, il sait qu'il peut « commettre une erreur de calcul » sans risquer que vous vous en aperceviez.

Refusez les corvées que vous détestez et qui ne font pas « nécessairement » partie de vos responsabilités. Si vous avez horreur de tondre le gazon ou de faire la lessive, cessez donc de le faire pendant quelques semaines et attendez de voir ce qui se passe. Si vous en avez les moyens, engagez quelqu'un pour le faire ou habituez petit à petit les membres de votre famille à s'occuper eux-mêmes de leurs affaires. Si, dans votre famille, vous avez toujours fait la lessive pour tout le monde – y compris les adultes qui sont parfaitement capables de s'en occuper eux-mêmes –, c'est que vous avez vous-même habitué les autres à vous traiter en esclave. La seule façon de vous sortir de l'engrenage est d'arrêter de le faire. S'ils veulent des sous-vêtements propres, qu'ils les lavent ! En les obligeant à se débrouiller, vous leur rendrez service en leur apprenant à compter sur eux-mêmes ; vous vous libérerez en même temps de ces tâches fastidieuses et serviles. De même, vous pouvez ainsi éviter d'avoir à aller chercher le café pour vos collègues de bureau, de dresser le compte rendu de telle réunion, etc. Si vous êtes celui que l'on charge constamment des tâches serviles, c'est généralement parce que vous l'avez toujours fait, sans jamais vous plaindre.

Ne vous laissez pas séduire par les tentatives que feront vos exploiteurs pour vous faire changer d'avis. Leurs réactions peuvent être extrêmes, dans un sens ou dans un autre. Quand ils verront que vous avez pris de l'assurance, ils se mettront peut-être en colère, peut-être se plaindront-ils ou essayeront-ils de vous amadouer en se montrant plus gentils et plus respectueux qu'à l'ordinaire. Considérez toutes ces réactions initiales comme temporaires et attendez de voir si elles persistent. Demeurez ferme et résolu, quelles que soient ces réactions, le plus souvent prévisibles. Les autres se rendront ainsi très vite compte que vous êtes sérieux et ils commenceront dès lors à vous traiter différemment, c'est-à-dire avec respect.

Ne revenez pas sur votre décision. Assumez résolument votre nouvelle confiance en vous. N'ayez pas de regrets même si les autres semblent parfois peinés, fâchés, s'ils vous supplient ou s'ils essayent de vous amadouer. Quand vous aurez changé, ceux que vous aviez jusqu'alors habitués à vous exploiter ne sauront pas très bien comment vous prendre. Soyez gentil mais ferme. Si vous le désirez, expliquez-leur pourquoi vous êtes devenu si hardi, à condition bien sûr qu'ils consentent à vous écouter. Mais si, dès l'abord, ils réagissent avec des « Oui, mais », ou s'ils se plaignent : « Ce n'est pas juste ! », ou « Tu ne t'es jamais comporté de la sorte auparavant, pourquoi agis-tu ainsi maintenant ? », ayez recours à des actes et à des attitudes qui leur montrent bien que vous êtes décidé à agir selon vos nouvelles convictions. Sachez distinguer entre des réactions qui seront l'expression véritable de leur contrariété et certains de leurs comportements qui s'y apparenteront tout en n'étant que de simples tactiques destinées à vous manipuler et à vous forcer à reprendre le rôle de la gentille petite victime que vous teniez jusque-là.

Faites comprendre aux autres que vous vous réservez le droit de prendre le temps qu'il vous faut pour faire les choses qui vous plaisent. Soyez inflexible quant à votre droit de faire des pauses que ce soit au bureau ou dans votre cuisine. Considérez ces moments de loisir comme primordiaux. Défendez scrupuleusement le droit de vous ménager des moments qui n'appartiennent qu'à vous et sur lesquels les autres ne devraient pas pouvoir empiéter. Si vous êtes constamment interrompu dans vos activités, essayez de vous défendre en ayant recours aux stratégies exposées plus haut pour lutter contre ceux qui vous coupent sans cesse la parole.

Refusez systématiquement de servir d'arbitre dans les différends qui opposent les autres, tout particulièrement quand il s'agit d'enfants. Montrez-leur que vous les estimez trop pour jouer ce rôle et pour prendre parti dans leurs conflits à moins que vous en ayez envie ou que votre intervention puisse avoir un effet bénéfique.

Notez bien la façon dont les autres utilisent le langage pour vous exploiter. Si vous êtes une mère sans cesse assiégée par ses enfants, notez le nombre de fois par jour où vous entendez : « Maman, Maman, que dois-je faire ? », ou « Fais-le pour moi, Maman ! », ou « Ce n'est pas grave, Maman le fera. » Quand vous aurez pris conscience du nombre de fois où les autres utilisent le langage pour renforcer votre condition de victime, vous verrez que vous avez tout intérêt à adopter une attitude nouvelle et à vous montrer plus ferme pour vous défendre. Pour vous aider à mieux comprendre la situation, pourquoi ne pas tenir un journal ou une sorte de registre ?

Apprenez à ne pas vous mettre en colère contre ceux qui jusqu'à présent vous mettaient hors de vous parce que vous les aviez en quelque sorte vous-même habitués à le faire. Même si vous vous étiez toujours laissé emporter par la colère et même si vous finissiez toujours par dire ou faire des choses que vous regrettiez plus tard, reprenez-vous en main. Les enfants excellent dans l'art d'exaspérer leurs parents au risque de se faire enfermer dans leurs chambres ou de se faire donner des fessées. C'est ainsi qu'ils se rendent en quelque sorte maîtres de la situation. Si vous vous montrez ferme au lieu de vous fâcher c'est vous qui aurez le dessus ; ce n'est qu'ainsi que vous éviterez d'être immobilisé par eux et que vous réussirez à vous faire obéir. En étant irascible, vous ne parviendrez jamais à vous libérer de votre condition de victime.

Trouvez un « allié » à qui vous pouvez parler de vos nouvelles convictions. Liez-vous d'amitié avec un être à qui vous pouvez vous confier et vous entretenir de vos victoires et de vos échecs. Soyez franc avec lui. Partager vos impressions avec un auditeur attentif et compréhensif vous donnera du courage. Il pourra même vous soutenir s'il est avec vous au moment où vous êtes confronté avec l'un de vos exploiteurs.

Utilisez toutes les stratégies qui vous semblent bonnes pour apprendre aux autres à ne pas vous traiter durement. Même si, dans certains cas, des tactiques ne vous paraissent pas appropriées, notez-les tout de même. En les notant en détail, vous verrez plus clairement que toute une série de possibilités s'offrent à vous et que vous pouvez par conséquent vous débarrasser de cette attitude rigide que vous aviez jusqu'alors.

Sachez dire non ! C'est un des mots les plus convaincants qui soient. Oubliez les « peut-être », les hésitations et les tergiversations qui permettent aux autres de prétendre qu'ils ne comprennent pas ce que vous leur dites. Vous verrez que, dans votre for intérieur, vous avez peur de ce mot si simple. Les gens respectent un « non » ferme beaucoup plus que les tergiversations et les faux-fuyants qui cachent vos sentiments véritables ; de plus, vous vous respecterez davantage si vous utilisez ce mot chaque fois que c'est nécessaire. Placez-vous devant le miroir et exercez-vous : non, non, non. Vous en avez le pouvoir si seulement vous acceptez d'en prendre le risque. Allez-y, faites-le.

Quand vous rencontrez des pleurnicheurs, des discutailleurs, des vantards, des affabulateurs, des raseurs, ou toute autre espèce d'exploiteurs, pourquoi ne pas leur expliquer clairement et ouvertement ce que vous pensez de leur comportement, en leur disant calmement : « Vous l'avez déjà dit », « Vous vous plaignez sans arrêt de choses qui ne changeront jamais », « Vous passez beaucoup de temps à vous vanter ». Même si, à première vue, ces tactiques vous semblent cruelles, ce sont d'excellents moyens pour convaincre les gens que vous n'allez pas toujours vous laisser exploiter par eux. Plus vous serez calme, plus vos remarques seront franches et sans détour, et moins l'on profitera de vous.

Les autres vous traitent comme vous leur apprenez à le faire. Si ce principe devient une de vos règles de vie, vous serez sur la bonne voie, celle de l'ind pendance. Sans doute, certaines personnes sont difficiles à convaincre que d'autres ; quoi qu'il en soit, ne transigez pas sur ce qui vous tient à cœur – car céder reviendrait à abandonner vos ficelles à tous ceux qui attendent que vous lâchiez prise pour s'en emparer.

CHAPITRE 7

VOUS, AVANT TOUT

Si vous n'êtes que ce que vous faites,
vous n'êtes plus dès que vous ne le faites plus.

TEST EN DOUZE QUESTIONS

Voici douze questions concernant votre attitude vis-à-vis des institutions et des biens matériels. Ce petit test vous montrera comment les institutions – ainsi que les attitudes que l'on adopte à leur égard – peuvent être une source d'exploitation, pour qui veut bien se laisser faire.

Oui	Non	
......	......	1. Placez-vous vos responsabilités professionnelles au-dessus de vos responsabilités personnelles ou familiales ?
......	......	2. Avez-vous du mal à vous détendre et à chasser de votre esprit les soucis professionnels ?

......	......	3. Tout votre temps est-il accaparé par le besoin de gagner de l'argent et d'acquérir des biens matériels ?
......	......	4. Tous vos efforts visent-ils à vous garantir une confortable retraite ?
......	......	5. L'acquisition de biens matériels et la recherche du prestige social ont-elles plus de prix à vos yeux que les contacts humains ?
......	......	6. Les démêlés avec l'Administration et la mauvaise volonté des fonctionnaires vous semblent-ils impossibles à surmonter ?
......	......	7. Trouvez-vous impardonnable de ne pas réussir ce que vous entreprenez, ou pensez-vous que vous devez toujours faire de votre mieux ?
......	......	8. Placez-vous l'équipe ou l'entreprise au-dessus de l'individu ?
......	......	9. Vous arrive-t-il d'être contrarié d'avoir à participer à toutes sortes de comités et autres activités sans intérêt qui font partie de votre vie professionnelle ?

......	......	10. Vous sentez-vous toujours coupable lorsque vous prenez des jours de congé ?
......	......	11. Avez-vous l'habitude de parler trop vite et vos gestes sont-ils précipités ?
......	......	12. Supportez-vous difficilement que les gens ne fassent pas les choses comme vous pensez qu'ils devraient les faire ?

Une seule réponse positive vous classe parmi les victimes qui placent la loyauté envers une institution au-dessus de celle qu'elles se doivent à elles-mêmes, ainsi que de leur propre accomplissement. Une fois encore, votre importance en tant qu'être humain qui vit et respire doit être soulignée. Aucune cause au monde ne vaut la peine que l'on y sacrifie son bonheur. Le principe de loyauté envers les institutions et les biens matériels est oppressif et vous devez le combattre jusqu'à le bannir complètement de votre vie.

La liberté, comme nous l'avons déjà démontré dans le premier chapitre, ne signifie pas simplement que l'on s'est soustrait à la domination des autres mais aussi à celle des biens matériels, du travail, de l'entreprise et, en général, de toutes les institutions conçues par l'homme. Certaines personnes défendent farouchement leur liberté individuelle dans leurs relations avec les membres de leur famille ou leurs amis. Elles veulent être respectées en tant qu'individus et refusent qu'on leur dicte leur ligne de conduite. Bravo ! Mais, comme par ironie, ce sont ceux-là mêmes qui se rendent le plus esclaves de leur travail et sont le plus asservis à l'entreprise qui les emploie. Se trouvant souvent incapables de régler leur emploi du temps, ils n'ont en définitive presque aucun pouvoir de décision sur la façon dont leur vie quotidienne est organisée. Ils sont rarement en paix avec eux-mêmes. Leur esprit est constamment en effervescence et, une fois sortis de leur travail, vidés de toute énergie, ils ne sont plus bons à rien. Et pourtant, ce sont ces gens-là qui déclarent s'être libérés de toute aliénation.

Après avoir lu ce chapitre, examinez-vous sans complaisance : si vous êtes l'esclave d'une quelconque institution, d'un métier, d'une organisation, d'un passe-temps, d'une école, des études, etc., et que vous ne trouvez pas de temps pour vous consacrer à vous-même, si vous placez vos obligations au-dessus de votre bonheur, dites-vous alors que c'est par votre faute que vous êtes devenu, consciemment ou non, la victime des institutions qui dominent votre vie.

LA LOYAUTÉ MAL PLACÉE

Loyauté ne veut pas dire esclavage. Vous pouvez être fidèle à une organisation et vous y consacrer avec honnêteté et intégrité, sans pour cela en devenir le serviteur. La seule et unique personne envers qui vous devez faire preuve d'une loyauté inébranlable est vous-même. Vous n'avez qu'une vie, et la laisser diriger par un travail ou toute autre activité est complètement absurde étant donné les nombreuses possibilités qui s'offrent à vous. La loyauté est mal placée dès qu'il est accordé plus d'importance au profit qu'à l'homme et que l'âme humaine est sacrifiée au nom d'une sacro-sainte « Société Machin, et Cie ».

C'est à vous de choisir où placer votre loyauté. Vous pouvez, par exemple, décider que votre propre bonheur et le devoir de soutenir et d'aimer ceux qui vous sont chers sont les seules choses qui comptent pour vous, et, sans devoir vous justifier de ce choix, vous appliquer dorénavant à être loyal envers vous-même. Vous verrez probablement qu'en adoptant une telle attitude vous serez encore plus efficace dans votre travail, et d'une compagnie beaucoup plus agréable pour votre entourage.

Tout directeur incapable d'abandonner son bureau n'est vraisemblablement pas à sa place derrière ce bureau. Vous êtes en quelque sorte le directeur de votre vie et rien ne vous empêche d'organiser votre emploi du temps de manière à vous permettre de vous acquitter de vos obligations professionnelles, sans négliger pour autant votre bonheur, votre santé et, ce qui est plus important encore, votre plein épanouissement.

La loyauté mal placée peut être littéralement mortelle, et, après avoir fait de votre vie sur cette planète un tissu d'angoisses, de tension et d'inquiétude, elle vous jettera dans la tombe bien avant votre heure. Vous passerez votre vie à remettre à plus tard ce qui est réellement important pour vous au profit d'un travail qu'il aurait fallu achever la veille, et à justifier tous ces tiraillements, ces énervements, et ces incessantes tribulations au nom du devoir. En définitive, vous aurez passé votre vie entière au service de votre meurtrier et vous l'aurez défendu avec autant de conviction que tous ces insensés qui, bien avant vous, ont proclamé que la gloire de la « Société Machin et Cie » passait avant les hommes qui la servaient.

Eh bien, allez-y, croyez à ces absurdités si vous ne pouvez faire autrement, mais rendez-vous bien compte que vous devenez une victime à partir du moment où vous accordez une loyauté excessive à votre travail, au profit, ou à votre devoir. Rudyard Kipling a écrit un jour : « Plus d'hommes se tuent au travail que l'importance du monde ne le justifie. »

En effet, les institutions devraient être créées pour servir l'homme et non l'inverse. Car enfin, les entreprises n'ont aucune existence dans le monde réel, celui des hommes. Videz General Motors de son personnel et de ses ouvriers, que reste-t-il ? Un tas de machines vouées à la rouille, des fichiers bourrés de rapports, du matériel inutile. Ce sont donc les hommes qui font tourner les entreprises et, puisque vous êtes l'un d'eux, vos efforts au sein des institutions devraient tendre à améliorer la vie des êtres – et plus particulièrement la vôtre et celle de ceux qui vous sont chers.

CONCURRENCE OU COOPÉRATION ?

Les gens qui sont asservis aux institutions sont bien souvent des défenseurs acharnés de la « concurrence à tout prix ». On leur a appris à exalter le sacro-saint « esprit de concurrence » et ils essayent d'imposer leur névrose à tous ceux qu'ils rencontrent.

Examinez de plus près le phénomène de la concurrence et demandez-vous si vous n'êtes pas la victime de ce que vous défendez avec tant d'insistance.

Les entreprises vivent de la concurrence. Leur mot d'ordre est « faire mieux que le voisin », et elles s'emploient donc fermement à convertir tous ceux qui la servent à cet esprit de compétition. Elles ont même recours à des moyens spécifiques afin d'insuffler ce principe à leurs employés les plus dévoués. Des systèmes de récompense sont mis en place afin d'inciter les employés à se tuer à la tâche pour surpasser leurs collègues en vue de promotions ou d'avancement. On leur apprend à toujours avoir l'œil sur « le gars d'à côté qui essaye de les griller ».

Diriger une entreprise dans notre société capitaliste exige avant tout un esprit de concurrence. Eh bien oui, nous vivons dans un monde de compétition. Mais en tant qu'individu, vous pouvez vous montrer compétitif à l'intérieur de ce système, sans pour cela vous nuire en poussant cet état d'esprit à l'extrême, et, ce qui est encore plus grave, en lui permettant de régir votre vie personnelle. Si vous vous laissez emporter par cet esprit de compétition, vous serez amené à faire pression sur les membres de votre famille pour qu'ils adoptent la même attitude que vous, et se posent en rivaux à tous ceux qu'ils rencontrent. Essayez de vous rendre compte de ce qu'a représenté en dépense humaine cette concurrence forcenée qui a engendré les tours modernes, les autoroutes et les techniques électroniques les plus sophistiquées.

Les hommes d'affaires et les personnes occupant des postes élevés vivent en état de tension et d'angoisse permanent. Aux niveaux les plus élevés et les plus puissants du grand monde des affaires, infarctus, ulcères et hypertension sont considérés comme des maladies normales. Ces hommes n'ont que très peu de temps à consacrer à leur famille et deviennent « tout naturellement » de grands consommateurs d'alcool, de tabac, de médicaments et de somnifères, et ne trouvent même plus le temps d'aimer et de faire l'amour.

Ce court extrait de *The Gospel According to the Harvard Business School*, de Peter Cohen, illustre bien à quel point l'esprit de compétition est répandu dans les écoles et les universités :

« 8 avril : La scène était par trop familière. D'abord la police, puis le doyen et, ensuite, quelques heures plus tard, pendant le dîner, l'arrivée du petit fourgon noir. Deux hommes en sortirent avec un chariot à deux roues qu'ils poussèrent jusqu'à l'une des ailes du dortoir. Lorsqu'ils sortirent, il y avait, sanglé au chariot, cette chose... Voilà comment James Hinmans acheva sa première année à l'école Harvard – mort empoisonné. C'est maintenant le troisième gars qui part de cette manière. Dieu sait combien de fois on vous a répété que la compétition était la méthode américaine et la seule, qu'on vous l'a prêché du haut d'une chaire ou d'une estrade, et que vous avez presque fini par y croire. Et voilà qu'un petit chariot emporte sous vos yeux le corps d'un camarade qui était fait pour rire, aimer et réussir brillamment. Tout à coup, vous vous rendez compte qu'il y a quelque chose qui ne tourne pas rond, que c'est payer bien cher une émulation et vous commencez à vous demander si l'on ne peut vraiment pas faire autrement. Car, enfin, la concurrence n'est rien d'autre qu'un comportement fondé sur le besoin de l'individu d'être plus rapide, plus malin, plus riche que le voisin. On semble oublier que, malgré ses avantages indéniables, la concurrence conduit au gaspillage le plus effréné. En effet, chaque fois qu'il y a un gagnant ou un premier, c'est aux dépens de cent, mille, voire cent mille perdants. Voilà ce que la société américaine est devenue : une société qui prône la compétition et pour qui la coopération est un vain mot. Une société qui refuse d'admettre que la "surpression", loin de stimuler les gens, les tue. »

Je crois que ce passage est très significatif. En faisant de l'esprit de compétition votre profession de foi, vous vous exploiterez vous-même, ainsi que votre famille. Les établissements scolaires qui exigent de tous leurs étudiants les meilleures performances, forçant quelquefois ceux-ci à faire une concurrence déloyale à leurs camarades, peuvent effectivement produire quelques cracks – mais désirez-vous vraiment devenir un de ces esprits brillants constamment surmenés et sous pression ? À quoi cela vous avance-t-il si les autres vous considèrent comme le meilleur ? Si vous avez besoin de la considération d'autrui pour soutenir votre moi, cela signifie que les applaudissements des autres sont devenus plus importants que votre satisfaction intérieure, et c'est la preuve la plus flagrante de votre manque de confiance en vous et du peu d'estime que vous avez pour vous-même. Pire encore, si votre valeur en tant qu'être humain est liée au fait que vous réussissez ce que vous entreprenez, que vous êtes toujours le meilleur, que vous surpassez tous les autres, comment ferez-vous le jour où les ovations cesseront, et où vous ne serez plus le premier ? Eh bien, vous vous effondrerez, car plus rien ne vous apportera de preuve de votre valeur.

La concurrence est l'une des principales causes de suicide aux États-Unis. La plupart de ses victimes sont des êtres qui ne mesuraient leur valeur qu'en fonction des victoires qu'ils remportaient sur le voisin. Lorsqu'ils « échouaient », ils perdaient tout sens de cette valeur et leur vie, devenue misérable à leurs yeux, ne valait plus la peine d'être vécue.

Le taux de suicides parmi les enfants âgés de huit à douze ans a augmenté de 400 % depuis 1967. Imaginez un peu ! De jeunes enfants se tuent parce qu'ils trouvent que leur vie ne vaut pas la peine d'être vécue, étant persuadés pour la plupart qu'il faut faire mieux que le voisin pour avoir de la valeur. Vouloir faire partie de l'équipe sportive la plus forte, obtenir les plus hautes récompenses, satisfaire les exigences de ses parents et plaire à tout le monde, ne sont certainement pas des raisons pour lesquelles une personne saine mettrait sa vie en danger et encore moins l'interromprait.

Tous les êtres humains sont dignes de vivre et peuvent être heureux et épanouis sans devoir constamment se comparer aux autres pour juger de leur valeur personnelle. En effet, les gens équilibrés ne cherchent pas à faire mieux que les autres, ils ne font pas appel aux autres pour définir leurs objectifs et savent que la concurrence n'aura pour effet que de disperser leurs efforts, et les empêcher d'accomplir ce qu'ils ont véritablement à cœur.

Souvenez-vous que la compétition implique la présence d'un tiers, et que dès que vous vous en remettez à des critères extérieurs pour juger de votre propre valeur, vous n'êtes plus maître de votre vie. Fiez-vous à votre jugement personnel au lieu de vouloir vous mesurer à votre voisin.

LES CONSÉQUENCES DE LA CONCURRENCE FORCENÉE

S'il est vrai que la concurrence stimule l'esprit novateur, et que l'amélioration de la qualité de la vie est une ambition fort louable, le revers de la médaille existe néanmoins. La coopération est un moyen beaucoup plus efficace pour rehausser le niveau de votre vie ainsi que celui des autres, car dès l'instant où les gens se mettent ensemble pour s'entraider, cela profite à chacun d'entre eux.

Dans les écoles où les élèves se battent pour obtenir les quelques mentions que des enseignants sans discernement distribuent avec parcimonie, le résultat final est généralement négatif. Ces élèves deviennent paranoïaques, apprennent à tricher, à mentir et ne reculent devant rien pour décrocher « la récompense » ! En revanche, les classes où règne la coopération produisent des êtres équilibrés qui désirent partager leur joie avec les autres et non la garder pour eux-mêmes.

Il y a plus de douze millions d'alcooliques aux États-Unis. Plus de cent millions d'ordonnances sont délivrées chaque année, prescrivant des tranquillisants, des antidépresseurs, auxquelles s'ajoutent environ vingt-cinq millions de prescriptions pour des amphétamines destinées à faire maigrir. Et je ne parle pas des médicaments contre l'insomnie, la somnolence, la tension, les maux de tête, les crampes et le reste, vendus sans ordonnance et consommés en quantités astronomiques. Nous sommes tous devenus des « avaleurs » de cachets et des obsédés de la psychologie. L'insomnie, l'impuissance et les dépressions nerveuses ont pris des proportions gigantesques et les gens qui ont recours à la psychothérapie n'ont jamais été aussi nombreux. Les jeunes enfants sont trimbalés d'assistantes sociales en psychiatres sans compter les conseillers psychologiques. L'alcoolisme chez les jeunes est un problème grave et les cas de suicide chez les moins de vingt et un ans ne sont que trop nombreux.

Ces faits sont les conséquences directes d'une société qui incite à la concurrence et décourage la coopération.

Alvin Toffler, qui a analysé ce phénomène dans son livre *Future Shock*, prédit les plus épouvantables catastrophes si nous ne faisons pas notre examen de conscience et ne prenons pas dès maintenant des mesures. Mais rien ne vous oblige à vous rendre victime de cet esprit de concurrence acharnée si vous en décidez autrement. Vous pouvez toujours agir avec efficacité dans n'importe quelle situation de surpression, et refuser de vous laisser perturber par elle. Il est également en votre pouvoir de faire disparaître les tensions qui régissent votre vie. Mais si vous projetez de vous libérer de ce conditionnement abusif, vous devrez, comme pour les autres problèmes dont nous avons déjà parlé dans les chapitres précédents, une fois vos habitudes de victimes déjouées, prendre des risques et travailler à améliorer votre comportement.

UN HOMME D'AFFAIRES TROP COMPÉTITIF

Alex, âgé d'une quarantaine d'années, vint me consulter après avoir eu un léger infarctus et deux ulcères perforés. C'était le type même de l'homme d'affaires parvenu au sommet de la réussite, au détriment de sa santé morale et physique ainsi que de sa vie affective. Sa femme avait demandé le divorce car elle refusait d'être mariée à un fantôme et, malgré la menace permanente qui pesait sur sa santé, il continuait à travailler au-delà des limites de sa résistance. Il était devenu un « alcoolique mondain » et entretenait dans le même temps deux ou trois liaisons toutes aussi fumeuses les unes que les autres avec des femmes plus jeunes que lui.

Alex était un bûcheur qui avait recherché avec acharnement les palmes académiques au cours de ses études. Il était aujourd'hui l'un des plus jeunes présidents d'une grosse entreprise. Pourtant, quand on parlait un peu longuement avec lui, on s'apercevait très vite que c'était en réalité un perdant. L'esprit de compétition, qui avait régi toute son éducation, l'avait conduit au bord du suicide – que celui-ci soit commis directement au moyen d'une arme ou de médicaments, ou bien qu'il soit le résultat du rythme quasi suicidaire de sa vie.

Le ton de nos entrevues était à la fois ferme et direct. Je fis comprendre à Alex qu'il était en train de se tuer parce qu'il avait placé la réussite dans les affaires au-dessus de toute autre chose, y compris sa propre vie. Il était passé systématiquement à côté de tout ce qui, disait-il, avait de l'importance pour lui. Il avait du bagout, mais tout homme d'entreprise qu'il était il se refusait (ou peut-être en avait-il peur) à prendre en main sa propre vie et à se consacrer à son bonheur personnel. Il disait vouloir aimer mais ne faisait pas attention à ceux qui l'aimaient. Il disait vouloir la paix de l'esprit mais gaspillait sa vie dans des activités désordonnées. Il disait vouloir être un bon père mais ne passait jamais plus de quelques minutes par jour avec ses enfants. Il disait rechercher la santé et la sécurité mais malgré son infarctus et ses deux ulcères, il avait tout fait pour faire grimper anormalement sa tension. En fait, tout ce qu'il disait était en totale contradiction avec son comportement.

Je commençai par l'encourager à se fixer des objectifs jour après jour, plutôt que de se mettre dans l'immédiat à faire des plans à long terme quant à la façon dont il réorganiserait sa vie. Il quitterait son bureau à une certaine heure de la journée quelle que soit l'importance des réunions en cours. Il ne tarderait pas ainsi à se rendre compte que sa présence à toutes les réunions n'était pas indispensable. Il s'engagerait également à passer un après-midi par semaine avec ses enfants et à considérer cet engagement comme un contrat irrévocable.

Assez rapidement, Alex adopta une conduite plus posée, débarrassée de tout souci de compétition. Il apprit à se détendre, à ne plus exiger de lui des efforts surhumains et enfin à ne plus tourmenter les membres de sa famille pour qu'ils soient tels qu'il le souhaitait. Il fit une tentative de réconciliation auprès de sa femme et ils vinrent ensemble me consulter. C'est en s'efforçant de modifier son mode de pensée et son comportement qu'Alex apprit petit à petit à se détendre, à ralentir son rythme de vie, à refuser de se laisser dévorer par son travail, et enfin à réaliser les objectifs qu'il déclarait être importants pour lui.

Près de deux ans plus tard, longtemps après avoir cessé les séances de consultation, Alex laissa tomber définitivement son travail et, fuyant la vie trépidante de New York, alla avec sa famille faire de l'élevage dans le Montana. Il n'hésita pas à prendre le risque d'abandonner des revenus considérables pour un gain infiniment plus précieux : un style de vie beaucoup plus paisible et de plus grandes satisfactions personnelles.

Cette histoire n'est pas une légende. Alex existe réellement et, sans ce brusque retournement, il était condamné à une mort précoce. Cela ne s'est pas fait sans mal, car il lui a fallu revenir sur ce qui lui paraissait irrémédiable et apprendre que la compétition n'était pas un élément essentiel de la vie. Il découvrit alors une vérité fondamentale, ressassée depuis des siècles par les philosophes : parfois, « plus peut signifier moins ».

PRIVILÉGIER LES ÊTRES HUMAINS

Il faut quelquefois en arriver aux extrémités auxquelles était parvenu Alex pour se rendre compte que les êtres humains sont plus importants que les objets. Vous serez la victime par excellence, si vous placez l'acquisition des biens matériels au-dessus de la vie humaine et plus particulièrement au-dessus de votre propre vie. Vous avez toutes les chances de sombrer dans la dépression si vous vous consacrez entièrement aux objets et à l'argent.

Les gens accaparés par les biens matériels rencontrent beaucoup de difficultés dans leurs relations avec les autres. Ils trouvent fastidieuse toute communication avec autrui, ont souvent recours à l'ironie et au persiflage, passent leur temps à donner des ordres autour d'eux et n'ont en fin de compte aucun scrupule à se servir de leurs semblables afin d'acquérir des biens matériels. Ceux qu'ils bousculent, acceptant difficilement d'être traités en esclaves, se tiennent volontairement à l'écart de ces matérialistes, qui se tournent alors d'autant plus résolument vers les objets, et se retrouvent pris dans un engrenage sans fin. En dernier ressort, les objets deviennent leur seul et unique réconfort. Mais les biens matériels ne réconfortent pas. Ils sont stériles, inertes et dépourvus de sensibilité. Les objets ne vous rendent pas l'amour que vous leur portez et un sentiment de solitude et de frustration sera votre lot si vous accordez une importance démesurée à l'acquisition de biens matériels.

Les gens et les êtres vivants sont les seuls au monde à compter réellement. Si vous n'avez aucun rapport avec ce qui vit, vous ne connaîtrez jamais de vraie joie. Si vous supprimez la vie autour de vous, tout ce qui reste se videra de son sens et vous perdrez la signification de toute chose. Seule la vie est importante.

Lorsqu'il vous arrive de sacrifier les rapports humains au profit de valeurs matérielles, de l'argent ou d'une position sociale, demandez-vous ce que la possession de ces choses peut effectivement vous apporter. Vous comprendrez certainement alors que si vous n'aimez pas et n'êtes aimé de personne, si vous êtes devenu insensible à la vie elle-même, toutes vos possessions matérielles deviendront dérisoires.

Rejetez l'idée que la valeur de votre vie s'accroît en fonction de la quantité de biens matériels que vous possédez. Il n'est pas rare d'entendre les gens aisés se souvenir avec tendresse de leur période de vaches maigres pendant laquelle ils savouraient les choses les plus simples de la vie et étaient sûrs d'être aimés pour eux-mêmes et non pour leur compte en banque. On a besoin de peu pour être heureux. Prenons, par exemple, les enfants qui ne sont pas gâtés. Ont-ils réellement besoin d'argent ou de beaucoup de jouets pour être heureux ? Le seul fait d'être en vie les remplit de joie. Vous pouvez en faire autant à condition d'être prêt à revenir sur votre échelle de valeurs et à accorder la première place à la seule chose vraiment importante : la vie elle-même.

Louise était une femme d'environ quarante-cinq ans, en instance de divorce. Son mari, peu conciliant, essayait par tous les moyens de la spolier des biens qui lui revenaient de droit. Elle se plaignit à moi de l'injustice dont elle était victime et me confia que la crainte de perdre certains biens matériels – la maison, certains meubles, la voiture, plusieurs milliers de dollars et quelques bijoux –, la jetait au bord de la dépression nerveuse.

Au bout de quelques entretiens, Louise reconnut qu'elle était obsédée par l'idée de la « grande valeur » de ces biens, et que ceux-ci comptaient plus à ses yeux que son bonheur personnel et qu'elle était prête à tout sacrifier pour eux.

Louise, tout comme son mari, avait toujours été avide de posséder. Leur divorce ne pouvait être qu'un véritable duel dans lequel elle se sentait tenue de s'imposer comme une adversaire redoutable, récupérant le maximum de choses. Louise s'était rendu compte, alors qu'elle était petite fille, que le fait de posséder plus de jouets que ses petits camarades avait une certaine importance. Elle avait donc pris l'habitude de donner un prix à toute chose. Ses sujets de conversation évoluaient autour de l'argent et elle réduisait chaque chose à sa valeur monétaire. Toute sa personne était dévouée au dollar qui était devenu le maître de sa vie.

Louise fut bientôt amenée à modifier son échelle des valeurs, et apprit à ne plus se laisser asservir par les biens matériels et à se consacrer avant tout à son épanouissement personnel. Je lui fis remarquer qu'elle sacrifiait son bonheur en se laissant obnubiler par l'idée de « gagner » son divorce alors qu'il existait certainement beaucoup d'autres solutions plus rationnelles – y compris celle de n'attacher aucune importance aux manigances de son mari et de s'en remettre totalement à son avocat. Elle reconnut que son état était dû à la crainte de perdre cette bataille dont l'enjeu était des biens matériels, et accepta de s'appliquer à modifier son mode de pensée et son comportement. Par conséquent, elle demanda à son avocat de la défendre du mieux qu'il pourrait, mais sans lui faire part dorénavant de tous les détails de l'affaire. Elle accepta également de se refuser à toute discussion ou nouvelle confrontation avec son mari au sujet du divorce. Enfin, elle prit un peu de recul par rapport à son divorce et confia la gérance de ses biens à un notaire pour s'adonner à des activités plus enrichissantes : elle reprit ses études, recommença à accepter des invitations masculines et s'accorda le temps de goûter à la vie.

Au cours d'un de nos entretiens, je posai à Louise la question suivante : « Qu'aurez-vous vraiment gagné si vous obtenez gain de cause dans ce procès ? Serez-vous enfin heureuse ? » Elle connaissait la réponse sans même avoir à la formuler. C'est à partir de ce moment-là qu'elle apprit à se défaire de cette attitude autodestructrice qui l'avait jusque-là paralysée. N'oubliez jamais que les êtres humains sont plus importants que les objets.

GAGNER OU PERDRE

Qu'avez-vous réellement perdu quand vous perdez un match de tennis ? En fait, rien du tout. Vous avez tout simplement raté la balle de temps en temps et vous êtes quelquefois sorti des limites du terrain comme cela arrive à tout un chacun. N'est-ce pas incroyable, cependant, de constater combien de gens semblent penser que les jeux ne valent la peine que lorsqu'on les gagne.

L'importance exagérée que l'on accorde, dans notre société au fait de gagner, dans le domaine des jeux et des sports, crée tout autant de victimes de ces dits « divertissements », que l'esprit de concurrence acharnée – dont d'ailleurs il relève – en crée dans le domaine des affaires et ailleurs.

Mais que veut dire gagner dans le contexte qui nous intéresse ? Courir plus vite, lancer une balle plus loin, avoir plus d'atouts dans un jeu de cartes. Et après ? Bien sûr qu'il est plus amusant de gagner que de perdre. Mais si vous avez besoin de gagner pour vous prouver quelque chose à vous-même, vous avez perdu tout sens des valeurs. Si le jeu prend un caractère dramatique et n'a plus rien du divertissement, s'il finit par vous dominer entièrement, vous bloquer, vous déprimer, etc., vous êtes devenu sans aucun doute votre propre victime. L'ironie veut cependant que moins vous attachez d'importance au résultat du jeu, plus vous aurez de chances de gagner.

Et pourtant, l'idée absurde selon laquelle il faut à tout prix battre les autres pour que le jeu en vaille la peine est un fléau qui gagne de plus en plus de terrain dans notre société. J'ai rencontré les entraîneurs qui donnaient à de jeunes sportifs des dopants les jours de compétition. J'ai vu des jeunes gens exposés aux sarcasmes les plus exagérés, uniquement parce qu'ils avaient manqué une passe ou qu'une petite distraction leur avait fait rater la partie. J'ai observé les manigances scandaleuses de certains agents qui allaient jusqu'à soudoyer des sportifs, leur procurer des prostituées et leur proposer des pots-de-vin, à la seule fin de gagner.

Si tel est le prix qu'il faut payer afin d'être un vainqueur, je suis à tous les coups du côté des perdants. Il n'est nul besoin de remporter des victoires sur les autres pour être maître de vous, et vous accomplir. Seuls les perdants éprouvent la nécessité de gagner, puisqu'avoir besoin de gagner signifie que le bonheur dépend des défaites que l'on inflige aux autres. Si vous ne pouvez pas être heureux sans avoir le dessus sur quelqu'un d'autre, c'est que vous êtes dominé par cette personne – et que c'est vous qui êtes en définitive le perdant, puisque vous en êtes l'esclave psychologique.

Non, monsieur l'entraîneur, gagner n'est pas tout, ni le plus important. Gagner peut être amusant et même quelquefois exaltant – mais jamais aux dépens de la vie humaine, qui est le plus précieux des biens. Si gagner veut dire prendre des dopants, se compromettre dans des magouilles, faire du tort aux autres, alors la victoire ne vaut pas la peine d'être obtenue.

Le vrai sage fait de son mieux pour gagner, comme si cela était important à ses yeux, mais, une fois le jeu fini, il considère sa victoire comme négligeable. Il sait que cela ne sert à rien de revenir sur ce qui est révolu et par conséquent mise sur d'autres expériences qu'il entreprendra avec autant de détermination.

Dès que nous nous répétons que nous devons gagner à tout prix, nous nous rendons nous-mêmes victimes de nos croyances ridicules. Nous ne nous accordons le droit à aucune défaite, alors que celle-ci est naturelle et procède de tout apprentissage. L'échec se traduit souvent par la colère et le mépris envers nous-même ou envers les autres. Vous pouvez certes considérer qu'il est merveilleux de gagner, mais vous devez être sûr et certain que votre valeur personnelle ne dépend aucunement de la victoire.

CARACTÉRISTIQUES DE L'AUTO-EXPLOITATION

Comme je l'ai dit au début de ce chapitre, ceux qui placent la loyauté envers leur travail et les biens matériels au-dessus de la loyauté qu'ils se doivent à eux-mêmes sont des cas typiques d'êtres qui s'exploitent eux-mêmes, ainsi que leurs proches, de diverses façons. Les Drs Meyer Friedman et Ray H. Rosenman ont consacré tout un livre, intitulé *Type A Behavior and Your Heart*, aux rapports étroits qui existent entre l'infarctus et le tempérament de lutteur.

On observe chez les personnes appartenant au Type A certaines habitudes – celles par exemple d'accentuer exagérément les mots-clés dans des cas où il n'est nullement nécessaire de les souligner, de toujours éprouver le besoin d'avoir le dernier mot dans une conversation, et de ne pouvoir s'empêcher de marcher, de manger et de se mouvoir avec précipitation. Ce sont des êtres impatients, exigeant constamment des autres et d'eux-mêmes de tout expédier. Ils sont enclins à se mettre bêtement dans tous leurs états lorsqu'ils sont pris dans des embouteillages et ne peuvent se résoudre à faire la queue sans pester ni bousculer tout le monde. Ils sont quasiment incapables de ne faire qu'une seule chose à la fois, comme par exemple écouter calmement une personne sans gribouiller nerveusement sur un papier, ou s'excuser de devoir passer des coups de fil. Il leur est presque impossible d'écouter ce que les autres ont à dire sans les interrompre constamment par leurs commentaires, et ils finissent toujours par ramener la conversation à eux. Ils sont incapables de se détendre ou simplement de ne rien faire sans se culpabiliser pour autant. Ils ne savent pas admirer simplement la beauté naturelle des choses car leur esprit est constamment préoccupé. Leur vie est réglée par les horaires et les calendriers. Ils suppriment tout imprévu et ne peuvent s'empêcher de défier les personnes du même tempérament qu'eux, alors qu'ils devraient les plaindre. Ils ont souvent les mains crispées, le rire nerveux, les muscles noués, et s'expriment par des gestes grandiloquents et de grands coups de poing sur la table.

Les nombreuses recherches médicales faites dans ce domaine ont prouvé que ces êtres étaient les plus touchés par les maladies cardiaques, l'hypertension et autres troubles. Vous rendez-vous compte ? Votre simple comportement peut être la cause d'un infarctus ou d'autres maladies et peut se révéler plus nocif que le tabac, la suralimentation ou un régime mal équilibré. Friedman et Rosenman ont prouvé, sans l'ombre d'un doute, que plus de 90 % des hommes âgés de moins de soixante ans ayant eu des crises cardiaques appartiennent au Type A. Pour beaucoup d'entre eux, ce comportement autodestructeur est le résultat des options de victime qu'ils ont faites, en investissant leur loyauté dans les institutions et en accordant plus de valeur aux objets et à l'argent qu'aux personnes.

Vous trouverez ci-dessous six types de comportements négatifs qui finiront par vous « avoir » si vous les adoptez fréquemment.

L'effort intensif

C'est le type d'attitude crispée décrite dans le roman *Qu'est-ce qui fait courir Sammy ?* et qui se traduit par le fait d'aller constamment au bout de ses forces, vouloir toujours plus et ne jamais se sentir satisfait dans le présent. Cette lutte n'a pas forcément de but bien précis ; cela se résume souvent à l'effort pour l'effort et finit par vous achever mentalement et physiquement.

La compétitivité

Vouloir toujours surpasser les autres conduit à ne jamais trouver de satisfaction en soi, mais à juger sa propre valeur en fonction des performances réalisées par rapport aux autres.

L'échéance implacable

Mener sa vie au rythme d'un chronomètre ou d'un calendrier, et courir sans arrêt pour respecter des échéances que l'on s'est imposées, ne sera qu'une source de tension et de nervosité si le travail n'est pas fini en temps voulu. Avoir l'œil fixé sur une montre, courir tout le temps pour arriver à l'heure à un rendez-vous et plaquer votre vie sur un emploi du temps impératif, vous empêche de profiter de la vie et de la compagnie des vôtres.

L'impatience

Vous exigez constamment que les autres activent le mouvement et vous vous fixez des objectifs souvent inaccessibles ; vous vous tourmentez de n'avoir pas rempli votre « contrat » et vous faites partie de ces gens qui ne supportent pas les embouteillages, les personnes qui parlent lentement, les enfants indisciplinés, les voisins sans ambition et les collègues inefficaces.

Les gestes brusques et la fébrilité du langage

Cela se traduit par beaucoup de oui, oui, hum, hum, tu vois, et autres tics de langage – qui sont des preuves de fébrilité dans la communication avec autrui –, et par des gestes destinés à faire presser les autres.

Énergie et dévotion professionnelles excessives

C'est l'attitude décrite au début de ce chapitre qui fait que l'on accorde plus d'importance au travail, au métier, aux objets et à l'argent qu'aux rapports avec les autres.

Si vous reconnaissez certaines de vos propres caractéristiques dans ces six catégories de comportements autodestructifs, c'est que vous vous exploitez vous-même, en gâchant vos relations personnelles, en vous imposant une tension extrême et – ce qui est une preuve de névrose encore plus certaine – en détruisant votre propre corps.

Les entreprises ont une seule raison d'être : faire du profit. Leur seul but est de réaliser un chiffre d'affaires suffisant pour pouvoir rembourser ceux qui ont pris le risque de les financer, fabriquer des produits, ou assurer des services. Elles ne sont pas là pour faire la charité et ne s'en cachent pas. Ce qui veut dire que si vous vous sentez frustré dans vos rapports avec elles, c'est vraisemblablement de votre faute.

Si vous êtes de ceux qui croient que l'entreprise vous doit une sorte de loyauté et devrait vous récompenser de vos services dévoués en vous octroyant toutes sortes d'avantages, vous n'êtes pas au bout de vos désillusions. Le seul but de l'entreprise est de vous utiliser au maximum. Elle paiera vos services aussi longtemps que vous serez capable de la servir, après quoi elle vous mettra à la porte, de la façon la plus avantageuse pour elle.

Ne croyez pas que je noircisse volontairement le tableau. Je me contente simplement de décrire l'esprit qui règne dans le milieu des affaires de notre société occidentale. Dès que vous êtes employé par une institution, vous devez vous attendre à cette sorte de contrat implicite. Ne vous laissez pas duper par les indemnités de retraite, la redistribution des profits, les programmes d'encouragement ou toute autre tactique destinée à s'assurer la participation des employés, car cela se termine toujours de la même façon : dès que l'entreprise n'aura plus besoin de vous, elle vous remplacera et fera tout ce qui est en son pouvoir pour se débarrasser de vous, aux moindres frais possible.

Je ne fais nullement ici le procès des institutions car celles-ci se contentent de remplir le rôle qu'on leur a assigné. Mais vous n'êtes pas une institution. Vous êtes un être humain qui vit et qui respire. Vous ne devez pas vous laisser atteindre par la façon dont le monde des affaires fonctionne ; vous ne devez pas non plus vous exploiter vous-même en vous soumettant servilement aux institutions pour l'unique raison que vous y êtes encouragé par ceux, qui, à l'intérieur de ce système, ont intérêt à s'assurer votre loyauté. Celui qui prend sa retraite après cinquante ans de bons et loyaux services dans une entreprise et qui reçoit, en guise de remerciement, un cadeau symbolique et une maigre allocation de retraite n'est pas une victime de cette institution. Celle-ci ne lui doit rien et il devrait même dire merci pour le cadeau. Il a fait son travail et l'entreprise a utilisé ses services et lui a payé en échange un salaire.

Voilà comment cela fonctionne. Mais le retraité s'est fait exploiter si son dévouement a dépassé les limites du raisonnable, et s'il a sacrifié ses objectifs personnels et sa vie familiale au nom de l'entreprise – car celle-ci continuera à tourner que l'on donne sa vie pour elle ou qu'on la considère simplement comme un moyen de gagner sa vie.

DIFFÉRENTES FAÇONS D'ÊTRE VICTIME DES INSTITUTIONS

Considérer l'institution comme une personne

Le plus sûr moyen de vous rendre victime de votre travail ou de votre association avec une institution est de la considérer comme un être humain et de la traiter comme un ami ou un amant.

Si, dans votre esprit, l'entreprise est quelqu'un qui a besoin de vous, ou même qui ne peut se passer de vous, vous êtes mal parti. Ceux qui sont à la tête de ces entreprises ne peuvent que se réjouir que vous pensiez ainsi, car ils sont sûrs alors de pouvoir compter sur vos services vingt-quatre heures sur vingt-quatre et sur votre dévouement, même si c'est aux dépens de votre bonheur et de votre vie privée. Si vous avez vraiment l'impression que l'entreprise est un être humain, posez-vous les questions suivantes : L'entreprise continuera-t-elle à tourner si je la quitte ? Est-ce qu'elle fermerait ses portes ? Est-ce qu'elle serait bouleversée ou déprimée ? Est-ce qu'elle pleurerait ? Vous n'avez même pas besoin de réfléchir pour répondre à ces questions. Pourquoi donc ne pas remettre l'entreprise (ou toute autre institution) à sa place, et la considérer dorénavant comme étant, au mieux, un mécanisme qui utilise vos talents de manière satisfaisante, stimulante et productive, et vous paye en échange un « bon prix ». Car, ne l'oubliez pas, il n'est pas de « prix » qui puisse justifier le sacrifice du bien le plus précieux que vous possédiez, votre vie.

Jurer une fidélité éternelle

Un autre moyen de devenir une victime est de jurer une fidélité sans faille à l'entreprise qui vous emploie et de vous sentir tenu par un contrat dont vous êtes le seul signataire : contrat que vous jugerez plus important que vos obligations envers vous et votre famille. Ce genre de dévotion est absurde car neuf fois sur dix vous n'hésiterez pas à changer de travail et donc d'entreprise si on vous propose un poste plus intéressant ailleurs ; au cas où vous refuseriez, vous justifieriez votre fidélité par une bien mauvaise raison en prétendant que vous ne voulez pas enfreindre un prétendu principe de loyauté. Dans les sports de haute compétition où l'esprit d'équipe et la loyauté sont véritablement des facteurs de succès, ces scrupules n'ont pas cours. Les sportifs se donnent à fond pour l'équipe à laquelle ils appartiennent même s'ils négocient déjà de nouveaux engagements. Si leur intérêt peut être mieux défendu ailleurs, ils changent d'équipe et vouent instantanément une dévotion sans limite à la nouvelle et se déchaîneront pour la défendre sur le terrain, le court, la patinoire, etc. Les entraîneurs d'équipes professionnelles permutent régulièrement et ont très bien compris que leur loyauté s'achève avec leur contrat. Il en va de même pour votre travail. Si l'on vous propose un poste plus intéressant, vous seriez stupide de ne pas l'accepter. Si vous vous sentez incapable de vous libérer de votre engagement vis-à-vis de votre employeur, souvenez-vous que lui n'aura pas autant de scrupules envers vous.

Se dévouer aux règlements

Adopter le règlement de votre entreprise comme s'il devait régir toute votre vie peut également vous transformer en victime. Considérer plutôt les règlements comme des systèmes inventés par des personnes qui n'ont rien de mieux à faire.

Observez la façon dont les universités américaines sont dirigées. Ne vous méprenez pas à leur sujet ; ces établissements sont des entreprises dont le but est de faire de l'argent et de se perpétuer. Ils sont gérés par des administrateurs qui ont la manie des réunions et qui s'empressent de créer des comités pour étudier des questions qui n'ont qu'un lointain rapport avec l'université. Il existe des comités pour étudier le programme, pour refaire le programme, pour défaire le programme, pour étudier la possibilité d'instituer de nouveaux programmes et cela jusqu'à la nausée.

Si l'on dit, en boutade, qu'un chameau est en réalité un cheval conçu par un comité, l'administration quotidienne d'une université ressemble alors à une caravane interminable de chameaux, paradant solennellement. Des adultes se réunissent semaine après semaine autour d'une table pour discuter de l'établissement des priorités, de la « restructuration », des titularisations, des promotions, de l'amélioration des locaux, du niveau d'études requis pour les langues étrangères, de la notation, des évaluations, des diverses procédures, etc. Il est bien rare que quelque chose de concret soit accompli. Les professeurs, doyens et vice-présidents n'en continuent pas moins à se réunir régulièrement semaine après semaine. Quand ils se parlent en privé, ils sont les premiers à reconnaître à quel point ce petit jeu est ridicule et admettent volontiers que toutes les décisions qu'un comité met vingt semaines à prendre, pourraient être prises en vingt minutes par une personne intelligente et impartiale.

Mais comme il arrive souvent dans le cas des institutions, les procédures prennent le pas sur les intéressés. Ce qui est plus surprenant encore, c'est que les gens qui sont atteints de cette « réunionite » ont souvent l'air d'aimer ça. Tout compte fait, s'ils n'avaient pas à assister à leurs petits comités à la noix, à éplucher sans cesse les procès-verbaux, les règles de procédure, le protocole, etc., ils n'auraient pas grand-chose à faire.

Les gens dont le métier consiste à s'asseoir autour d'une table et à parler sont rarement des hommes d'action. Ils deviennent des administrateurs aveuglés par leur propre littérature, et personnifient admirablement *le Principe de Peter*[1] : « la crème monte jusqu'à devenir aigre ». En revanche, ceux qui veulent vraiment faire quelque chose refusent de s'asseoir autour d'une table pour parler de ce qui pourrait être accompli – si seulement les gens se décidaient à agir au lieu de ressasser indéfiniment les multiples ramifications des mesures proposées.

Gail Thain Parker, ex-président d'université, décrit dans un article qui fut publié dans la revue *Atlantic Monthly* sa première réunion à Harvard en 1969 :

« Cela ressemblait à un match de basket dont le but était d'additionner les temps morts plutôt que de marquer des points. L'homme le plus actif était le chef du protocole qui, à plusieurs reprises, bondit sur l'estrade pour s'entretenir avec le président, tandis que celui-ci était assis tranquillement devant un immense drapeau rouge frappé du mot *veritas*. »

Ayant été moi-même professeur d'université pendant six ans, je suis en mesure d'attester personnellement la véracité de ces propos. Les professeurs se réunissent en comité, voulant absolument donner leur avis sur un problème ne présentant aucun grand intérêt. Suit un débat d'une trentaine de minutes, qui se conclut par la décision de créer une commission *ad hoc* pour étudier les différentes possibilités à envisager, et il faudra attendre encore deux mois avant que la question soit remise à l'ordre du jour. Lorsque cela arrive, on perd encore de nombreuses heures à discuter, à remettre tout en cause pour finalement la renvoyer à un autre comité. Tout est mis en œuvre pour éviter qu'une solution soit trouvée et appliquée, même dans les cas où une simple décision d'employé de bureau suffirait.

---

1. *The Peter Principle*, par Dr Laurence J. Peter et Taymond Hull, Bantam Book, p. 18.

Ceux qui parlent plus qu'ils n'agissent comptent sur ces procédés futiles pour se valoriser. Ils réussissent, grâce à des tactiques évasives, à maintenir le *statu quo* et ont tendance à tout faire passer sous le couvert de la participation démocratique à la prise de décision. Le passage ci-dessous, rédigé par un membre du Sénat de l'État du Dakota du Nord, nous montre à quel point les kilomètres de phrases creuses sorties des comités de délibération atteignent parfois les sommets du grotesque :

« L'action qui s'impose à nous aujourd'hui est de cesser toute activité jusqu'à ce que nous puissions procéder à l'élection d'un jury qui sera chargé de désigner une commission qui sera habilitée à engager une nouvelle équipe d'experts pour étudier à nouveau les possibilités de dresser une liste de tous les comités qui ont par le passé procédé à l'inventaire et établi le catalogue de différentes études qui avaient pour but de découvrir ce qu'il était advenu de tous les règlements devenus caducs au moment de l'adoption du nouveau règlement. »

Si vous participez à ce genre d'activités, ou si vous vous laissez le moins du monde contrarier par elles, c'est que vous êtes votre propre victime. Ces discours creux et évasifs existent depuis que les hommes ont commencé à se réunir en conseils, en commissions, en gouvernements, etc., et continueront d'exister quoi qu'on fasse. Votre seule façon d'y échapper est de refuser d'y participer, en vous montrant « discrètement efficace » et en ne prêtant aucune attention aux inanités qui sévissent autour de vous. Refusez dans la mesure du possible de participer aux commissions et comités de tous genres, et lorsque vous ne pouvez pas y échapper, gardez le silence, et ne le brisez que pour faire entendre la voix de la raison.

Vous pouvez très bien ne plus vous laisser exaspérer par les règlements et les règles de procédures des comités, et continuer à faire votre travail en réduisant au maximum votre participation à ces occupations absurdes qui mobilisent tant de gens. Que vous soyez mécanicien, enseignant, dentiste, chauffeur de taxi ou fleuriste, vous ne serez jamais à l'abri des efforts que feront les collectivités pour vous exploiter au nom du progrès de la démocratie ou d'une plus grande efficacité. Mais, dès que vous verrez poindre à l'horizon le moindre signe précurseur de la « commissionite », gardez-vous bien de vous y laisser prendre !

Se perdre dans les dédales des administrations

Plus une administration est importante et plus la distance est grande entre les employés et les employeurs. Plus l'organisation est lourde et plus la machine bureaucratique doit être bien huilée pour continuer à fonctionner. Le gouvernement américain en est un exemple intéressant. Il est dirigé par une série de commissions, de ministères, d'agences, de divisions et autres sous-groupes. Chaque groupe a un président ministériel, des directeurs d'agences et bon nombre d'autres fonctionnaires qui entendent bien conserver leur place et leurs prérogatives. En outre, les services administratifs emploient des milliers de gens qui se gardent bien de remettre quoi que ce soit en question, de crainte de perdre leur emploi. Aussi vous trouverez-vous souvent face à des fonctionnaires peureux qui répugnent à vous donner des réponses claires et nettes par loyauté envers des supérieurs auxquels ils sont totalement asservis, et vous devenez une victime dès que vous vous adressez à l'un d'eux.

Essayez donc d'obtenir des réponses précises d'un homme politique qui a été fonctionnaire toute sa vie ! Il parle comme s'il avait de l'étoupe plein la bouche et répond à des questions directes qui demandent un simple oui ou non, en ces termes : « Après avoir envisagé les différentes possibilités qui s'offrent à moi, j'ai éprouvé le besoin de pousser plus avant mon étude de la question. Je ne veux pas donner un oui définitif et d'un autre côté je ne veux pas non plus éliminer toute possibilité de réponse négative au cas où surviendraient des contingences à l'éventualité desquelles je n'aurais pas été préparé. »

Les fonctionnaires sont des accumulateurs de paperasse qui renvoient leurs victimes d'un bureau à l'autre sans jamais donner de réponses claires. Je connais des gens qui ont été ainsi ballottés pendant une journée entière alors qu'ils venaient simplement pour faire enregistrer leur voiture dans une nouvelle circonscription. Vous savez certainement comme il est agréable d'avoir affaire aux employés des bureaux du chômage, ou au personnel des hôpitaux publics. Vous avez dû vous aussi remplir un nombre incalculable de formulaires et vous avez pu constater les méthodes très particulières adoptées par certains employés pour duper tous ceux qui désirent être traités correctement et être servis rapidement.

Tomber dans le piège du jargon

Le jargon des bureaucrates vaut vraiment la peine d'être étudié. Les fonctionnaires ont inventé un langage bien à eux qui leur sert à décourager toute velléité d'action et à entretenir le caractère évasif qui est le fondement même des institutions qu'ils servent.

Les psychologues parlent des êtres humains en des termes effrayants. Ils ont vite fait de coller des étiquettes aux gens en utilisant une terminologie pseudo-psychologique et oublient qu'ils parlent d'êtres humains. Les gens sont qualifiés de fous dépressifs, de psychopathes, de sociopathes, de schizophrènes, de déficients cérébraux et j'en passe. Ces étiquettes peuvent être utiles aux gens de la profession, mais elles sont extrêmement dangereuses dans la mesure où elles exploitent les êtres humains qui ne sont plus alors considérés comme des personnes mais comme une simple collection de symptômes.

Dès l'instant où quelqu'un est ainsi catalogué, sa qualité d'être humain est totalement niée. Si vous dites d'un enfant qu'il est autistique et que vous êtes persuadé que l'autisme est incurable, vous abandonnez tout espoir de guérison. Dans son livre intitulé *Son Rise*, Barry Kaufman raconte l'histoire d'un père et d'une mère dévoués qui, refusant d'accepter le diagnostic du médecin qui avait qualifié leur jeune fils d'autistique, se consacrèrent entièrement à lui, jusqu'à finalement réussir à le faire sortir de son mystérieux état de dormeur éveillé. Quand ils retournèrent avec lui voir les différents médecins qui avaient déclaré l'enfant autistique, on leur dit simplement qu'il y avait eu une erreur de diagnostic, puisque l'autisme est incurable. C'est cette logique trompeuse qu'emploient certains psychologues pour protéger leurs théories, aux dépens des vies humaines. Bien que cette pratique soit fort peu courante, il est néanmoins plus rationnel de qualifier un comportement qu'une personne elle-même, et dire par exemple : il a un comportement de malentendant ou de non-parlant, au lieu de dire il est sourd ou muet.

Le langage juridique est à cet égard une mine d'or. Les juristes ont fait en sorte que les lois soient rédigées de telle façon que le commun des mortels n'ait aucune chance de comprendre un traître mot aux papiers qu'il est amené à signer, et soit donc obligé d'avoir recours aux services d'un spécialiste en déchiffrage pour « traduire » des documents tels que contrat, bail, acte notarié, police d'assurance, etc. Tous les efforts faits en vue de simplifier les lois, la procédure du divorce, les clauses de polices d'assurance, etc., rencontrent une sérieuse résistance de la part de certains groupes de pression des professions juridiques qui, ayant tout intérêt à conserver l'exclusivité de ce langage ésotérique, font tout ce qui est en leur pouvoir pour garder les profanes hors de leur temple.

Les employés du secteur public sont passés maîtres dans l'art d'utiliser un langage abscons afin de noyer le sens des textes, et finalement tromper les gens qui font appel à eux. L'armée est un bon exemple. Le Pentagone, une des plus grandes administrations au sein du Gouvernement, s'est fabriqué une jungle sémantique quasiment impénétrable – et ses règlements sont rédigés dans un langage si complexe et si retors que vous ou moi sommes incapables d'en comprendre le premier mot.

Après des années passées à démêler l'écheveau inextricable du langage administratif au Bureau de la Santé publique des États-Unis, Philip Broughton, fonctionnaire âgé de soixante-trois ans, finit par trouver un moyen radical pour transformer son sentiment de frustration en véritable satisfaction : il s'adonna à l'art de jargoniser. Le système inventé par P. Broughton, intitulé le *Systematic Buzz Phraze Projector*, utilise un lexique de trente mots-clés, sélectionnés avec le plus grand soin, et est reproduit dans la revue *Times*, du 1er février 1976, à la page 27, supplément de *Army Times/Navy Times/Air Force Times*.

Colonne 1	**Colonne 2**	**Colonne 3**
Option	Management	Intégré
Souplesse	Organisationnel	Total
Capacité	Supervisé	Systématisé
Mobilité	Réciproquement	Parallèle
Programmation	Digital	Fonctionnel
Concept	Logistique	Répondant
Phase-temps	Transitionnel	Optionnel
Projection	Incrémental	Synchronisé
Matériel	Troisième génération	Compatible
Contingence	Politique	Équilibré

W. J. Farquharson, journaliste du *Times*, explique la procédure grâce à laquelle les bureaucrates peuvent simplifier leur travail qui consiste essentiellement à dissimuler les faits : « Pensez à un nombre de trois chiffres, puis sélectionnez le mot correspondant dans chacune des colonnes. Par exemple, le nombre 748 donne : phase-temps réciproquement synchronisée, phrase que vous pouvez insérer dans presque tous les rapports et qui leur donnera un ton autoritaire et définitif. Personne n'aura la moindre idée de ce que vous voulez dire mais ce qui est important c'est que personne n'osera jamais l'avouer. »

Ce genre de petit jeu avec le langage peut être pratiqué par presque toutes les institutions ou autres organismes privés ou publics qui possèdent leur propre jargon, le milieu des affaires, la médecine, la justice, la psychiatrie, les assurances, la comptabilité, les entreprises publiques, etc. La seule façon d'échapper à l'exploitation de la bureaucratie est encore de l'éviter à chaque fois que cela est possible – ou bien de l'affronter en étant parfaitement informé de son fonctionnement. Vous pouvez éviter de vous laisser perturber par tous les obstacles que vous rencontrez et refuser d'avoir affaire à des fonctionnaires toutes les fois que cela sera possible. Ne faites pas attention au jargon et autres obstacles administratifs, et gardez-vous bien surtout de vous laisser entraîner dans des pratiques aussi absurdes.

Ne pas se rendre compte de l'absurdité de la logique bureaucratique

Les bureaucrates ont le plus souvent un langage détourné, et la logique est loin d'être leur fort. Ils se contentent d'appliquer les règlements établis même si ceux-ci n'ont aucun sens. En voici deux exemples frappants dont je garantis l'authenticité.

Le camion du laitier

Joe, un laitier, était propriétaire de son camion. Il s'aperçut un matin, à sa grande consternation, qu'on le lui avait volé. Par bonheur, la police le retrouva et Joe se rendit au poste pour le récupérer. Ce camion était pour lui de la plus grande importance, car il était sa seule source de revenus. Mais une fois au poste de police, on lui dit que le camion était gardé comme pièce à conviction en vue du jugement qui ne serait probablement rendu que dans trois mois.

Joe eut beau aller frapper à toutes les portes de la hiérarchie administrative pour expliquer que ce camion représentait son pain quotidien, il obtenait invariablement la même réponse. La seule façon de récupérer rapidement son camion était de retirer sa plainte contre le voleur ! Sinon, il ne lui restait plus qu'à attendre trois mois et crever de faim !

Joe refusa d'être une double victime et retira sa plainte contre le voleur qui fut aussitôt relâché. Voilà comment les bureaucraties agissent à l'encontre des intérêts des gens qu'elles sont supposées servir. Tous les fonctionnaires à qui Joe avait expliqué son cas lui avaient répondu que cela dépassait leurs attributions et il fut ballotté d'un bureau à l'autre jusqu'à ce qu'il n'en puisse plus et décide d'abandonner la partie avant d'être contaminé à son tour par cet univers de cinglés.

La veuve

Le mari de Nancy mourut subitement. Comme il arrive bien souvent dans ces cas-là, il ne fut pas permis à Nancy de disposer de leurs fonds, y compris de son argent personnel, car tout était bloqué à cause de la procédure de succession.

Nancy dut attendre quatre ans, avant que l'affaire soit réglée. Tous les fonctionnaires à qui elle eut affaire lui expliquèrent qu'ils étaient navrés mais qu'il était impossible de faire autrement. Même son propre compte en banque fut bloqué, ainsi que tous les biens possédés en commun et cela tout simplement parce que des ronds-de-cuir, des incompétents en costume de flanelle grise, avaient décidé de passer quatre ans à débattre de la façon dont les biens de Nancy seraient répartis. À cause des délais toujours prolongés et des nombreux avocats qui se mêlèrent avidement de l'affaire, en s'octroyant légalement pas moins de 60 % du revenu total, en échange de leurs services, Nancy dut chercher du travail pour payer ses factures.

Le seul moyen d'échapper à ce genre d'exploitation est encore de se montrer malhonnête, en omettant par exemple de déclarer un décès, ou en dissimulant ses biens à l'examen d'une administration gourmande. L'ironie veut que les lois qui sont supposées servir nos intérêts nous encouragent souvent elles-mêmes à les contourner, afin de survivre.

Honoré de Balzac a écrit un jour : « La bureaucratie est une machine gigantesque conduite par des pygmées. » Soyez donc vigilant, persévérant et fermement décidé à ne pas vous faire exploiter. N'hésitez pas, au besoin, à avoir recours à tout un assortiment de stratégies – car sinon vous vous trouverez à la merci des bureaucrates dont les tentacules vous engloutiront en un instant.

Vous trouverez ci-dessous quelques exemples des différents procédés couramment utilisés par les institutions et leurs représentants pour vous exploiter – ainsi que quelques tactiques appropriées qui vous permettront d'échapper à leur emprise.

QUELQUES STRATÉGIES ANTI-INSTITUTIONS

Vous devez avant tout réviser votre système de pensée et vous débarrasser de toutes les idées qui vous portent à croire que vous ne comptez pas autant que l'entreprise, ou que les institutions sont plus importantes que les individus qui les composent. Chaque fois que vous vous rendez compte que vous sacrifiez votre vie personnelle en consacrant tout votre temps à une entreprise, demandez-vous si cela est vraiment ce que vous souhaitez. Il se peut que vous ayez à prendre quelques risques en renonçant à certains avantages que le statut d'esclave vous a octroyés ;

mais vous devez commencer par adopter une attitude diamétralement opposée à celle qui a été jusqu'ici la vôtre et vous efforcer, avant toute chose, à être loyal envers vous-même.

Définissez les priorités de votre vie avec les personnes qui comptent le plus pour vous. Parlez avec votre famille de votre conduite et des buts que vous poursuivez. Demandez-leur ce qu'ils pensent de vos responsabilités professionnelles et s'ils se sentent lésés par rapport à elles. Dressez une liste des choses que vous voulez vraiment accomplir et demandez-vous pourquoi. Analysez ensuite votre comportement. Êtes-vous sur le chemin de l'accomplissement personnel ou bien vous enfoncez-vous chaque jour un peu plus dans une voie sans issue ? Vous n'arriverez à faire changer les choses qu'en les remettant dans leur vraie perspective et en vous efforçant de vivre au jour le jour et de poursuivre la route qui mène au bonheur et non à la névrose.

Accordez-vous progressivement plus de temps de répit, de moments d'intimité et saisissez toutes les occasions de faire des choses qui sont importantes pour vous. Cela vous semblera sans doute un peu difficile au début, et vous devrez vous forcer à vous imposer des coupures dans votre travail, à consacrer plus de temps à votre femme et à vos enfants, à faire une petite sieste, à aller dîner avec une personne aimée, ou à revoir une personne que vous avez négligée depuis un certain temps. Si vous vous forcez à vous accorder de courts moments de détente, vous verrez que vous en prendrez vite l'habitude – et que vous n'aurez qu'à vous en réjouir.

Appliquez-vous à être « discrètement efficace » en refusant de vous laisser asservir par une dévotion excessive aux institutions. Ne parlez à personne de votre nouvelle attitude. Faites simplement travailler votre esprit d'une manière qui vous soit bénéfique. Ne perdez pas de temps inutile dans les réunions ou les voyages d'affaires, ou tout simplement à toujours avoir l'œil sur les choses de bureau. Efforcez-vous de laisser vos soucis professionnels derrière vous quand vous quittez votre bureau ou votre usine. Cessez de ressasser tous les événements survenus au cours de votre journée ou de penser aux problèmes qui se poseront demain ou l'année prochaine. Au lieu de ramener toujours la conversation à vos problèmes de bureau, apprenez à écouter les membres de votre famille, à vous intéresser à ce qu'ils disent et à ce qu'ils font. Apaisez votre esprit en lui accordant quelques minutes de vide total. Refusez de vous laisser envahir par la tension provoquée par les problèmes de bureau. Jouissez pleinement de vos vacances, au lieu de gâcher votre temps en vous inquiétant à propos de l'avenir ou en repensant au passé. Un des plus sûrs moyens de réussir dans votre travail est d'apprendre à vous en détacher totalement de temps en temps – ce qui vous permettra d'être beaucoup plus efficace quand vous le reprendrez, car vous aurez alors l'esprit plus clair et serez à même de l'envisager dans de meilleures perspectives.

Supprimez le mot retraite de votre vocabulaire. Faites comme si vous n'alliez jamais vous retirer et dites-vous que le jour où vous cesserez de travailler vous serez toujours aussi productif et utile et que la vie sera toujours aussi passionnante. Ne pensez plus aux années à venir et appliquez-vous à donner au présent la couleur que vous souhaitez. Quel que soit votre âge, vous vous fourvoyez si vous vous imaginez qu'une fois la retraite venue vous passerez votre temps assis dans un fauteuil à contempler les petits oiseaux et le soleil couchant – comme vous incitent à le croire les dépliants publicitaires des maisons de retraite. Cet état d'oisiveté contemplative n'est d'ailleurs pas souhaitable, car il ne manquerait pas de provoquer chez vous un sentiment d'inutilité. Il ne tient qu'à vous de vivre librement et pleinement chaque instant du temps qui vous est imparti sur cette planète, et de faire en sorte que votre âge ne devienne jamais un obstacle. Si vous vivez dans le présent, si vous goûtez chaque seconde de ce présent, vous ne saurez jamais ce que le mot retraite veut dire. Chassez donc dès maintenant cette notion de votre tête. Si vous faites un travail que vous détestez mais que vous n'abandonnez pas dans l'unique souci de vous garantir une retraite confortable, demandez-vous si vous désirez vraiment consumer votre vie en des occupations aussi stériles. N'ajournez plus votre plaisir, car n'oubliez pas que nul n'est jamais sûr de l'avenir. Vous pouvez mourir subitement la veille du jour de votre retraite, après y avoir sacrifié toute votre vie.

Si le poste que vous occupez vous déplaît, si le cadre où vous travaillez vous déprime, n'hésitez pas, partez. Ne craignez pas de prendre des risques. Si vous avez de l'ambition et aspirez à un emploi qui comporte des responsabilités, vous ne pourrez vous satisfaire de moins et ne tarderez pas à trouver une nouvelle situation. Rien ne vous oblige à rester là où vous êtes jusqu'à la fin de vos jours tout simplement parce que vous vous y trouvez et qu'il est plus facile de rester que de partir. Prendre des risques est précisément ce qu'il faut faire pour ne pas devenir la victime des institutions et de la bureaucratie.

Vivez comme si vous n'aviez plus que six mois à vivre. Si vous vous mettez à réfléchir au temps et aux millions de milliards d'années qui le composent, votre passage sur Terre vous apparaîtra ridiculement bref. Six mois peuvent sembler durer à peine six minutes. Si on vous disait que vous n'aviez plus que six mois à vivre, que feriez-vous différemment ? Posez-vous ensuite cette question : « Qu'est-ce qui m'empêche de le faire tout de suite ? » Eh bien alors, allez-y !

N'invoquez plus le prétexte suivant : « J'ai la responsabilité de... » Souvenez-vous que ceux qui essayent de vous convaincre que vous vous devez corps et âme à l'entreprise qui vous emploie ne font, consciemment ou non, que ce pour quoi ils sont payés, c'est-à-dire jouer sur votre « loyauté » pour vous exploiter au maximum. Il vous est presque toujours possible de vous acquitter de vos responsabilités légitimes et d'être en même temps pleinement heureux. Il vous suffit pour cela de ne plus vous résigner au malheur et de vous employer dès à présent à agir différemment.

Considérez de nouveau chacune des caractéristiques du comportement de Type A décrites au début de ce chapitre. Entraînez-vous à éliminer de votre esprit l'idée d'échéance irrémédiable, à ralentir votre débit de paroles, etc. Ralentissez votre rythme de vie afin de vous permettre de goûter chaque instant qui passe.

Ne vous laissez pas séduire par les signes extérieurs du pouvoir, tels que les titres hiérarchiques qui vous seront octroyés si vous travaillez dur, les promotions, les décorations, un bureau plus spacieux, votre nom sur une porte, etc. On vous fait miroiter tous ces symboles de prestige comme si votre valeur personnelle était proportionnelle au nombre de récompenses que l'on vous décerne. Si vous vous souvenez que votre valeur dépend de vous et uniquement de vous, vous n'éprouverez pas le besoin d'accumuler ces signes extérieurs de puissance, qui ne vous servent qu'à obtenir l'approbation immédiate de tous ceux que vous rencontrez. Si vous ne connaissez pas la paix intérieure, toutes les marques extérieures de réussite ne serviront à rien car vous saurez au fond de vous-même que vous avez gâché votre vie.

Refusez tout simplement de participer aux réunions qui vous semblent tout à fait inutiles ou, si vous ne pouvez faire autrement, contentez-vous d'y assister sans participer : vous serez surpris de constater combien il est aisé de vous débarrasser de toutes ces petites corvées.

Cessez d'exiger de vous la perfection dans tout ce que vous faites, et ne l'exigez pas non plus des êtres qui vous sont chers. Apprenez à faire les choses pour le plaisir. Si l'envie vous vient de peindre un tableau, eh bien, peignez ! Ne vous bloquez pas en vous disant que vous ne savez pas peindre : faites-le pour le plaisir. Ne vous forcez pas à la compétition et envisagez toutes vos activités avec le même esprit détendu plutôt que de toujours exiger de vous le maximum. Essayez de comprendre les raisons pour lesquelles vous vous imposez une telle tension, ainsi sans doute qu'à votre famille. Vous constaterez que votre compétitivité augmentera dans les domaines où cela est souhaitable, et parfois même nécessaire, à partir du moment où vous abandonnerez tout esprit de concurrence lorsque c'est inutile et destructeur.

Essayez de temps à autre de vous passer de votre montre et du calendrier. Voyez si vous parvenez à vivre sans emploi du temps pendant toute une journée. Essayez de vous défaire de l'idée qu'il faut vivre contre la montre en mangeant, dormant, parlant, etc. Faites-le uniquement quand vous en avez envie et non quand vous êtes supposé le faire.

Votre travail peut vous apporter de grandes satisfactions comme il peut être une source d'exploitation. Si rares sont aujourd'hui les gens qui meurent à la tâche, comme cela arrivait à des milliers d'esclaves il y a à peine un siècle dans certaines parties du monde, nombreux sont ceux qui meurent d'un excès de préoccupations et d'anxiété. Si vous vous êtes rendu victime d'une entreprise soit en raison de votre loyauté excessive envers elle, soit à cause des règlements qu'elle vous impose – et qui font pour vous office de loi –, vous pouvez y remédier en adoptant de nouvelles attitudes et en modifiant votre comportement. Vous n'avez qu'une vie : est-il raisonnable de la mettre au service d'une institution ? Bien sûr que non ! Décidez donc dès aujourd'hui de ne plus être une victime.

CHAPITRE 8

VOTRE VISION DE LA RÉALITÉ EST-ELLE LA RÉALITÉ ?

Toute chose a une réalité en soi,
indépendamment du jugement
que vous portez sur elle.

VOS JUGEMENTS PAR RAPPORT À LA RÉALITÉ

Aussi étrange que cela puisse paraître au premier abord, nombreux sont ceux qui se nuisent à eux-mêmes en accordant plus d'importance aux impressions et aux sentiments que la réalité fait naître en eux qu'à la réalité elle-même.

Avant d'affirmer que vous n'êtes pas de ceux-là, admettez ceci : presque tout le monde utilise chaque jour des phrases et des expressions qui contiennent déjà une « façon de voir la réalité », au lieu de la refléter. Par exemple, combien de fois entendons-nous dire : « Quelle triste journée ! » (ou : « Quelle belle journée ! »). Ce commentaire peut passer pour une petite phrase anodine ; il n'est pourtant pas conforme à la réalité. Une journée n'est triste ou belle que parce que vous en avez décidé ainsi. Si, pour vous, un temps pluvieux est définitivement un temps triste, vous aurez le même sentiment toute votre vie chaque fois qu'il pleuvra et la plupart des gens – les paysans mis à part – seront d'accord avec vous. En réalité, une journée *est* tout simplement ; décider qu'elle est triste n'aura aucun effet sur elle. Elle s'écoulera toujours de la même façon quelle que soit la manière dont vous la jugez.

Vous vous demandez sans doute quel rapport il peut y avoir entre les jugements que vous portez sur la réalité et les véritables problèmes que pose votre exploitation par autrui, et il vous semble peut-être dérisoire de vous préoccuper de propos aussi insignifiants que « Quelle triste journée ! ». Il est pourtant crucial d'y prêter attention lorsqu'ils se rapportent à des domaines de votre vie où la confusion entre votre propre vision des choses et la réalité elle-même peut vous porter préjudice. Par ailleurs, croyez-vous qu'il soit logique de laisser quelques gouttes de pluie obscurcir toute une journée de votre vie sans raison valable ? Si vous menez votre existence en partant du principe que votre vision de la réalité et la réalité elle-même ne sont qu'une seule et même chose, vous vous exposez à une foule de tracas que vous aurez en quelque sorte vous-même créés. Les difficultés surviennent à partir du moment où, parce que vous avez une idée préconçue – et idéalisée – du monde, vous ne pouvez supporter que les choses ne se passent pas comme vous le voulez, comme vous vous y attendiez ou, pire encore, comme vous vous étiez persuadé qu'elles devaient se passer. Ces difficultés disparaissent lorsque vous avez enfin une vision nette et précise de la réalité et que vous cessez par conséquent de vous tourmenter du fait que « le monde tourne dans le sens où il tourne ». Voici un extrait d'un poème intitulé *War is Kind* que Stephen Crane écrivit en 1899 :

« Un homme dit à l'Univers :
— Monsieur, j'existe.
— Pourtant, répondit l'Univers,
Cela n'a pas fait naître
En moi un sentiment d'obligation. »

Telle est la nature de la réalité. Rien ne vous est dû, ni les moyens de subsistance, ni le bonheur et plus vous vous enliserez dans cet état d'esprit, plus il vous sera difficile d'atteindre vos objectifs. La réalité est indépendante de vos exigences, de vos idées et de cette vision idéalisée du monde qui vous paralysent.

Cela ne signifie pas, bien sûr, que vous ne deviez pas vous efforcer de lutter contre l'injustice et contre tout ce qui vous paraît malsain, car le changement est à l'origine du progrès et de l'évolution. Mais vous devez accepter les faits qui ont déjà eu lieu comme faisant partie d'un passé révolu dont vous pouvez tirer une leçon mais sur lequel il est inutile de revenir indéfiniment. Les événements actuels auxquels vous ne pouvez rien changer ne valent pas non plus la peine que vous vous torturiez : ne portez pas sur eux des jugements positifs ou négatifs, contentez-vous d'admettre qu'ils existent. Lorsque vous prévoyez une situation difficile sur laquelle vous pouvez avoir une action, tentez de la redresser – mais il est parfaitement inutile de la vouloir à tout prix différente et d'être frustré quand les choses ne vont pas comme vous le voulez.

Ceux qui maudissent sans arrêt la réalité se condamnent à une existence faite de frustrations et de colères inutiles. Ils ont tendance à s'autoexploiter en disant par exemple : « Cela n'aurait pas dû arriver ! »

En prétendant que ce qui est en train de se produire ne devrait pas avoir lieu, ils se tourmentent inutilement. Plus vous êtes exaspéré par les surprises que vous réserve la réalité, plus se resserre autour de vous l'étau de la névrose. Dites-vous plutôt : « Voilà ce qui se passe. Je vais faire mon possible pour l'empêcher et pour éviter que cela ne se reproduise. »

« La vie est cruelle. » Ceux qui la jugent ainsi au lieu de l'accepter telle qu'elle est oublient que ce n'est pas la vie elle-même qui est cruelle. Une fois encore, elle *est,* tout simplement. Cruel est un mot que les hommes ont inventé et dont ils se servent ici pour accuser le monde de ne pas toujours être conforme à leurs désirs. Vous pouvez utiliser tous les adjectifs que vous voulez pour qualifier le monde et vous tourmenter ainsi tant que vous le désirez, cela ne changera rien à rien. Il serait plus réaliste de votre part de dire : « Certaines choses ne me satisfont pas telles qu'elles sont et je vais m'efforcer d'y apporter des modifications. Quant à celles qu'il m'est impossible de changer, il me faut les accepter sinon elles finiront toujours par me décevoir et m'exaspérer. »

« Les gens sont méchants et sans cœur. » Nous utilisons ces qualificatifs pour montrer notre désaccord avec certains comportements de nos semblables. Il est indéniable que les autres ont souvent des attitudes que nous ne choisirions pas nous-mêmes d'avoir et que parfois même nous condamnons.

Eh bien, évitons-les et efforçons-nous de ne pas laisser de tels comportements empiéter sur nos droits et sur ceux des autres. Si cela se produit malgré tout, faisons le nécessaire pour y mettre fin mais ne gaspillons pas notre énergie à chercher des mots pour définir autrui et à nous laisser torturer et paralyser par l'existence de tels individus. Surtout, n'exagérez pas en disant que *tous* les hommes sont méchants et sans cœur ; ce serait désespérer de tous, à commencer par vous-même. Il vaut mieux émettre des jugements sur les comportements des gens plutôt que sur les gens eux-mêmes. Car les gens changent et on ne peut pas toujours les classer dans des catégories bien compartimentées. Il peut sembler étrange de dire : « Ces personnes ont une attitude malveillante et malhonnête et je ne le tolérerai pas. » C'est pourtant une façon beaucoup plus logique de considérer les *gens* dont le *comportement* vous paraît critiquable.

« C'était vraiment horrible. » Rien n'est horrible si ce n'est dans l'esprit de l'homme. Rien ne l'est en soi. Cette petite phrase n'est que le reflet de l'opinion de quelqu'un. Il arrive bien sûr qu'un incident vous déplaise ou vous choque mais il serait ridicule de le qualifier d'horrible et de garder cette image d'horreur dans votre esprit comme si elle avait vraiment existé dans la réalité. Admettez que l'incident que vous déplorez a eu lieu – une attaque dans la rue, une faillite, un accident de la circulation – et tirez une leçon de l'expérience. Mais n'oubliez pas que le monde ne donne pas de sens aux événements ; ils ont lieu, c'est tout. Tant que cela ne vous porte pas préjudice, vous pouvez utiliser tous les qualificatifs que vous voulez pour désigner ces faits. Mais les traiter d'horribles aura généralement pour seul effet de vous paralyser. Et si vous êtes directement concerné par cet incident, vous attirerez la sympathie et la pitié des autres, ce qui ne fera que renforcer votre condition de victime.

Vos jugements ne vous nuisent que lorsqu'ils vous empêchent de jouir de l'instant présent ou lorsqu'ils vous fournissent des excuses toutes faites pour justifier votre attitude négative. En effet, votre vision de la réalité n'a pas toujours sur vous un effet malfaisant. Lorsque vos jugements sont positifs, ils valent certainement la peine d'être conservés ; mais n'oubliez jamais que ce ne sont que des images mentales de la réalité. L'adjectif « beau », par exemple, est utilisé pour exprimer une vision de la réalité. Dire d'une fleur qu'elle est belle ou agréablement parfumée, en apprécier les qualités, c'est merveilleux. De même, qualifier certaines attitudes de bonnes, d'intéressantes, d'extraordinaires, d'imposantes, de raffinées, de louables, de gentilles, de courageuses, etc., n'a rien de nuisible. Mais tous ces jugements qui vous paralysent, parce qu'ils se confondent dans votre esprit avec la réalité ou tendent à rendre les autres, Dieu ou le monde, responsables de ce que vous êtes, doivent être contestés et rejetés.

NE VOUS LAISSEZ JAMAIS EXPLOITER PAR LA RÉALITÉ

Examinez le monde et les gens qui l'habitent avec attention. Remarquez bien la façon dont le monde fonctionne. Étudiez bien tous les éléments qui constituent ce que nous appelons la réalité. Quelles que soient vos observations, habituez-vous à ne pas vous laisser opprimer par tout cela. Notre planète et ses habitants fonctionnent de manière assez prévisible. N'échappent à l'oppression que ceux qui ne se laissent pas entraîner dans des milliers de luttes inutiles, suivent le courant au lieu d'essayer de le remonter, vivent en harmonie avec leurs semblables et savent jouir de leur séjour sur Terre.

Vous verrez que la réalité vous paraîtra beaucoup plus agréable si vous prenez le temps de l'apprécier. Vous êtes dans un désert et il fait une chaleur accablante ; autour de vous, il n'y a que du sable. Vous avez bien sûr la possibilité de lutter mentalement contre cet état de choses si vous le désirez et vous pouvez toujours vous plaindre – la chaleur n'en diminuera pas pour autant. Mais vous pouvez aussi modifier votre attitude, considérer ce qui vous entoure d'un œil neuf et décider de profiter au maximum de la situation dans laquelle vous êtes – sentir la chaleur du soleil sur votre corps, la laisser pénétrer dans votre peau, regarder filer autour de vous les petits lézards, apprécier la beauté d'une fleur de cactus, admirer le vol du faucon qui passe juste au-dessus de vous. Vous découvrirez des centaines de manières de jouir du désert si vous décidez de ne plus le trouver ennuyeux, de ne plus vous plaindre de la chaleur, de ne plus rêver d'être ailleurs, de ne plus vous laisser dominer par toutes ces pensées stupides qui vous viennent à l'esprit lorsque vous vous laissez exploiter par la réalité.

Un orage peut également être vécu de bien des manières. Vous pouvez en avoir peur, vous cacher, le maudire ; or, chacune de ces attitudes vous privera du plaisir de vivre intensément ce moment de votre vie. Pourquoi ne pas vous laisser aller pendant cet orage ? Pourquoi ne pas en sentir les effets sur votre corps, l'écouter, le humer, et vous complaire dans tout ce qu'un orage peut avoir d'unique ? Quand l'orage s'éloigne, sachez apprécier l'éclaircie. Observez les nouveaux nuages qui se forment, voyez comme ils se déplacent, poussés par le vent ; remarquez leurs formes changeantes. La réalité de chaque instant peut être appréciée à l'infini.

De la même façon, vous pouvez décider de prendre plaisir à assister à une réception ou à une réunion, ou d'apprécier une soirée en solitaire, un ballet, un match de football, un repas, etc.

Quelle que soit la réalité – et vous pouvez considérer la plupart de vos réalités comme le résultat de votre propre choix –, vous avez le pouvoir d'en faire une expérience incomparable, mais vous pouvez tout aussi bien vous laisser exploiter en refusant de vous mettre en harmonie avec la situation, en la jugeant d'une manière irréaliste et subjective. Soyez logique : n'est-ce pas ridicule de vous laisser perturber et immobiliser lorsque cela ne sert à rien ? La réalité sera toujours la même, que vous restiez calme ou que vous soyez contrarié. La conclusion suivante ne peut échapper à une personne sensée : puisque vous avez le choix entre être opprimé par la réalité ou l'accepter calmement et puisque ni l'un ni l'autre des éléments de cette alternative n'a d'effet sur la réalité, il serait fou de choisir la première.

Lorsqu'il était à Walden, Henry David Thoreau écrivit un jour : « Je n'ai jamais moi-même aidé le soleil à se lever mais, croyez-moi, le simple fait d'être présent était de la plus haute importance. »

Telle est l'attitude de la « non-victime » : être là et vivre le moment pleinement. Ralentissez votre rythme de vie. Reconnaissez qu'il est absurde de souffrir uniquement parce que les choses *sont*. Cessez de croire à l'existence des « mauvais jours ». Ne vous leurrez pas ; les jours sont, c'est tout. Mercredi ne s'inquiète pas de savoir si vous l'aimez ou pas ; il n'en sera pas moins mercredi pour autant. Vos opinions n'affectent que vous.

COMMENT VOS CROYANCES VONT-ELLES À L'ENCONTRE DE VOTRE BONHEUR ?

« Vous savez, Watson, je crois fermement – et l'expérience de la vie m'a mené à cette conclusion – qu'il n'y a pas plus de pécheurs dans les quartiers les plus misérables et les plus infâmes de Londres que dans la belle et souriante campagne anglaise. » Ainsi parlait Sir Arthur Conan Doyle par l'entremise de Sherlock Holmes.

Dans cette petite phrase, le célèbre détective anglais énonce une vérité tout à fait fondamentale. Ce que nous classons sous la rubrique « croyances », le vice, ou le péché par exemple, se situe en fait où nous voulons nous-mêmes le trouver. Vos actes ne sont des péchés que si vous-même les estimez comme tels ; chaque homme est libre de juger le péché comme il l'entend.

Vos convictions ne vous feront du tort que si elles vous empêchent d'avoir un comportement efficace dans le moment présent. Même si vos appréciations de la réalité s'avèrent souvent exactes et vous aident parfois à vivre pleinement, il n'en demeure pas moins vrai qu'un grand nombre d'entre elles sont trompeuses et risquent d'être destructrices. Voici trois exemples de jugements portés sur la réalité qui peuvent se révéler néfastes, principalement parce qu'ils ne reflètent pas la réalité telle qu'elle est.

Bon ou mauvais

Si vous croyez que l'on trouve dans la nature des éléments bons et d'autres mauvais comme il en existe des rouges et des verts, et si vous passez votre temps à essayer de les distinguer les uns des autres et à juger tout ce qui vous entoure, vous irez de déception en déception. Ces termes ne sont, en fait, que l'expression de vos jugements portés sur les choses de ce monde et ils dépendent donc entièrement de vos goûts personnels. Tout ce que vous aimez ou approuvez, vous le qualifiez de bon. Le reste est mauvais. Par conséquent, chaque fois que vous rencontrez quelqu'un qui est différent de vous, plutôt que de reconnaître cette différence simplement vous avez tendance à le juger négativement. Cela vous permet d'ailleurs de justifier les sentiments de haine, d'animosité ou d'irritation que vous éprouvez envers lui. Lorsque vous rencontrez des obstacles sur votre chemin, dans vos rapports avec les autres, au volant de votre voiture, etc., vous pouvez les condamner, penser que la vie n'est qu'une succession de difficultés et de malheurs et justifier ainsi votre pessimisme et votre mauvaise humeur. Les autres, eux aussi, peuvent vous exploiter en portant sur vous des jugements de valeur négatifs. Si quelqu'un condamne votre comportement et fait pression sur vous pour que vous le modifiiez uniquement parce qu'il le désapprouve, rendez-vous compte qu'il cherche à vous mettre en position de faiblesse et que ses propos ne sont probablement pas justifiés.

Nous évaluons très souvent les faits comme si nous cherchions à les juger pour les oublier ensuite, au lieu de les vivre pleinement. « Cela sent mauvais. » Réfléchissons un instant au « concept » d'une mauvaise odeur. Si vous n'aimez pas une odeur particulière, c'est peut-être parce que votre organisme vous signale ainsi que ce que vous sentez n'est pas bon à manger. En fait, une odeur n'est jamais mauvaise en elle-même. De la même façon, on dit souvent que les chats sont méchants parce qu'ils chassent les oiseaux. Or, les chats ne connaissent pas d'autre manière d'agir. Méchant n'est pas un terme que l'on peut appliquer aux animaux puisqu'ils ne font que ce qu'ils savent faire. Les chats chassent par instinct. Si vous en déduisez qu'ils sont méchants, cela ne changera rien à leur mode de vie et ne servira qu'à vous faire du tort puisque vous attendrez en vain de la nature ce qu'elle ne pourra jamais vous offrir. Si vous êtes de ceux qui se soumettent à la routine bon/mauvais, dorénavant pensez plutôt en termes de sain/malsain, légal/illégal, efficace/inefficace, ça marche/ça ne marche pas ! Ce sont des dichotomies fondées sur la réalité qui peuvent vous être d'une grande utilité.

Bien ou mal

Une fois de plus, l'homme invente des termes pour évaluer la valeur d'un comportement, d'un événement. « Tu as bien agi », « Tu as mal agi », « C'était bien », « C'était mal ». Ces appréciations n'ont absolument rien à voir avec la réalité. Si quelqu'un parvient à vous convaincre que vous avez tort, d'un point de vue moral ou autre, il a suffisamment de pouvoir sur vous pour vous forcer à agir comme il le désire. C'est ce qui arrive dans la plupart des cas ; et pourtant il n'existe pas de solution magique qui puisse décider du bien-fondé de votre position ou de la sienne. Un observateur objectif se rendrait vite compte qu'une attitude jugée correcte par l'une des personnes ne l'est pas pour l'autre. C'est purement et simplement une question d'opinion.

On a envoyé des hommes se faire tuer dans des guerres stupides pour une « cause juste », alors que les deux parties antagonistes finissaient par échanger une poignée de main quand les combats avaient cessé. Les gens croient souvent que c'est un devoir de se dévouer à son pays, à son équipe, à son école, etc., et qu'il ne convient absolument pas d'avoir une attitude contraire. Ils s'exploitent les uns les autres en soutenant que la loyauté envers les membres de la famille est *toujours* juste et qu'il faut toujours dire la vérité car c'est ce qui est bien.

De la même façon, il ne faut ni jurer, ni bâiller, ni éternuer, ni avoir des tics, ni se mettre les doigts dans le nez. Pourquoi ? Non pas parce que ces comportements sont fondamentalement ou systématiquement mauvais, mais parce que les gens en ont décidé ainsi. Vous ne pouvez juger du bien-fondé de vos attitudes mais c'est à vous de voir si elles vous servent ou non dans la poursuite de vos objectifs légitimes. Pour que celui qui vous accuse d'avoir tort cesse de vous harceler, obligez-le à substituer à la notion de tort un argument qui prouve que votre comportement nuit à autrui. S'il en est incapable, c'est soit parce qu'il se fourvoie lui-même quant aux concepts du bien et du mal, soit qu'il s'efforce de faire de vous une victime.

Beau ou laid

Quand ils se rapportent à des personnes, ces jugements sont totalement subjectifs ; ils peuvent pourtant faire bien du mal. Dans la réalité, les gens ne sont ni plus beaux ni plus laids les uns que les autres ; ils sont simplement différents. Un grand nez n'est pas forcément disgracieux, à moins que vous ne choisissiez vous-même de le juger ainsi. Être poilu n'est pas fatalement laid de même qu'être petit, grand, gros, maigre, Blanc ou Noir. Lorsque la beauté devient un critère important pour juger de la valeur des gens, elle se transforme en un outil dont peuvent se servir tous ceux qui, de l'avis général, ont un physique agréable, pour rabaisser les autres et les exploiter. Or, rien ne vous oblige à approuver quoi que ce soit et moins encore à accepter d'utiliser des expressions qui ne servent qu'à placer une catégorie d'individus au-dessus d'une autre. Par ailleurs, si vous êtes de ceux qui se font souffrir inutilement en portant sur leur propre apparence un jugement erroné, c'est-à-dire en se jugeant eux-mêmes à partir de l'opinion des autres, débarrassez-vous de ces étiquettes ; vous vous délivrerez en même temps d'une des perspectives les plus fausses et les plus « imaginaires » que vous ayez sur le monde. Mark Twain écrivit un jour :

« L'homme est le seul animal qui rougisse et qui en éprouve le besoin. » À votre avis, s'était-il rendu compte que le fait de rougir est une réaction à un jugement porté sur la réalité ? Étant donné que les animaux ne savent qu'accepter cette réalité telle qu'elle est, sans la juger, il leur est évidemment impossible d'être gêné ou troublé. Nous ne voulons pas, bien sûr, être astreints aux limites du comportement animal ; il serait néanmoins intéressant de l'étudier d'un peu plus près pour essayer de comprendre comment il est possible d'échapper à l'oppression de ces jugements portés sur la réalité.

Une liste de choses qui n'existent pas dans la réalité

Ne serait-ce que pour le plaisir, jetez un coup d'œil sur la liste de mots et d'expressions qui suit. Ils correspondent tous à des jugements portés sur des choses qui dans la réalité n'existent pas, mais dont la plupart des gens ne peuvent se passer pour vivre. En ce qui vous concerne, croyez-vous que vous en ayez besoin ?

Des catastrophes
La chance
La voix du peuple
Des erreurs
Presque
Une mauvaise odeur
Le meilleur vin
Pour toujours
Une journée agréable
Une carrière réussie
Une belle femme
Une vision horrible
La seule façon de
Un bon garçon
Une personne stupide
Une mort imméritée
Un accident malheureux
Un être parfait
Une fille idiote
Une attitude normale
Une garantie
Une robe très laide
Une coiffure ravissante
Tu n'aurais pas dû
Un langage ordurier
Une syntaxe incorrecte
Un être merveilleux
Des goûts extravagants
Des mauvaises manières
Un acte déplacé
Un peu déprimant
Un pain de qualité inférieure
Une personne superficielle
Un acte dégoûtant.

N'oubliez pas que je ne porte pas un jugement sur ces concepts eux-mêmes ; je me contente de mettre en doute leur existence effective dans la réalité. Chacun d'eux correspond à une image mentale de la réalité ; si cette vision n'est pas négative, allez-y, portez tous les jugements que vous voulez. Mais si cette vision vous fait du tort, de quelque manière que ce soit, rendez-vous compte que vous devez alors vous débarrasser de ces croyances et les remplacer par des nouvelles qui seront fondées sur la réalité et qui, surtout, seront positives.

APPRENEZ À CALMER VOTRE ESPRIT

Tout comme votre corps, votre esprit a besoin d'une alternance judicieuse de périodes d'action et de périodes de repos pour être sain et fonctionner correctement. Si vous voulez vous défaire de ces jugements négatifs que vous portez sur la réalité, il faut absolument que vous appreniez à calmer votre esprit et à le libérer de toute pensée, de tout raisonnement analytique et de toute idée imaginaire, et que vous cessiez de revenir sans cesse sur le passé.

Lorsqu'elle est poussée à l'extrême, la réflexion est une véritable maladie. J'ai eu beaucoup de patients qui étaient atteints du « syndrome de l'esprit agité » qui consiste à passer sa vie à analyser tout ce qui se passe, sans jamais s'abandonner à un instant de paix et de décontraction. Or c'est l'esprit au repos que l'on jouit le mieux de la réalité, en *étant* tout simplement, en vivant pleinement le moment.

Souvenez-vous de la plus belle expérience de votre vie. Demandez-vous ce qui en a fait quelque chose d'aussi spécial. Vous vous rendrez compte que c'est le fait que vous étiez tellement absorbé par ce qui se passait que vous n'étiez même pas conscient des pensées qui s'agitaient dans votre esprit. Quelle fut l'expérience sexuelle la plus extraordinaire de votre vie ? Quelle qu'en fut l'occasion, vous étiez là encore tellement absorbé par l'action, par l'acte d'amour que vous ne pensiez même pas à ce que vous faisiez et que votre esprit était libéré de toute analyse et de toute réflexion. Vous avez laissé votre corps faire ce qu'il savait faire naturellement, c'est-à-dire vivre une expérience merveilleuse – sans éprouver le besoin de ressasser des milliers de questions. Vos pensées avaient cessé de s'agiter dans votre esprit.

L'accent que notre culture a mis ces dernières années sur la méditation est l'expression du désir naturel que nous avons tous d'apprendre à reposer notre esprit soumis aux activités frénétiques du monde moderne, pour qu'il continue à fonctionner normalement. La méditation n'est pas une discipline ésotérique qui consiste à passer son temps (et dépenser son argent) en compagnie d'un gourou spécialisé qui vous livre les secrets des anciens maîtres. C'est un processus très simple qui vous permet de soulager les tensions, de dissiper l'anxiété chronique de votre esprit surmené, en le laissant se relaxer et se calmer. Pour y parvenir, il vous suffit de vous concentrer sur une couleur, de faire le vide en vous ou de répéter un mot simple, jusqu'à l'exclusion de toute autre pensée. Chaque fois que vous sentez que le champ de votre esprit est envahi par une pensée négative, refusez de la laisser pénétrer plus profondément, repoussez-la en vous disant qu'elle peut attendre la fin de la période que vous avez choisie pour méditer. Pour les débutants, elle peut durer quinze secondes ; plus tard quand vous serez bien exercé, elle peut aller jusqu'à vingt minutes. Cette relaxation de l'esprit est aussi importante pour vous que celle du corps et doit être pratiquée régulièrement. Vous pouvez le faire à n'importe quel moment de la journée.

TROP PENSER EMPÊCHE DE VIVRE PLEINEMENT

Apprendre à vivre, c'est en fait apprendre à ne pas penser. Vivre signifie tout simplement participer totalement et pleinement à une activité et faire ce qui pour vous est naturel, sans vous tourmenter, sans vous persécuter en revenant sans cesse sur des faits passés, en vous efforçant d'analyser la situation ou en essayant de prévoir les conséquences de tous vos actes. Une fois que votre corps sera rompu à une tâche, quelle qu'elle soit, l'intervention de votre esprit ne pourra que le gêner dans l'accomplissement de cette action.

Pensez à des activités quotidiennes, à conduire votre voiture, par exemple. Après avoir appris à conduire, une fois que vous avez compris le mécanisme et si vous vous êtes bien entraîné, vous ne pensez plus à ce que fait votre corps pendant que vous conduisez. Vous le laissez simplement faire ce qu'il sait faire. Pour prendre un tournant, votre pied se déplace automatiquement de l'accélérateur au frein pour ralentir et vos mains tournent le volant de manière à diriger le véhicule en suivant la courbe de route, tout en restant sur le bon côté de la chaussée, en évitant le trottoir, etc. Vous laissez ensuite le volant se remettre en position normale en déplaçant votre main ; puis, vous accélérez à nouveau. Si vous vous mettiez à réfléchir et à vous poser des questions chaque fois que vous faites le moindre mouvement, vous interrompriez l'enchaînement automatique de vos gestes qui cesseraient dès lors d'être coordonnés et la manœuvre échouerait. Ce serait exactement comme si vous reveniez aux étapes initiales et incertaines de l'apprentissage. Vous avez certainement déjà rencontré des automobilistes qui ne pensent qu'à leur conduite et ne semblent jamais avoir totalement dépassé le stade hésitant et malaisé de l'initiation. Ils conduisent nerveusement, tournant trop le volant dans les virages, comme s'ils s'attendaient à tout instant à ce que leur véhicule quitte la chaussée. Ils sont anxieux à chaque tournant, jettent sans arrêt des regards inquiets sur l'indicateur de vitesse ; ils ont peur de dépasser la ligne jaune par mégarde ; en bref, ils ne savent pas conduire parce qu'ils n'ont pas appris à le faire sans penser à ce qu'ils font.

Il en est de même dans le domaine du sport, au tennis, au basket-ball, au ping-pong. Au tennis, vos services seront bien meilleurs si vous n'y pensez pas. Si, l'esprit au repos, vous laissez votre corps faire ce qu'il sait faire, vos revers seront excellents, vos volées extraordinaires, etc. Vous savez que l'on considère toujours le tennis comme un jeu de l'esprit et que les entraîneurs parlent toujours de la nécessité pour les sportifs d'avoir une bonne attitude mentale. Les joueurs les plus compétents sont ceux qui sont assez décontractés mentalement pour ne pas être nerveux quand ils jouent et qui, de cette façon, parviennent à laisser leur corps faire ce qu'ils l'ont entraîné à faire.

J'ai assisté à de nombreux matchs de tennis entre des challengers et des champions et je les ai étudiés avec attention. Au début, les challengers gagnent souvent, principalement parce qu'ils ne jouent que pour le plaisir. Ils ne songent même pas à gagner et, de ce fait, ils ne s'en préoccupent pas. Pleins d'énergie, ils frappent la balle, sans réfléchir. Et puis, lorsque leur score est supérieur à celui de leur adversaire, ils commencent à penser. Auraient-ils une chance de gagner ? Ils ont maintenant quelque chose à protéger. Ils se crispent, se mettent à faire des efforts pour gagner. Leur esprit prend le dessus ; ils tapent moins fort dans la balle et essayent de la diriger et très vite, ils commencent à perdre. S'ils avaient pu continuer à être décontractés, en ayant l'esprit tranquille et en laissant leur corps seul jouer au tennis, ils seraient probablement parvenus à conserver l'avantage. Je vous le dis une fois encore : si l'on veut gagner, il ne faut pas être obsédé par la victoire.

Tous les grands champions sportifs jouent naturellement sans penser ; leur corps est exercé à réagir immédiatement, et à chaque instant, aux exigences précises du jeu. On dit souvent que la concentration est la clé de la réussite ; si c'est le cas, cela ne signifie pas du tout s'appesantir sur les problèmes, les analyser, les examiner sous toutes les coutures. C'est donc plutôt une forme de méditation qu'une manière de penser ou de bâtir des théories. Lorsque R. Barry réussit 90 % de ses tirs, sous le regard attentif de plusieurs milliers de professionnels du basket-ball, ce n'est certainement pas parce qu'il réfléchit longuement à chacun de ses mouvements mais précisément parce qu'il ne pense pas aux pressions qui s'exercent sur lui à ce moment-là. Johnny Unitas ne pensait certes pas à ce qu'il devait faire de son bras, de ses jambes, de ses doigts, chaque fois qu'il faisait une passe. Tous ces grands athlètes ne passent pas plus de temps à évaluer le risque d'échec de chacune de leurs actions que vous ne le faites lorsque vous lancez négligemment une boulette de papier dans la poubelle.

Vous pouvez vous-même adopter une attitude semblable dans toutes les activités sportives auxquelles vous vous adonnez et dans tous les « jeux » de la vie, qu'ils soient sérieux ou non. Si vos revers au tennis sont très mauvais en général et que, de temps en temps, cependant, vous frappez « inconsciemment » une balle qui passe au-dessus du filet en le rasant pour aller atterrir sur le terrain de votre adversaire de telle sorte qu'il est incapable de la renvoyer, vous pouvez en conclure que si seulement vous cessiez de penser sans arrêt à vos actions, elles seraient beaucoup plus efficaces. En agissant inconsciemment, vous laissez libre cours à vos capacités naturelles. Agir inconsciemment signifie, en fait, ne pas penser pendant que vous jouez et laisser votre corps faire ce qu'il sait faire naturellement.

Dans la vie sexuelle également, il est nécessaire d'avoir l'esprit au repos si l'on veut participer pleinement à la réalité, simplement, sans la juger. Avez-vous déjà entendu parler d'un garçon de quatorze ans à qui il a fallu apprendre à avoir une érection ? Bien sûr que non ! Mais vous avez probablement déjà entendu parler de cadres de quarante ans à qui il a fallu l'apprendre à nouveau. L'impuissance, comme tout ce qui empêche l'homme d'avoir un comportement naturel, est généralement due à des préoccupations, à l'inquiétude, à l'anxiété, à la peur, à des conflits intérieurs – au fait que votre esprit refuse d'oublier certaines choses (difficultés dans l'activité professionnelle par exemple) et que, de ce fait, il fait obstacle aux réactions spontanées de votre corps. Assez paradoxalement, la thérapie sexuelle consiste essentiellement à apprendre aux gens à ne plus penser et à ne plus se préoccuper de leurs performances sexuelles de manière à se libérer des tensions que leur esprit agité exercait jusque-là sur leur corps. C'est en étant là, simplement, attentif à la présence de votre partenaire et à l'acte sexuel et non en laissant vos pensées se disperser dans toutes les directions que vous ferez les expériences les plus extraordinaires de votre vie.

Il est bien connu qu'en ne prêtant aucune attention – ou aussi peu d'attention que possible – aux premiers symptômes d'une maladie, on arrive souvent à les faire disparaître – à condition bien sûr que l'on ne fasse rien pour les aggraver. De plus en plus, on a recours à la méditation, acccompagnée d'exercices physiques appropriés plutôt qu'à des médicaments pour interrompre le cycle des douleurs dorsales chroniques (douleur-tension-douleur). Prenons maintenant un exemple. Vous avez un simple rhume. Si vous y pensez sans arrêt, si vous en parlez tout le temps, si vous vous laissez aller en quelque sorte, vous en aggraverez vraisemblablement les symptômes – que votre organisme aurait de lui-même supprimés si vous aviez été absorbé par ailleurs par des préoccupations plus importantes.

Ce jour-là, Howard devait sauter en parachute pour la première fois de sa vie. Il partit de chez lui très enrhumé. Il se mouchait sans arrêt, il toussait et il avait le sinus bloqué. Lorsqu'il arriva à l'aéroport, il se trouva pris dans le tourbillon des préparatifs. Il lui fallait écouter le moniteur, réviser toutes les instructions, monter dans l'avion, ajuster son parachute, compter les secondes, se hisser sur la plate-forme de saut, se mettre en position, etc. Pendant deux heures, la perspective de sauter le plongea dans un état d'excitation et d'enthousiasme complet. Or, quand il regagna sa voiture pour reprendre la route et rentrer chez lui, une fois l'action terminée, l'excitation ayant disparu, il reprit conscience pour la première fois en deux heures que son nez coulait. En effet, pendant tout le temps où il avait été totalement absorbé par toutes ces actions, Howard n'avait pas pensé à son rhume un seul instant et son corps, tandis qu'il continuait à lutter contre le rhume, s'était également mis à en supprimer naturellement les symptômes, exactement comme des médicaments l'auraient fait artificiellement.

J'eus un jour affaire à une cliente qui souffrait de coliques chroniques. Elle savait que son cas était psychosomatique puisque ses attaques n'avaient lieu que lorsqu'elle avait quelque chose de désagréable à faire. Elle était obligée d'organiser ses journées de manière à avoir toujours accès à des toilettes. L'idée d'avoir à conduire sa voiture sur une longue distance la terrifiait pour la même raison. Après plusieurs mois de consultations, elle s'efforça de calmer son esprit, de ne plus penser perpétuellement à son problème et de ne plus essayer de le combattre, car elle s'était rendu compte que cela ne faisait qu'augmenter sa tension et aggraver son cas.

Cette stratégie qui consiste à endiguer le cours de vos pensées lorsque celles-ci sont négatives peut vous être très utile pour lutter contre les maladies et contre la faiblesse physique. Elle ne peut, bien sûr, se substituer aux soins médicaux appropriés ; mais lorsque le problème est d'ordre purement psychologique ou lorsque votre esprit est susceptible d'augmenter les symptômes de façon disproportionnée par rapport à leur gravité réelle, apprendre à se décontracter et à ne plus penser peut être un antidote puissant contre la maladie.

Cette stratégie peut également vous aider à résoudre votre problème de poids. Votre corps sait de lui-même trouver son poids normal. Si vous prenez trop d'embonpoint, c'est vraisemblablement dû à votre esprit plutôt qu'à des problèmes de dérèglements organiques. Si vous cessiez d'idolâtrer la nourriture et si vous décidiez une fois pour toutes de vous arrêter de manger dès que votre corps n'en a plus besoin, vous n'auriez plus à vous préoccuper de faire un régime. Votre corps se satisfait en général d'un repas léger. Une fois ce repas avalé, vous ne sentez plus de creux à l'estomac. Si, malgré tout, vous continuez à manger, c'est parce que vos pensées restent orientées vers la nourriture. Vous vous trouvez des excuses ; vous vous dites que vous devez manger tout ce qu'il y a dans votre assiette, que c'est l'heure du repas, ou que si vous ne mangez pas maintenant plus qu'il n'est nécessaire, vous aurez de nouveau faim dans vingt minutes, que le rôti est excellent, que la glace au chocolat est divine... Vous avez toujours l'impression que vous allez être affamé ; vous avez une peur irrationnelle de la faim ; en sortant de table, vous avez déjà faim. En réalité, vous vous gavez inutilement, vous abusez de votre corps et vous le savez bien.

Pour perdre du poids, l'un des moyens les plus sûrs consiste à ne mettre qu'une cuillerée de nourriture à la fois dans votre assiette. Après chaque bouchée, demandez-vous si votre faim est assouvie. Si c'est le cas, arrêtez-vous alors immédiatement de manger jusqu'à ce que vous ayez vraiment faim à nouveau. Nourrissez-vous jusqu'à ce que votre corps soit satisfait. Le corps déteste être gavé, lourd, gonflé ; c'est parfois même pénible de trop manger. Si vous parvenez à calmer votre esprit « affamé », et si vous obéissez aux nombreux signaux que votre corps vous envoie pour essayer de stopper votre voracité habituelle, vous arriverez à faire une trêve et votre corps vous récompensera en quelque sorte en s'ajustant à son poids optimal. Les crampes, les crispations, les difficultés que vous éprouvez à respirer, tout cela correspond à des signaux que votre organisme émet pour que vous compreniez que vous ne devez absorber que ce dont il a besoin pour fonctionner. Cessez d'être obsédé par la nourriture et vous verrez que, très vite, vous deviendrez l'être énergique et sain que vous pouvez être en dépit des apparences.

Le bégaiement nous offre un autre exemple de l'usage que nous pouvons faire de la « technique de l'esprit calmé ». Ce type de déviation par rapport à un fonctionnement physique normal est presque toujours d'origine mentale. En effet, le plus souvent, le bégaiement vient du fait que l'on utilise un langage particulier pour se parler à soi-même, ce qui entraîne des difficultés dans la conversation avec autrui.

Sheldon avait été bègue toute sa vie. Comme la plupart de ceux qui souffrent de sérieux défauts de prononciation, il avait eu dès sa jeunesse la hantise de ne pas s'exprimer correctement. Perfectionnistes, sévères, ses parents n'avaient toléré de sa part aucune faiblesse, aucune sottise. Enfant, il s'était vu constamment corrigé ; son bégaiement était en quelque sorte une réaction au dur traitement que lui avaient infligé ses parents : son élocution, au moins, échappait à leur contrôle.

À l'âge de quarante-deux ans, Sheldon bégayait toujours. De toute évidence, il était lui aussi atteint du « syndrome de l'esprit agité ». Il pensait toujours avant de parler et, de ce fait, empêchait son corps de faire ce qu'il savait parfaitement faire, c'est-à-dire parler normalement, sans hésitation et sans altérer le langage. Il se donna donc pour première tâche de cesser de penser avant de parler. Pourquoi ne pas accepter son bégaiement s'il ne pouvait l'empêcher, sans s'inquiéter de ce que diraient les autres ? Il se donnait en fait mentalement l'autorisation de bégayer en refusant de considérer cela comme un échec ou une faute. Il dut se convaincre du fait que parler c'était toujours parler, quelle que soit la manière dont on s'exprimait et se rendit compte que l'idée qu'il n'existe qu'une seule façon correcte de discourir était un jugement de valeur.

Dès qu'il sut comment calmer son esprit et laisser libre cours à ses paroles, Sheldon fit des progrès stupéfiants. Assez paradoxalement, alors que petit à petit il cessait de se préoccuper de son problème d'élocution, son bégaiement disparaissait. Cette nouvelle attitude le libéra également de l'opinion négative qu'il avait eue de lui-même depuis l'âge de trois ans.

Dans presque toutes les situations de la vie, une fois que votre organisme est habitué à réagir comme vous l'entendez, – parce que vous y avez pensé et repensé, parce que vous l'avez exercé et corrigé maintes et maintes fois, il est temps pour vous de vous décontracter et de laisser votre corps faire ce que vous lui avez appris, en faisant en sorte qu'il ne soit pas soumis aux pressions qu'exercerait sur lui un esprit trop agité. Paradoxalement, en vous relaxant, en vous laissant aller, vous améliorez vos performances. Tous les bons éducateurs savent que ce n'est qu'en agissant naturellement que vous serez efficace. Lorsqu'un être est soumis à la tension, qu'elle soit d'origine interne ou externe, son esprit paralyse toute son activité. Le stress détruit tout sur son passage. L'écrivain anglais Charles Kingsley écrivit un jour ces quelques phrases qui me semblent très bien convenir ici. Il y définit la pensée comme étant la cause et le symptôme de la misère humaine : « Penser à soi est le meilleur moyen d'être malheureux ; si vous pensez à ce que vous désirez, à ce que vous aimez, au respect que les gens devraient avoir envers vous, à ce que l'on pense de vous, pour vous, alors, plus rien ne sera pur. Tout ce que vous toucherez, vous l'abîmerez ; vous ne jouirez plus des dons de Dieu et tout ne sera plus pour vous que péché et malheur. Vous aurez vous-même choisi d'être aussi malheureux. »

Une fois de plus, voici ce mot-clé : choisir. Il ne tient qu'à vous de décider de vous débarrasser de cet esprit inquiet qui vous empêche de jouir de la réalité.

QUELQUES TECHNIQUES POUR ÉLIMINER TOUS LES JUGEMENTS NÉGATIFS

Que vous décidiez ou non de faire quelque chose pour vous défaire de cette fâcheuse habitude de juger, la réalité sera toujours exactement ce qu'elle est. Si vous avez compris ce qu'est un jugement et si vous avez l'impression que vos propres appréciations vous font parfois du tort, pourquoi alors ne pas les modifier ? Pourquoi ne pas accepter le monde tel qu'il est et l'apprécier plutôt que de gaspiller votre vie à le juger, à l'évaluer et à en être contrarié. Voici quelques suggestions pour vous aider à devenir expert dans l'art de vivre dans la réalité.

Commencez par croire que vous êtes maître de votre attitude à l'égard de ce qui vous entoure. Si vous parvenez à maîtriser vos jugements, il vous sera alors aisé de rejeter tous ceux qui sont négatifs. Si vous continuez à croire que vous n'avez aucune emprise sur vos pensées et sur vos sentiments, que tout est en quelque sorte programmé d'avance, vous ne vous en sortirez jamais. Soyez fermement résolu à décider vous-même de vos attitudes plutôt que d'en être l'esclave.

Certains jours, assignez-vous la tâche de prendre conscience de la réalité. Efforcez-vous d'étudier tout ce qui se trouve dans votre champ visuel. Plutôt que de passer à côté des choses sans les remarquer, enregistrez autant d'éléments que vous pouvez en faire pénétrer dans votre conscience. Ne vous sentez pas obligé d'en faire quoi que ce soit, si ce n'est de les ressentir. Si, par exemple, vous êtes dans une voiture, remarquez l'importance du trafic, le véhicule qui est devant vous, l'intérieur de votre propre voiture, les paysages qui défilent sous vos yeux. Examinez les passages à niveau, la forme des nuages, l'architecture des maisons, observez la direction du vent, tout ce qui s'offre à votre regard. Faites ce genre d'exercice : vous verrez que non seulement vous ne vous ennuierez plus, mais encore que vous prendrez aussi des habitudes qui permettront finalement de rendre chaque instant de votre vie beaucoup plus agréable.

Évaluez à nouveau votre vocabulaire et la manière dont vous exprimez la réalité. Remarquez le nombre de fois par jour où vous portez des jugements de valeur. Combien de fois par jour dites-vous : « Tout va très mal », ou « Quelle mauvaise journée ! », ou « Il (ou elle) n'a aucun intérêt », ou « Il (ou elle) est laide » ? Apprenez petit à petit à vous corriger dès que vous commencez à émettre des opinions négatives. En modifiant votre manière de parler, vous changerez vos attitudes de sorte que vous pourrez plus facilement accepter la réalité telle qu'elle est ; vous verrez que vous éliminerez ainsi de votre vie bien des tourments inutiles.

Lorsque quelqu'un émet une opinion avec laquelle vous êtes en profond désaccord, tâchez de ne pas « exploser » intérieurement. Pourquoi vous mettre en colère simplement parce que cette personne ne voit pas le monde comme vous ? Chaque être est unique en son genre ; moins vous passez de temps à vous en plaindre, plus vous serez à l'aise avec les autres et plus vous serez à même de tirer vos propres ficelles. Si quelque chose vous préoccupe et si vous savez que vous finirez par en prendre votre parti, pourquoi ne pas cesser sur-le-champ de vous tourmenter ? Cette technique, dont le but est de vous faire gagner du temps, vous aidera à vous réadapter à la situation de manière à ne pas vous laisser paralyser par ce qui fait partie du passé. Vous finirez par prendre l'habitude de ne plus vous laisser immobiliser par des faits sur lesquels vous n'avez aucune influence ; vous apprendrez à agir au lieu de rechigner.

Ayez une vision personnelle de la réalité. Exercez-vous à voir le monde d'une manière originale, différente des autres. Si les autres choisissent d'être contrariés par votre manière de voir les choses, cela les regarde. Laissez-les croupir dans leur misère si c'est le choix qu'ils ont fait ; vous pouvez cependant vous-même faire le choix conscient – qui deviendra finalement inconscient – de jouir de chaque instant de la vie. Souvenez-vous de la célèbre phrase de Walt Whitman : « Pour moi, chaque heure de lumière ou d'obscurité est un miracle. Chaque centimètre cube d'espace est un miracle. » Perdez l'habitude d'évaluer, de juger, d'analyser et d'interpréter tout ce qui vous entoure. Débarrassez-vous de ces occupations futiles. Agissez, profitez de la vie, aimez, vivez ! À l'instant précis où vous vous surprenez en train d'exprimer un de ces jugements, interrompez-vous. Dites-vous que rien ne vous oblige à l'approfondir et contentez-vous de jouir du moment.

Il y a très longtemps, on vous a appris à attacher de l'importance aux notes que l'on vous attribuait. Lorsque vous étiez étudiant, vous considériez que vos travaux n'avaient de la valeur que s'ils étaient bien notés par les professeurs ; autrement, vous saviez qu'ils ne valaient rien. Dans le monde réel, cependant, le système de notes est idiot car rien ne peut y être mesuré en ces termes. Si vous persistez néanmoins à mesurer votre vie en termes « scolaires » (cette journée vaut 15 sur 20), que cela soit conscient ou pas, vous serez à jamais prisonnier d'un tel système. Oubliez cette névrose des notes que l'on vous a inculquée lorsque vous étiez enfant et contentez-vous d'agir. Si malgré tout vous conservez ce barème, vous prendrez la fâcheuse habitude d'éviter toutes les activités dans lesquelles vous n'êtes pas sûr d'obtenir 20 sur 20 et vous passerez par conséquent à côté de pratiquement tout ce qui est agréable dans la vie. À une certaine époque, vous avez peut-être cru qu'un 20 sur 20 dans une matière donnait sa valeur à cette matière. Si c'est le cas, sachez que vous vous êtes fourvoyé ; même si cela vous ennuyait alors de ne pas obtenir une bonne note, aujourd'hui, vous n'avez plus aucune raison de vous laisser affecter.

Remettez régulièrement en question la relation que vous avez avec votre époux, votre fiancé, etc. Dans la vie, tout est éphémère et vous devez donc fréquemment prendre des décisions pour redonner de la vigueur à cette attache. Reconnaissez qu'en ce moment il n'y a qu'un seul être avec qui vous pouvez vivre et, puisque vous voulez que ce moment soit aussi enrichissant que possible, faites tout ce qui est en votre pouvoir pour que cela soit le cas. Tous les beaux discours sur la permanence des choses seront peut-être inutiles puisque, en un instant, tout peut être anéanti par la mort de votre partenaire ou par une décision, prise par l'un ou par l'autre, de mettre fin à cette liaison ? Pourquoi alors vous sentir perdu parce qu'il n'existe pas de relation idéale et permanente alors que vous pouvez pour le moment être parfaitement heureux ?

Acceptez le fait qu'il y aura toujours des snobs, des originaux, des bizarres, des criminels, des êtres pleins de préjugés et bien d'autres catégories de gens que vous n'aimez pas. Au lieu de les juger, de maudire le monde parce qu'il tolère de telles calamités, pensez qu'eux-mêmes vous jugent peut-être aussi mal et que, s'ils en avaient la possibilité (qu'ils n'ont pas), ils aimeraient probablement vous voir, vous-même et l'espèce à laquelle vous appartenez, éliminés de la planète. Concédez-leur simplement le droit d'avoir une vision de la réalité qui leur est propre et ne leur permettez plus d'avoir de l'ascendant sur vous.

Cessez de posséder les autres dans votre esprit. Débarrassez-vous de l'illusion que vos enfants, votre époux, vos amis ou vos connaissances vous doivent quelque chose simplement parce qu'ils vivent avec vous, qu'ils travaillent avec vous, etc. Jamais vous ne les posséderez, et, il faut l'espérer, jamais vous ne parviendrez à les forcer à penser comme vous, simplement en les rudoyant. Une fois que vous aurez compris cela, vous les laisserez vivre en paix et vous vous éviterez en même temps bien des peines et bien des maux de tête inutiles. Vous pouvez dispenser vos conseils aux plus jeunes, aider ceux à qui cela fait plaisir, mais vous ne pouvez jamais, au grand jamais les posséder ; il est inutile que vous fassiez des efforts pour y parvenir. Rien n'y fera.

Refusez de vous laisser corriger et débarrassez-vous de toute tendance que vous pouvez avoir vous-même à corriger les autres – ou à essayer de leur faire faire les choses « convenablement ». Corriger constamment les propos des autres, les reprendre à chaque fois qu'ils exagèrent ou qu'ils sont imprécis, sont des habitudes néfastes – et impolies. Vous leur donnez l'impression que vous savez tout sur la manière dont ils doivent se comporter et qu'ils devraient toujours vous consulter avant d'agir.

Lorsque quelqu'un vous reprend sans arrêt, essayez de l'en empêcher en lui disant : « Vous venez de me corriger à nouveau sans raison. Vous savez probablement mieux que moi ce que je devrais dire ! », ou « Avez-vous compris ce que j'essayais de vous expliquer ? Oui, alors, à votre avis, à quoi cela sert-il de parler ? À communiquer sa pensée ou à jouer aux devinettes ? » Cette personne comprendra ainsi que vous refusez de vous laisser diriger et que vous n'avez besoin de personne pour évaluer votre propre vision de la réalité. Comme nous l'avons vu dans l'exemple du bègue, les enfants que l'on corrige sans arrêt finissent un jour ou l'autre par « la boucler ». J'ai souvent rencontré des parents bien intentionnés qui croyaient qu'en corrigeant constamment leurs jeunes enfants ils démontraient l'importance qu'ils accordaient à la communication. En réalité, leurs remarques incessantes ne faisaient qu'agacer les enfants et les empêchaient de penser par eux-mêmes.

Efforcez-vous de pratiquer des exercices qui calment l'esprit et de vous accorder des moments de méditation, tout particulièrement les jours où vous êtes très occupé. Repoussez les pensées qui vous assaillent et laissez votre corps et votre esprit se calmer et se décontracter. Ce n'est que lorsque vous cesserez d'analyser la vie que vous commencerez vraiment à l'apprécier et à en jouir.

La réalité est *tout simplement. Si vous voulez vous libérer de l'exploitation, inspirez-vous de cette maxime philosophique, car elle est aussi importante que toutes les autres leçons plus concrètes exposées dans les chapitres précédents. Elle résume, d'une certaine manière, toutes celles qui ont été exprimées auparavant. Apprendre à apprécier la vie simplement, sans maudire la réalité, sans détruire vos possibilités de bonheur présent, peut être à la fois la première et la dernière étape dans votre recherche de l'épanouissement complet.*

CHAPITRE 9

TOUJOURS FAIRE PREUVE DE VITALITÉ CRÉATRICE

Il n'est pas de chemin qui mène au bonheur ;
c'est en chemin qu'il faut être heureux.

Vous avez toujours plusieurs options à votre disposition. Peu importe la situation, vous pouvez choisir comment y faire face et dans quel esprit l'aborder. Il sera beaucoup question, dans ce chapitre, du mot « option », puisqu'il a pour but de vous encourager à vous débarrasser de certaines attitudes qui vous ont peut-être jusqu'ici empêché de faire preuve de vitalité créatrice. À quelque stade que vous soyez de votre vie et en n'importe quelles circonstances, vous pouvez tirer parti de la situation dans laquelle vous vous trouvez en en faisant une expérience enrichissante, et vous pouvez choisir de ne pas vous laisser bloquer sur le plan émotionnel. Que vous soyez sur un lit d'hôpital, en prison, dans un emploi sans intérêt, dans les bas quartiers de New York, dans le Missouri ou en voyage autour du monde, le décor n'a que peu d'importance. Vous pouvez avoir assez de « vitalité » pour tirer parti de l'expérience et vous pouvez soit aimer l'endroit où vous vous trouvez, soit vous arranger pour aller ailleurs, en un lieu qui vous apporte plus de satisfaction.

LE CONCEPT DE VITALITÉ CRÉATRICE

La notion de créativité ne s'applique pas ici à des dons artistiques particuliers, ni à la capacité de créer dans un domaine culturel quelconque. Elle n'a, en effet, aucun rapport avec la musique, la littérature, la peinture, la science, ou n'importe quel autre domaine auquel on la rattache habituellement, mais se réfère à la capacité d'un individu à se lancer dans n'importe quelle entreprise. Si, au lieu de consulter un manuel, ou de prendre conseil des autres quant à la manière de procéder, en telle ou telle circonstance, vous vous en remettez à votre jugement personnel, vous exercerez votre « créativité » dans tout ce que vous entreprendrez. Une non-victime s'applique à avoir une attitude créatrice dans toutes les situations de la vie et refuse de se laisser exploiter par les circonstances qu'elle a, après tout, elle-même choisies.

Faire preuve de vitalité créatrice signifie être capable, là où l'on se trouve, de jeter un coup d'œil autour de soi et de se dire : « Comment puis-je faire de cela une expérience enrichissante ? Que puis-je dire, faire, penser, ressentir, pour avancer sur le chemin de la connaissance et de l'épanouissement ? » Cette attitude peut être la vôtre, si vous en décidez ainsi et si vous cessez de vous exploiter vous-même, ou de vous faire exploiter par ceux qui vous entourent.

Une soirée assommante représente, par exemple, une situation typique où les gens se laissent exploiter par manque de vitalité créatrice. La conversation languit, on en est à la couleur des rideaux ou au pipi du chien sur le gazon, et la plupart des invités sont des victimes plantées là, à se morfondre et à se plaindre intérieurement de ce que tout le monde soit si ennuyeux, irritées et parfois même furieuses. Mais, l'esprit en éveil, celui qui refuse d'être une victime se demande, quant à lui, comment changer les choses autour de lui, ou du moins ne pas se laisser exploiter par elles. Il sait qu'il a le choix entre des centaines de possibilités et se met à envisager quelques-unes d'entre elles.

Peut-être se mettra-t-il debout et restera-t-il ainsi, alors que tout le monde est assis, jusqu'à ce que l'on s'en étonne et qu'on se pose des questions sur son comportement. Peut-être demandera-t-il : « À quelle distance du plafond une mouche s'approche-t-elle avant de se retourner, puisqu'elle ne peut pas voler la tête en bas ? » Ou peut-être demandera-t-il à quelqu'un qui lui paraît sympathique de faire avec lui un tour du jardin, même en pleine nuit. Il pourrait aussi faire de la musique et inviter quelqu'un à danser, ou faire un sondage, pour savoir les parfums préférés des gens. Il peut choisir de laisser son esprit vagabonder au hasard, donner libre cours à son imagination et peut-être même commencer dans sa tête un roman. Un être créatif qui a décidé de ne pas devenir l'esclave des circonstances a bien autre chose à faire que de parler des rideaux…

AIMER LE LIEU OÙ L'ON SE TROUVE

Combien de fois avez-vous entendu les gens se plaindre autour de vous de villes ennuyeuses, d'événements assommants, de bleds mortels ? Un être plein de vitalité créatrice est heureux partout, puisqu'il se tient ce langage : « C'est ici que je me trouve en ce moment. Autant l'apprécier et en tirer le meilleur parti, plutôt que d'en être contrarié et de me laisser exploiter par le mauvais sang. »

Les gens ne cessent pas de poser ce genre de questions : « Aimez-vous New York ? » Bien sûr que vous aimez New York – particulièrement quand vous y êtes. Si vous alliez à Paris, à Birmingham ou à Alexandrie, eh bien, vous aimeriez aussi ces villes. Les lieux ne sont rien que des bouts de terre, avec quelques caractéristiques particulières, et vous vous souvenez que nous avons dit au chapitre précédent que les lieux en eux-mêmes n'étaient pas déplaisants mais que c'était seulement les hommes qui les considéraient ainsi.

Vous pouvez aimer la rue où vous habitez, votre maison, la soirée à laquelle vous assistez, les gens qui vous entourent, surtout à partir du moment où vous vous serez rendu compte que les lieux où vous vous trouvez dépendent, dans une proportion de 99 %, de vous, et de 1 % seulement des circonstances. Dans la plupart des cas, c'est vous qui décidez du lieu où vous êtes. À quoi cela vous sert-il donc de vous trouver en un lieu qui ne vous plaît pas ? S'il arrive que vous soyez en un lieu où vous auriez préféré ne pas être, mais que vous n'y pouvez rien changer, comme par exemple en prison, à quoi cela vous sert-il de ne pas l'aimer puisque vous ne pouvez aller ailleurs ?

Apprenez à rompre avec l'habitude autodestructrice qui vous condamne à ne pas aimer les lieux où vous avez choisi d'être. Laissez-vous porter, au contraire, par des élans de vitalité créatrice, au lieu de vous nuire en vous lamentant sans cesse, ce qui ne vous mènera nulle part et vous fera encore plus détester l'endroit où vous êtes.

LA VIE EST UNE SÉRIE D'EXPÉRIENCES

Beaucoup de personnes envisagent la vie comme une expérience unique, qui doit être prise comme un tout et jugée bonne ou mauvaise ; si l'une d'elles a connu une série de malheurs, la vie pour cette personne est définitivement mauvaise.

Mais la vie n'est pas une seule et unique expérience – elle est changeante –, et chaque jour de votre vie, chaque instant de chaque jour, représente quelque chose d'entièrement nouveau, qui n'a jamais existé avant, et qui peut être utilisé de mille et une nouvelles manières, si vous en décidez ainsi.

Ceux qui ne voient en la vie qu'une seule expérience sont rarement heureux, parce que, consciemment ou pas, ils passent leur temps à analyser et à évaluer leur vie, ce qui déjà les éloigne de la réalité et les fait gâcher l'instant présent. Ils pensent volontiers que certaines personnes ont eu la chance d'avoir des vies heureuses et qu'ils ont, eux, joué de malchance. Ils restent donc bloqués parce qu'ils pensent n'avoir aucun pouvoir sur leur destinée.

Mais ceux pour qui la vie est faite d'une série d'expériences successives ont une tout autre attitude. Ils l'envisagent au contraire comme un perpétuel renouveau, donc comme une chose sur laquelle ils peuvent exercer un certain pouvoir. Ils recherchent de nouvelles façons de vivre et ne s'attachent pas aux vieilles habitudes. Le changement ne les effraye pas, ils l'accueillent au contraire les bras ouverts.

Un des grands tournants de ma vie eut lieu, il y a plusieurs années, lorsqu'il m'arriva de passer quarante-cinq minutes comme surveillant dans une permanence. Sur le tableau d'affichage, au fond de la salle, étaient écrits ces mots : « Le succès est un voyage, et non un but. »

Pendant les quarante-cinq minutes entières, je me suis imbibé de ces paroles. Jusque-là, j'avais en fait envisagé la vie comme une série d'étapes, ou d'événements, si vous voulez. Distribution de prix, remise de diplômes, de degrés universitaires, mariage, naissances, promotions, étaient toutes des étapes, que je franchissais l'une après l'autre, au lieu de me considérer comme au cours d'un voyage.

Je me suis fait le serment, là, dans cette salle, de cesser d'évaluer le bonheur en fonction d'étapes franchies, d'envisager ma vie comme un voyage au long cours et de profiter de chaque instant qui passe. Ce fut à cette permanence que l'ancien professeur que je suis apprit l'une des plus importantes leçons de l'existence, à savoir qu'il ne faut pas évaluer la vie en fonction des succès – minimes ou importants –, remportés en cours de route. Si vous le faites, vous vous vouez à vous sentir toujours frustré, car il y aura toujours de nouvelles étapes à franchir et vous ne serez jamais vraiment épanoui. Peu importe ce que vous avez accompli, il vous faudra immédiatement repartir pour une nouvelle étape, afin de vous fournir à vous-même une nouvelle preuve de votre succès et de votre bonheur.

Au lieu de cela, réveillez-vous, et apprenez à apprécier tout ce que vous rencontrez sur votre chemin. Admirez les fleurs qui sont là pour votre plaisir. Laissez-vous toucher par le lever du soleil, les petits enfants, les éclats de rire, la pluie et les oiseaux. Nourrissez-vous de tout cela, plutôt que d'attendre le moment qui recule sans cesse, où vous pourrez enfin prendre le temps de vivre. À vrai dire, le succès – la vie elle-même – n'est rien d'autre que des moments dont il faut profiter l'un après l'autre. Lorsque vous aurez compris cela, vous diminuerez considérablement les risques de vous faire exploiter. Vous cesserez d'évaluer votre bonheur en fonction de vos réalisations et envisagerez la vie comme un voyage heureux. Car, « il n'est pas de chemin qui mène au bonheur ; c'est en chemin qu'il faut être heureux ».

CONTOURNER L'ADVERSITÉ

Dans la plupart des circonstances, votre vitalité créatrice dépendra, dans une large mesure, de l'attitude que vous choisirez d'adopter. C'est en face de l'adversité, et non quand les choses iront bien, que cette dernière sera véritablement mise à l'épreuve.

Peut-être trouvez-vous plus facile de céder à l'adversité et de vous laisser dominer par vos sentiments aigris. Pourtant, si vous ne vous attendez pas à être une victime, vous arriverez peut-être à contourner la malchance et même à la faire jouer en votre faveur. Vous devez pour cela faire preuve de la plus grande vigilance, être prompt à tirer avantage de toutes les situations, concentrer tous vos efforts sur un seul but – celui de ne pas vous faire exploiter –, et ne laisser passer aucune chance de réussite. Même si celle-ci ne se présente pas, vous ne devez pas vous laisser aller à la morosité, ce qui vous conduirait peut-être à laisser passer un avantage potentiel.

Enfant, vous n'aviez pas idée que la vie pourrait être pour vous une suite de malentendus, et si vous étiez très habile à contourner l'adversité et même à la faire jouer dans votre sens. Même si une tempête de neige venait annuler un événement que vous aviez attendu avec impatience, vous ne perdiez pas votre temps à vous lamenter dessus. Vous profitiez au contraire de l'occasion pour aller jouer dehors avec les enfants du voisinage, faire des bonshommes et des batailles de neige, gagner de l'argent de poche en déblayant, etc. Vous n'aviez simplement pas le temps de vous faire du mauvais sang car vous étiez bien trop occupé à exercer votre créativité.

Il fut un temps où vous saviez comment transformer une classe ennuyeuse en un lieu supportable, en improvisant des diversions de votre cru. Vous saviez comment vous amuser de tout puisque vous aviez naturellement tendance à exercer vos capacités créatrices dans toutes les situations.

Peut-être avez-vous aujourd'hui perdu un peu de cette aptitude, et vous laissez-vous exploiter en adoptant une attitude de résignation lorsque les choses ne vont pas comme vous l'auriez souhaité. Vous vous sentez donc piégé, parce que vous n'avez plus le réflexe de retomber vite sur vos pieds, comme lorsque vous étiez enfant.

Contourner l'adversité, cela suppose être aux aguets et démasquer les tentatives que font régulièrement les autres pour vous mettre les bâtons dans les roues afin de vous faire croire que vous êtes déjà piégé et que vous n'avez plus qu'à abandonner la partie et vous laisser punir du simple fait d'être en vie. Si l'on arrive à convaincre une victime que rien ne peut être fait en face de l'adversité, on peut arriver à la faire attendre éternellement avant qu'elle ne se charge de prendre sa vie en main. Voici quelques exemples de ces « renvois à une date ultérieure ».

« Nous vous contacterons en temps voulu. »

Peut-être s'agit-il là de la manœuvre dilatoire par excellence. Vous n'avez plus qu'à prendre votre mal en patience et attendre, ce qui veut dire plus précisément : « Allez-vous-en, et soyez une bonne petite victime. » Vous devez bien sûr combattre ces manœuvres en refusant de vous y soumettre et en mettant discrètement en pratique vos propres stratégies pour atteindre votre but. Que vous ayez ou non à vous adresser directement au chef de service, à écrire au P.-D.G., etc., ou à recourir à mille autres stratagèmes de votre invention, vous refusez purement et simplement au fond de vous-même d'être ainsi ballotté, même si l'humanité entière accepte de se laisser faire.

« Le chèque a déjà été mis au courrier. »

Si vous en croyez cette excuse proverbiale, ce que vous attendez est déjà parti – si vous ne l'avez pas reçu c'est bien sûr parce que le courrier ne marche pas, et vous ne pouvez donc pas tenir ceux qui vous doivent cet argent pour responsables. De plus, vous n'avez aucun moyen de prouver que le chèque a bien été envoyé. À la limite, la stratégie consiste à vous tenir en échec le plus longtemps possible et à espérer que vous finirez par renoncer. Si c'est vraiment un chèque que vous attendez, exigez que l'on vous en envoie un autre (il est toujours possible de faire opposition au paiement de celui qui est « au courrier »), et demandez au caissier, ou à n'importe qui d'autre, la preuve que le second chèque a vraiment été envoyé. Demandez si nécessaire à voir le directeur, mais ne vous laissez pas pénaliser plus longtemps par cette manœuvre.

**« Ce n'est pas ma faute.
Qu'attendez-vous de moi ? »**

En vous mettant sur la défensive et en déclinant toute responsabilité, l'exploiteur espère se défaire de vous. Mais vous pouvez ne pas vous laisser entraver par cette manœuvre en expliquant clairement que vous ne cherchez pas à savoir qui a commis la faute, mais que c'est le résultat qui vous intéresse.

« C'est l'ordinateur ! »

Il y a toujours eu des gens prêts à vous assurer que « vous serez contacté en temps voulu », il y a des chèques qui sont « au courrier » depuis que le monde est monde, et c'est à n'en pas douter un homme des cavernes qui a découvert le premier que puisque « ce n'était pas sa faute », il pouvait s'en sortir sans trop se fouler. Mais c'est à l'ordinateur que revient l'honneur de représenter la contribution majeure du xxᵉ siècle aux réserves de l'humanité en boucs émissaires tenus pour responsables de toutes sortes d'erreurs et de traitements abusifs. Les gens ont tendance à oublier que l'on peut toujours passer outre à un ordinateur et s'adresser directement aux personnes qui lui fournissent des données, bien que les exploiteurs voudraient vous faire croire, dans leur propre intérêt, qu'ils sont eux-mêmes à la merci des monstres irréductibles et impitoyables qu'ils manient. « Idioties à l'entrée, idioties à la sortie » – ainsi va la devise de l'ordinateur, ce qui revient donc à dire que si un ordinateur vous inonde d'idioties, vous devez vous adresser à ceux qui les lui fournissent. Rappelez-leur qu'il est toujours aussi vrai que si quelqu'un vous donne un coup de marteau, vous ne pouvez tenir le marteau pour responsable.

Ce sont là quatre manœuvres dilatoires, parmi les plus courantes, sur lesquelles l'on peut – et l'on n'y manquera pas – improviser à l'infini. Mais si vous vous tenez sur vos gardes et, mieux encore, si vous faites preuve de vitalité créatrice dès que l'occasion s'en fait sentir, elles ne doivent pas vous arrêter.

IL N'Y A PAS QU'UNE SEULE FAÇON DE FAIRE LES CHOSES

La vitalité créatrice exige une attitude aussi peu rigide que possible. Si vous estimez qu'il n'y a qu'une seule et unique façon de faire les choses et que vous devez procéder d'une manière particulière en chaque situation, vous manquez de spontanéité aussi bien que de créativité. Si vous êtes obsédé par la nécessité de toujours faire les choses d'une certaine manière et que vous imposez cette façon d'agir aux autres, vous deviendrez une victime chaque fois que les circonstances changeront et exigeront de vous une attitude différente. Mais si vous avez un esprit ouvert et si vous êtes prêt à admettre qu'il existe plusieurs moyens possibles d'accomplir la même tâche, bien que vous puissiez encore conserver vos préférences, vous ne vous laisserez pas aveugler par elles en en faisant des impératifs absolus.

Stuart n'avait que vingt-six ans et il était déjà convaincu qu'il n'existait qu'une seule façon d'agir en toutes circonstances. Comptable de son métier, et bien qu'exceptionnellement brillant dans sa branche, il avait de plus en plus de difficultés à s'entendre avec sa femme et ses collègues.

Au cours d'une séance, Stuart me confia qu'il était convaincu qu'il n'y avait jamais aucune excuse pour ne pas faire « correctement » les choses. En fait, son vocabulaire quotidien était parsemé de mots tels que convenable, correct, juste, précis, etc., et il s'était fixé pour but de prouver que sa femme et ses enfants s'y prenaient toujours mal en toutes choses. Il se plaignait de passer des heures à expliquer à son jeune fils comment s'acquitter de petites tâches toutes simples et de se sentir outré de voir ensuite ce dernier procéder, comme par un fait exprès, de manière tout à fait différente. Sa femme, de son côté, semblait constamment le braver, en refusant de se soumettre à sa loi quant à la façon dont leur ménage devait être tenu. Et pourtant Stuart continuait à exiger qu'elle fasse tout à sa façon à lui – c'est-à-dire « la bonne ». Il alla même jusqu'à lui dire comment tenir son carnet de chèques et entrait dans des rages folles lorsqu'elle faisait une petite erreur de calcul, se trompait de date, ou faisait mille et une autres petites « fautes » qu'il trouvait inexcusables et par lesquelles il choisissait de se laisser perturber.

Pendant les consultations que nous avons eues, j'encourageais Stuart à examiner de près la rigidité de son attitude envers sa femme, plutôt que de reprocher à celle-ci son obstination. Stuart ne tarda pas à s'apercevoir qu'il n'avait jamais dévié du principe selon lequel il n'existait qu'une seule et unique façon d'agir et il se rendit compte que très peu de personnes appréciaient sa compagnie parce qu'il insistait toujours lourdement pour que les choses soient faites à sa façon. C'était toujours lui qui lisait les règles à haute voix quand ils jouaient au croquet ou au Monopoly, et il exigeait que celles-ci soient suivies à la lettre, au point de gâcher le plaisir des enfants. Il alla même un jour jusqu'à déclarer que c'était bien de s'amuser, aussi longtemps que l'on restait dans les règles, mais qu'il ne pouvait pas concevoir que l'on puisse s'amuser en ne les suivant pas, ou même en en inventant quelques-unes à l'occasion.

J'assignai à Stuart quelques tâches spécifiques pour l'aider à se débarrasser de la rigidité qui le paralysait. Il mit longtemps à y arriver, comme c'est d'ailleurs souvent le cas lorsqu'il s'agit de personnes rigides mais, après plusieurs mois, il apprit à se décontracter et à se permettre ainsi qu'à sa famille plus de spontanéité et plus de liberté d'action. Il adopta à son travail une attitude plus souple et finit par admettre que la comptabilité pouvait être faite d'une autre façon que de la sienne – bien que lorsqu'il cessa de me voir après cinq mois de consultations, il n'était toujours pas prêt à envisager de changer ses propres méthodes.

Friedrich Nietzsche a dit un jour : « Cela est maintenant mon chemin – Où est le vôtre ? Car *le* chemin n'existe pas[1]. »

Cette devise s'adresse particulièrement à ceux qui désirent accroître leur vitalité créatrice et se défaire autant que possible de leur rigidité autodestructrice.

S'il vous arrive de vous faire exploiter par quelqu'un qui, dans l'exercice de sa profession, n'admet qu'une seule et unique manière de procéder, vous auriez tort de ne pas envisager les possibilités diverses de mettre fin à cette relation. Imaginez par exemple le danger que serait un homme de loi qui se refuserait à changer de stratégie à la lumière de nouvelles preuves, ou un chirurgien qui, malgré de nouveaux résultats d'analyse, ne démordrait pas de l'avis que c'est de votre appendice que vous viennent vos ennuis et insisterait pour vous opérer « comme prévu ». Une personne entêtée ne fera jamais un bon professionnel, et représente un danger potentiel dont vous feriez bien de vous débarrasser.

Examinons d'un peu plus près les effets de la rigidité dans le domaine d'importance capitale qui est celui de la médecine. Il a beaucoup été question récemment du nombre effrayant d'interventions chirurgicales injustifiées pratiquées en Amérique. Beaucoup

1. *Ainsi parlait Zarathoustra*. Partie III, trad. Henri Albert, Mercure de France, p. 277.

de femmes, particulièrement, subissent chaque année des hystérectomies inutiles ou d'autres opérations gynécologiques qui auraient pu être évitées. Si vous ne croyez pas qu'il s'agit là d'un problème d'envergure, examinons ensemble cette publicité sur les compagnies d'assurance maladie *Blue Cross/Blue Shield* de New York, parue dans le journal *Newsday* du 10 novembre 1976. Elle avait pour titre « La non-chirurgie : la guérison sans cicatrice », et continuait ainsi : « La non-chirurgie : la cicatrice que vous n'avez pas parce que vous n'êtes pas passé sous le bistouri. La non-chirurgie : l'avis que vous a donné un second spécialiste qui vous a déconseillé de vous faire opérer. La non-chirurgie : l'avis médical que vous n'avez pas dû payer – dernier avantage en date qui vous est octroyé par *Blue Cross/Blue Shield*. » On vous explique ensuite comment procéder pour bénéficier d'un second avis médical gratuit, et puis l'apothéose, la preuve la plus formelle que beaucoup de médecins sont si résolus à faire les choses uniquement comme eux l'entendent qu'ils ne peuvent supporter un deuxième ou un troisième avis : « Et votre chirurgien n'a pas besoin de le savoir. »

Pourquoi faut-il qu'une compagnie d'assurances juge nécessaire d'annoncer qu'elle est prête à payer les frais d'un second avis médical sans que le premier médecin en soit informé ? Tout simplement en raison de l'attitude rigide de beaucoup de médecins et de leur réticence à tenir compte d'un autre avis. Ils portent des œillères, même si leur vision obstruée peut être cause de ce que vous perdiez inutilement quelques organes.

De toute évidence, il existe beaucoup de médecins qui désirent et réclament même d'office un deuxième, un troisième ou même un quatrième avis et il paraît logique que n'importe quel médecin responsable soit prêt à reconnaître qu'il est humain et exprime le désir que son diagnostic pour une opération soit confirmé par autant de personnes compétentes que possible. Mais il est indéniable qu'il faut à tout prix protéger les gens contre l'attitude rigide adoptée par certains médecins, et je citerai ici le Dr Arnold A. Hutschnecker qui, après avoir passé en revue divers documents traitant de l'évolution de la chirurgie en Amérique, est arrivé dans son livre *The Will to Live* à la conclusion suivante : « Nous sommes prêts aujourd'hui à reconnaître que les victimes de diagnostics inconsidérés de la part de leur chirurgien sont légion. »

Une non-victime n'hésiterait pas à solliciter autant d'avis *qu'elle* le jugerait nécessaire, avant de consentir à une opération, et pour peu que son médecin manifeste la moindre désapprobation, s'empresserait de chercher ailleurs un médecin qui attache plus d'importance à la vie et au bien-être de ses malades qu'à son amour-propre et à sa rigidité. La rigidité sévit également dans le domaine de l'éducation : les exemples sont multiples, allant de professeurs de lycée qui croient dur comme fer qu'il n'y a qu'une seule façon de faire les mathématiques, les travaux pratiques, les exposés et les dissertations, aux professeurs de faculté qui insistent pour que l'on suive rigidement certaines normes de présentation pour la rédaction de thèses universitaires. Vous avez sans doute connu cela pendant toute votre vie scolaire et la plupart du temps vous avez souscrit à cette logique – peut-être le faites-vous encore aujourd'hui – parce que la combattre signifierait être pénalisé par de mauvaises notes, être forcé de redoubler vos classes, autrement dit échouer. Mais rien ne vous force à l'accepter aujourd'hui, ni à l'imposer à vos enfants.

Dès l'instant où l'on enseigne aux gens qu'il n'y a qu'une manière de faire quoi que ce soit, on les expose à l'exploitation. Aucun écrivain de talent ne consulte une grammaire pour savoir comment utiliser sa propre langue. De même, aucun grand artiste ne pense qu'il n'y a qu'une seule façon de peindre, de faire de la sculpture ou de composer. La vraie grandeur est toujours unique, elle ne rappelle personne d'autre et ne peut être imposée par personne, bien qu'on puisse la cultiver. Efforcez-vous donc et encouragez les autres autour de vous à faire les choses de mille manières différentes, et à choisir la méthode qui semble le mieux convenir au moment même, tout en reconnaissant qu'une autre manière de procéder pourrait être plus appropriée le jour suivant.

W. Somerset Maugham décrit en ces quelques mots un des personnages « rigides » de son livre *Servitude humaine :* « Comme tous les hommes faibles, il attachait une importance exagérée à ne pas changer d'avis. »

Les exploiteurs et les exploités ont, eux aussi, la même vision étriquée de l'existence qui les empêche de s'épanouir ou de permettre aux autres de s'épanouir autour d'eux.

PERSÉVÉRER EST ESSENTIEL

Les victimes abandonnent la partie et se résignent à se laisser bloquer par leurs émotions – que ce soit par la peur, par la colère ou par des sentiments de frustration, alors que les non-victimes, elles, persévèrent, sans se laisser immobiliser. Si vous voulez être une non-victime, vous devez renoncer à votre attitude de résignation et faire preuve de la persévérance la plus obstinée.

Comme nous l'avons déjà fait remarquer, un grand nombre d'exploiteurs partent du principe que si l'on fait attendre assez longtemps une victime elle cessera de se plaindre et abandonnera le combat. Un grand nombre de procès sont engagés précisément selon cette stratégie. Les hommes de loi des exploiteurs savent bien que si la personne « sans importance » de la partie adverse ne peut pas envisager de gagner son procès dans l'année, ni même l'année d'après, il se peut bien qu'elle se dise : « Tant pis, j'abandonne ! » Et il semble bien que l'un des principes fondamentaux de notre système judiciaire soit de décourager la plupart des citoyens à recourir à la justice pour le règlement de leurs revendications en rendant l'opération rarement rentable. Vous devez donc juger par vous-même si cela vaut la peine de persévérer dans le domaine juridique ou ailleurs, ou si le fait même d'insister ne vous pénalisera pas davantage. Mais avec un peu d'imagination, vous saurez comment persévérer sans trop vous investir, ou, si vous en avez les moyens, vous pouvez tout simplement engager les services de quelqu'un qui « persévérera » à votre place.

Montrer que vous n'avez pas l'intention de vous faire exploiter implique généralement choisir, tout d'abord, quelles batailles éviter et quelles batailles livrer, et faire ensuite savoir que vous êtes prêt à ne vous épargner aucune peine pour atteindre vos objectifs. Toutefois, cela vous profitera rarement et vous nuira même souvent de prétendre que vous allez mener un combat d'une certaine manière, si vous n'êtes pas prêt à aller jusqu'au bout. Dans la vie comme au poker le bluff ne vaut rien, à moins que vous n'ayez la réputation de ne pas bluffer. Dans son livre *How*

I Turn Ordinary Complaints into Thousands of Dollars : The Diary of a Tough Customer, Ralph Charell nous fait voir à quel point la persévérance est payante et nous montre comment par sa détermination et sa force de caractère il eut raison de certains « exploiteurs-de-consommateurs » connus pour être parmi les plus coriaces. Rien ne vous empêche de faire de même si vous voulez vraiment éviter de vous faire exploiter.

Peut-être le meilleur moyen d'arriver par la persévérance à ne plus être une victime consiste-t-il à mener à bien les tâches que vous avez entreprises sans vous laisser troubler, sans éprouver la moindre malveillance ni aucune autre émotion destructrice qui vous fait perdre du temps et met votre patience et votre esprit de résolution à l'épreuve. Envisagez vos confrontations comme des parties de jeu où vous pouvez, en vous servant de votre imagination, inventer vos propres règles, plutôt que de vous sentir obligé de suivre celles des autres. Ralph Charell raconte ses démêlés avec la compagnie de téléphone, les propriétaires d'immeubles, les directeurs de théâtre, les banquiers et beaucoup d'autres encore. Son message est clair : si vous persévérez et poursuivez inlassablement votre but, sans même accepter l'idée de l'échec, non seulement vous l'atteindrez presque toujours, mais il vous arrivera même souvent de dépasser vos espérances.

Le fait est que les sociétés et les individus qui exploitent généralement les gens ne sont pas bien équipés pour négocier avec des gens persévérants pour la bonne raison qu'ils en rencontrent très peu, et que, le cas échéant, étant par nature des tyrans, ils trouvent généralement plus facile et plus pratique de ne pas insister et de s'attaquer à des victimes plus consentantes. La plupart des gens se conduisent en moutons et n'offrent aucune résistance lorsqu'il s'agit de défendre leurs droits. Ils s'exploitent eux-mêmes en se persuadant dès le début qu'ils sont impuissants devant le gigantisme, le patron ou les autorités. Mais vous savez maintenant que ce sont là des mythes auxquels n'attachent aucune importance ceux qui font preuve de vitalité créatrice. Il est non seulement possible, mais très probable, que vous réussirez si vous vous décidez seulement à franchir les premiers obstacles que vous rencontrerez en route et poursuivez le programme que vous vous êtes fixé. Ces premiers obstacles existent seulement parce que la plupart des gens se laissent intimider par eux. Mais une fois que vous les aurez franchis, vous serez souvent surpris de constater que très peu de vraies barrières se dresseront alors sur votre chemin.

Il n'est pas nécessaire pour persévérer de se montrer entêté. Votre détermination peut prendre la forme d'une simple résolution à ne pas vous faire exploiter. Vous ferez uniquement ce que vous avez à faire pour obtenir les résultats que vous recherchez, plutôt que vous exploiter vous-même en vous laissant immobiliser par l'angoisse et l'agitation intérieure. Henry Ward Beecher écrivit un jour : « La différence entre la persévérance et l'obstination est que l'une est souvent le fait d'une forte volonté, et l'autre celui d'un fort entêtement. »

Les jeunes enfants qui passent leur temps à pleurnicher et à harceler leurs parents de leurs demandes incessantes savent que c'est le meilleur moyen pour eux d'obtenir ce qu'ils désirent. « Si je persévère assez longtemps et harcèle maman suffisamment, elle finira par céder et me donner du chewing-gum. » Les parents oublient qu'ils ont eux-mêmes enseigné à leurs enfants à ne pas tenir compte de leur premier « non », ni même du deuxième ou du troisième, souvent parce qu'ils ont pris l'habitude d'exploiter leurs enfants en refusant systématiquement presque tout ce qu'ils demandent, dans l'espoir de s'épargner quelque peine ou d'imposer leur autorité. Ces enfants-là savent que s'ils cessent d'insister, ne serait-ce qu'une seconde, ils n'obtiendront pas ce qu'ils veulent. Eh bien, beaucoup d'exploiteurs – y compris les institutions et l'administration – essayent d'adopter l'attitude de ces parents, et s'il est certainement impossible de vous abaisser à pleurnicher auprès d'eux, ils vous forcent à adopter à leur égard la même logique que celle des enfants en question si vous voulez obtenir satisfaction. Bien que je sois loin de sanctionner les larmoiements et les pleurnicheries, vous conviendrez avec moi que ce sont là des tactiques qui peuvent à l'occasion être extrêmement efficaces. Si vous ne tenez pas à être harcelé, ne forcez pas les autres à recourir à ces stratagèmes. Par ailleurs, vous pouvez devenir un râleur, une nuisance, un grain de sable dans les rouages de la grosse entreprise. N'abandonnez jamais la partie. Une minute d'hésitation suffira pour vous faire rentrer dans le rang, et vous irez rejoindre le contingent des victimes de l'humanité. N'oubliez pas cette phrase de Sir Thomas Fowell Buxton : « Je reste attaché à une doctrine, à laquelle je ne dois pas grand-chose mais tout ce que j'ai, à savoir qu'avec un talent ordinaire et une extraordinaire persévérance, toute chose est accessible. »

ACTION ET INACTION

Faire preuve de vitalité créatrice implique renoncer à l'inaction en des circonstances où vous vous êtes jusqu'ici laissé immobiliser. L'action est la règle du jeu. L'important est *d'agir*. En surmontant votre inertie et en passant à l'action vous connaîtrez un renouveau de vitalité créatrice.

L'action est l'antidote le plus efficace à la dépression, à l'anxiété, au stress, à la peur, à l'inquiétude, à la culpabilité et bien sûr à l'immobilisme. Il est pratiquement impossible d'être déprimé et actif en même temps. Même si vous le vouliez, vous trouveriez difficile de continuer à gémir et à vous enliser dans l'apitoiement si vous vous mettiez à agir et si vous entrepreniez une activité quelconque. N'importe laquelle. On ne peut être pleinement épanoui si l'on n'est pas actif. Le manque d'action n'est pas le résultat de la dépression – il en est la cause. Et l'inactivité est souvent un choix et non un fait inéluctable de l'existence. L'action est aussi le plus sûr moyen d'éviter de vous exploiter vous-même ou de vous laisser exploiter par les autres. Si vous décidez de prendre votre problème à bras-le-corps plutôt que passer votre temps à vous plaindre, vous serez bien parti pour améliorer les conditions de votre vie.

Si vous vous demandez « Oui, mais que puis-je faire ? », la réponse est toute simple : n'importe quoi. Faire n'importe quoi est beaucoup plus efficace que ne rien faire du tout.

Julie se plaignait amèrement d'être toujours déprimée. Elle défendait sa dépression comme s'il s'était agi de son plus proche allié et non de son pire ennemi. Elle réagissait toujours de la même manière lorsque je l'encourageais à être plus active : « Ah !... j'ai déjà essayé, cela n'a pas marché ! », ou « C'est ridicule, mon problème est beaucoup plus profond que cela, et que je sois active ou non n'y changera rien. »

Julie voulait absolument découvrir des racines psychologiques profondes à son comportement dépressif.

Mais son mal n'était ni très profond, ni très compliqué. Elle avait seulement pris l'habitude de s'apitoyer sur elle-même. Elle avait soixante-sept ans et ne pouvait pas accepter l'idée de vieillir. Elle essayait donc d'y échapper en restant couchée la moitié de la journée, en refusant de sortir, en se plaignant à ses enfants et en se tourmentant au sujet d'une douleur lancinante à l'estomac qu'elle craignait être un ulcère.

Julie se dressait contre moi chaque fois que je lui suggérais que si elle était plus active elle arriverait à se débarrasser de la condition de victime qu'elle s'imposait à elle-même. Je lui expliquai que le fait d'être plongée dans une activité quelconque lui serait extrêmement bénéfique ; mais il fallait d'abord arriver à la faire changer d'attitude, avant même qu'elle ne puisse se décider à *agir*. Il fallait qu'elle cesse de se cramponner à son comportement dépressif et qu'elle réalise qu'elle était la seule à en souffrir. Personne d'autre n'en était sérieusement affecté, et personne n'allait partager son marasme.

Quand elle reconnut finalement qu'elle s'imposait à elle-même tous ses malheurs, elle se déclara prête à se lancer dans un programme d'action qui l'aiderait à avoir une vie mieux remplie en lui permettant de développer sa créativité ; mais dès que je lui suggérai des activités spécifiques, elle se réfugia de nouveau dans ses manies dépressives. Elle se plaignait de ne savoir rien faire, et donc ne faisait rien. Je lui proposai la liste d'activités suivante qu'elle pouvait toutes entreprendre : faire le tour de l'immeuble à vive allure. Jouer au ballon. Aller à la bibliothèque et parler au bibliothécaire. Se présenter à cinq étrangers. Prendre des cours de yoga. Apprendre des pas de danse. Suivre des cours pour adultes. Offrir ses services comme volontaire à une maison de repos. Se rendre à un aéroport et observer le comportement des gens qui se séparent. Organiser une loterie, monter une troupe théâtrale dans son quartier. Faire de la bicyclette. Aller nager dans une piscine publique. Se faire masser. Aller voir dix films et faire leur critique. Donner une soirée et y inviter vingt personnes. Jouer à n'importe quel jeu. Écrire un poème ou une nouvelle. Poser sa candidature à une dizaine de postes. Monter une affaire à son domicile personnel. Entreprendre la publication d'un journal de quartier ou d'une feuille publicitaire. Vendre à domicile n'importe quel produit ou article. Apprendre à jouer aux échecs, aux dames, à la canasta ou à n'importe quel jeu de cartes. S'occuper des animaux blessés. Faire du baby-sitting. Adhérer à un club pour célibataires. Assister à des conférences. Rendre visite à tous les musées de la ville. Apprendre la tapisserie d'ameublement, l'art floral ou la mécanique automobile. Visiter une nouvelle ville. Commencer à écrire ses Mémoires. Soigner les enfants malades.

Toute personne possédant un minimum de vitalité créatrice est capable d'établir une telle liste d'activités susceptibles de convertir l'oisiveté en action.

Julie commença bientôt à comprendre dans quel sens orienter son action et se débarrassa peu à peu de ses habitudes dépressives en se lançant dans de nouvelles activités, au lieu de perdre son temps à trouver mille explications à son incapacité à agir. Elle arriva finalement à se passer de toutes les drogues antidépressives auxquelles elle s'était adonnée depuis presque trois ans. Dès l'instant où elle se sentait sombrer dans de vieilles habitudes dépressives, elle se tenait à elle-même ce nouveau langage. Au lieu de « Pauvre de moi, c'est sans doute que je suis vieille et condamnée à me sentir déprimée », elle se disait :

« Je ne compte pas m'apitoyer sur moi-même, et je vais prendre des mesures pour me forcer à agir et à ne pas rester là à me lamenter sur mon sort. » Ce ne fut pas par un acte de magie mais par l'action que Julie arriva à se débarrasser de ses habitudes dépressives.

Les personnes qui choisissent une vie active sont rarement exploitées. L'homme et la femme d'action finiront toujours par obtenir réparation des injustices dont ils sont victimes, alors que la personne inactive ou l'observateur passif se fera souvent exploiter, se plaindra à qui veut l'entendre et sera toujours dépassé par les événements. Ce vieux proverbe est plein de vérité : « Même si vous êtes sur la bonne voie, vous finirez par vous faire écraser si vous restez sur place. »

LA VITALITÉ CRÉATRICE

Les deux phrases qui suivent expriment des façons de penser qui vous empêcheront d'exercer votre créativité dans pratiquement toutes les situations si vous n'y prenez garde. Elles fournissent toutes deux des excuses non fondées pour justifier une attitude de résignation dès l'instant où vous vous trouvez confronté à une petite difficulté, au lieu de vous inciter à exercer votre créativité.

« Je n'y peux vraiment rien. »

Aussi longtemps que vous continuerez à le dire et à le croire, vous serez perdu. Il y a toujours quelque chose que vous pouvez faire et votre premier devoir de non-victime est de faire des expériences, d'essayer et de mettre au point diverses stratégies. Inversez ce raisonnement et dites-vous plutôt : « Bien que je ne sache pas exactement ce qu'il faut faire, je vais en tout cas faire quelque chose, au lieu de rester là et me laisser exploiter. » Cette attitude vous permettra au moins d'affronter le problème et vous prendrez ainsi l'habitude de l'action au lieu de vous laisser aller à la passivité et à l'apathie. Ne vous attendez pas à y arriver tout de suite, ni tout le temps. Obstinez-vous plutôt à rester actif et à faire constamment de nouvelles expériences. C'est ainsi que tôt ou tard vous finirez par trouver une solution valable. Mais vous n'y arriverez jamais si vous vous dites au départ qu'il n'y a rien à faire.

« Les choses sont ainsi. »

Cette attitude de résignation provient de la notion erronée qui veut que puisque les choses sont au moment présent d'une certaine manière vous n'avez aucun pouvoir sur elles. Mais la plupart des circonstances dans lesquelles les êtres humains se trouvent exploités sont en fait créées par d'autres êtres humains et peuvent être modifiées d'une manière ou d'une autre. S'il existe la moindre possibilité de les changer vous l'annihilerez aussitôt si vous vous dites que « les choses sont ainsi ». Si vous faites la queue pendant une heure à la caisse d'un supermarché en vous disant seulement : « Les choses sont ainsi, personne n'y peut rien », vous serez à coup sûr exploité. Mais si vous vous dites au contraire : « C'est moi le client ici – et je ne devrais pas perdre une heure de mon temps précieux uniquement pour avoir le privilège de faire mes courses dans ce magasin. Je ne sais pas ce que les autres ont l'intention de supporter, je vais faire personnellement ce qui est en mon pouvoir pour m'en sortir. » Plusieurs possibilités s'offrent alors à vous :

vous pouvez vous adresser au gérant, lui dire que vous ne pouvez pas attendre et lui demander de s'occuper personnellement de vous. Vous pouvez aussi lui dire qu'il va perdre beaucoup de clients – vous en premier – s'il ne fait pas ouvrir de nouvelles caisses. Si vous n'obtenez pas satisfaction, vous pouvez lui dire que vous laissez votre chariot là où il se trouve, que vous écrirez à la direction pour les informer des longues queues dans leur magasin, et que vous encouragerez les autres clients à faire de même. Vous pouvez aussi vous mettre à la sortie et aider à emballer pour que la queue avance plus vite. Mais vous n'envisagerez même pas l'une de ces possibilités ou n'importe quelle autre si vous vous dites : « Eh bien, c'est ainsi que sont les choses de nos jours. » Dès que vous modifierez votre attitude vous serez prêt à agir et à faire bouger les choses.

QUELQUES COMPORTEMENTS CRÉATIFS

Voici quelques exemples de cas particuliers, provenant de consultations avec des clients, d'amis, de la littérature ou de mon expérience personnelle, où un comportement créatif a eu raison de l'exploitation. Ils donnent un aperçu global de situations de la vie courante et sont valables pour tous ceux d'entre nous qui décident de renoncer à la résignation et de faire marcher les choses dans leur sens.

La recherche d'un emploi

Il s'agit là d'un domaine où beaucoup de personnes se font exploiter – particulièrement à notre époque où le taux de chômage est si élevé – parce qu'elles ont des vues étroites de la question et qu'elles se mettent à la recherche d'un emploi par des moyens traditionnels, comptant uniquement sur l'envoi de curriculum vitae, sur des coups de téléphone, sur les mêmes vieilles démarches, et sur des tas de vœux pieux. Ce ne sont pas les meilleurs moyens à mettre en œuvre puisque ce sont ceux de tout le monde et que les chercheurs d'emploi qui se comportent « comme tous les autres » n'ont manifestement aucune chance de se faire remarquer.

Sandra vint me consulter dans le but précis d'apprendre comment se présenter à des employeurs potentiels et réussir à se faire employer. Elle me raconta sa longue et triste histoire : elle avait envoyé des centaines de curriculum vitae, avait même quelquefois été convoquée pour des entretiens, sans jamais réussir à être embauchée. Le domaine des relations publiques l'intéressait, mais elle ne savait pas comment s'y prendre pour être efficace sur le marché de l'emploi. Je lui expliquai que la recherche d'un emploi requérait certaines aptitudes, tout comme l'exécution du travail lui-même, une fois que l'on a été embauché. Je l'encourageai à laisser tomber ses idées traditionnelles, à procéder à un réexamen complet de ses objectifs et à se forcer à adopter un nouveau comportement.

Au mois de novembre, Sandra me parla d'un poste de directeur de relations publiques dans un grand magasin qui allait être vacant à la fin du mois de mars de l'année suivante, mais elle me dit en même temps qu'elle ne pouvait solliciter ce poste avant fin février, étant donné que la personne qui l'occupait y serait encore jusqu'à cette date et qu'elle ne voulait pas l'offenser. Je la pressai de jeter aux oubliettes cette attitude de petite victime bien élevée, de commencer à songer à elle-même et d'évaluer la situation. Sandra prit donc son premier risque (au bout de la deuxième semaine de consultation) en se rendant au magasin et en s'entretenant directement avec le directeur des relations publiques au sujet de sa succession.

Il en fut surpris et ne lui montra aucun encouragement. Sandra me confia à notre consultation suivante qu'elle pensait avoir compromis ses chances en se montrant trop agressive.

Il n'en était rien. Sa nouvelle démarche consista à rencontrer le directeur du personnel, à faire une demande d'emploi en bonne et due forme, et à faire savoir qu'elle était non seulement intéressée par le poste en question, mais tout à fait résolue à l'avoir. La deuxième étape de sa méthode peu orthodoxe fut d'écrire au président de la société en décrivant, non pas ses qualifications, mais ce qu'elle avait l'intention de faire pour améliorer l'image de marque du magasin dans le quartier et pour mettre au point un programme dynamique de projets publicitaires pour l'année suivante.

Non seulement Sandra fut engagée, mais elle obtint un salaire qui dépassait toutes ses espérances. Elle démontra ses capacités en abandonnant la méthode traditionnelle et en adoptant à la place un comportement créatif qui donna de bons résultats.

Devenir son propre employeur

Il existe des milliers de façons de gagner sa vie sans être un employé. Ceux qui sont exploités par leur travail s'imaginent à tort qu'il n'y a que peu de façons de se faire de l'argent. Si vous avez toujours été salarié, peut-être devrez-vous envisager de nouvelles manières de gagner votre vie, tout particulièrement si vous en avez assez de vous faire tirer les ficelles par les employeurs ou d'être forcé d'organiser votre vie en fonction de l'emploi du temps des autres. Vous pouvez vous débarrasser de votre mode de pensée stéréotypé, dresser une liste des diverses possibilités, évaluer les risques qu'elles comportent, choisir ensuite celle qui vous semble présenter le plus d'avantages et vous y lancer, plutôt que de vous bercer inlassablement de « oui mais », de « peut-être » et de « je n'en suis pas sûr ». Nul ne peut être sûr de rien avant de s'y mettre. Mais si vous croyez que vous n'en êtes pas capable, cela ne vaut même pas la peine d'essayer, car votre idée préconçue sera plus forte que la réalité.

Le moyen le plus efficace pour échapper à l'exploitation professionnelle est de se charger soi-même de la promotion de ses propres idées. Si vous arrivez à prouver qu'une idée est commerciale, vous pourrez la vendre à n'importe qui – ou peut-être aussi faire de votre passe-temps un métier.

Faire de son passe-temps un métier

Voici plusieurs exemples de manières de gagner sa vie en exerçant des capacités créatrices à la portée de quiconque voudrait avoir le privilège d'être son propre patron.

Marilyn aimait faire du macramé. Elle y passait tous ses loisirs jusqu'au jour où elle comprit qu'elle pouvait en faire un métier. Ses amis lui réclamaient constamment des articles pour lesquels ils étaient prêts à payer. En un an, elle avait converti son passe-temps en un métier à plein temps, auquel elle prenait plaisir et qui lui permettait de gagner confortablement sa vie.

Louise avait des dons artistiques et aimait peindre des tee-shirts. Ses amis lui passaient toujours des commandes pour les anniversaires, les étrennes, etc. Elle décida de s'organiser et d'en faire un commerce. Ses amis se chargèrent de bonne grâce de lui trouver des clients et en six mois Louise arriva à gagner 2 000 dollars par mois. Elle a maintenant démissionné de son précédent emploi de caissière, et mène la vie qui lui plaît.

Joël était un fana du tennis et y jouait aussi souvent qu'il pouvait s'échapper de son travail en usine qu'il abhorrait. À mesure que son jeu s'améliorait, il commença à donner des leçons à ses amis. Puis, sur mes conseils, il fit paraître une petite annonce indiquant qu'il donnerait des leçons collectives le samedi matin. En trois mois, il s'était mis à son propre compte et avait démissionné de son emploi d'usine. Il a aujourd'hui des centaines de clients et a tout lieu d'être pleinement satisfait, étant donné qu'il est arrivé à concilier son domaine d'intérêt et son gagne-pain, et qu'il a doublé ses revenus en un an.

À la suite de blessures pendant la Seconde Guerre mondiale, Ben devint invalide. Il était condamné à vivre couché, mais il décida qu'il n'allait pas passer le reste de ses jours à se lamenter sur son sort. Il eut l'idée de commencer son propre service de coupures de journaux. Il s'abonna à une vingtaine de journaux, sélectionna des articles qu'il découpa et envoya aux personnes concernées, leur demandant de lui faire parvenir une somme minime, s'ils le désiraient. Il ne tarda pas à se faire une clientèle régulière et dirigea bientôt une énorme entreprise de son propre lit. Ben devint littéralement millionnaire en faisant preuve de vitalité créatrice face à l'adversité et en gagnant sa vie par ses propres moyens.

Sarah était une violoniste au chômage, sans le sou et à bout de résistance. Elle se tint à l'entrée d'un cinéma du centre de New York et se mit à faire de la musique à l'intention des personnes qui entraient et qui sortaient du cinéma, ou faisaient la queue. Les pièces qu'on glissa dans sa boîte à violon firent qu'en deux semaines elle avait gagné plus d'argent que pendant les six mois précédents. Dans ce cas encore, ce fut la capacité créatrice, et non un comportement d'amertume et d'apitoiement, qui sauva Sarah.

Si vous êtes de ceux qui disent non à tout, vous penserez sûrement que de faire ainsi appel à l'imagination peut être quelquefois utile en ce qui concerne les autres, mais ne saurait marcher dans votre cas. Il n'en est rien. *Tout* peut marcher pour vous, si vous êtes disposé à prendre des risques, à vous interdire de douter de vous-même, et à *agir*. Si vous croyez avoir besoin de toutes sortes de licences et d'autorisations pour faire ce que vous voulez faire, ou que les contraintes qui vous seront imposées seront sans doute trop grandes, examinez de nouveau la question en faisant appel à votre vitalité créatrice. Il y a toujours des exceptions aux règles générales de l'emploi. Quelques-uns des plus grands noms dans le domaine de la psychologie n'ont pas reçu de formation spécialisée. Deux exemples contemporains : Gail Sheehy, qui a écrit un best-seller sur les étapes successives de la vie des adultes, fondé sur son expérience du monde du journalisme, et Werner Erhard, le fondateur et chef de file du mouvement *EST*[1] en Amérique. Les exemples de personnes n'ayant pas reçu de formation particulière et ayant pourtant réussi dans des domaines qui leur étaient « étrangers » sont légion : Larry O'Brien,

1. *Erhard Sensitivity Training :* mouvement de thérapie de groupe fondé aux États-Unis par M. Erhard, dont le propos est d'aider les individus à surmonter leurs inhibitions dans leurs relations personnelles et affectives *(N.d.T.)*.

ancien président du Parti démocrate, est devenu commissaire du *National Basket Ball Association*, des professeurs de physique écrivent des romans à fort tirage, des hommes de loi se mettent à faire de la radio ou de la télévision, etc. Si vous voulez faire un travail quelconque et que vous êtes prêt à n'accorder aucune attention à la façon dont vous êtes « supposé le faire » ou à celle dont « tout le monde le fait », et que vous le faites à votre façon à vous – en vous attendant à réussir –, vous réussirez. Autrement, vous resterez cloué sur place et vous ne ferez rien de plus que défendre votre position de victime en répétant que vous n'y pouvez rien.

Traiter avec la bureaucratie universitaire

Parce qu'il s'était inscrit trop tard à l'université, Gordon devait payer une amende de 25 dollars. Au lieu de s'y plier, il fit appel à sa vitalité créatrice, demanda à voir le directeur de son département et obtint que celui-ci écrive une lettre au service administratif indiquant qu'il n'avait pas pu s'inscrire à temps pour des raisons indépendantes de sa volonté et demandant que l'amende soit annulée. Elle le fut immédiatement.

Se battre contre l'ordinateur

On vola à Nick 200 dollars en chèques de voyage dans sa chambre d'hôtel. Ils les avaient achetés trois ans auparavant à une banque en Allemagne, mais il ne se rappelait plus laquelle, et ne connaissait pas non plus les numéros. Il écrivit à la société qui avait émis les chèques de voyage et reçut en retour une lettre de l'ordinateur l'informant qu'il ne pourrait être remboursé s'il ne fournissait pas les numéros des chèques. Il était évident que l'ordinateur n'avait pas lu sa lettre avec beaucoup d'attention. Il écrivit donc une deuxième lettre qu'il adressa directement au directeur de la société, expliquant une nouvelle fois son cas particulier et disant bien clairement qu'il ne voulait pas recevoir une nouvelle lettre l'informant que « la compagnie est désolée, mais... ». Il désirait que le directeur s'en occupe personnellement, et en cas contraire, il se verrait forcé de remettre le cas entre les mains de son homme de loi. La semaine suivante, Nick reçut un chèque de 200 dollars, accompagné d'une lettre d'excuses. Nick obtint satisfaction parce qu'il n'était pas du tout prêt à se faire exploiter par une lettre standard, et qu'il fit preuve de vitalité créatrice.

Les affres d'une journée au tribunal

Eugène fut forcé de passer une journée entière au tribunal pour une contravention routière. Il dut attendre interminablement dans les couloirs, fut traîné d'un bureau à l'autre, livré à une pléthore de fonctionnaires peu complaisants et finalement jugé coupable sous une inculpation qu'il trouvait de toute façon injuste. Il se demanda : « Comment puis-je transformer tout cela en quelque chose de positif ? » L'idée lui vint d'écrire un article sur son expérience donnant force détails sur les horreurs de sa journée au tribunal et d'essayer de le faire publier. Ce fut exactement ainsi que les choses se passèrent : une revue américaine l'acheta pour 1500 dollars et publia, en trois parties, le récit de sa journée au tribunal. De plus, il fut contacté par d'autres maisons d'édition et cette journée au tribunal lui valut une nouvelle carrière de journaliste indépendant. En faisant preuve de vitalité créatrice et en cherchant le moyen de s'en sortir à son avantage, même confronté aux tribulations d'une journée inutile, Eugène devint un vainqueur au lieu d'être une victime.

Une longue attente à l'aéroport

Lorsqu'il arriva à l'aéroport, Wesley apprit que tout le trafic aérien avait été annulé pour les six heures qui suivaient. Il remarqua que tout le monde autour de lui était visiblement contrarié, se plaignant amèrement de voir des plans de voyage compromis par la malencontreuse tempête de neige qui s'était abattue sur la région. Il se rendit compte qu'il était forcé de rester sur place jusqu'au lendemain matin, car il lui fallait absolument se rendre dans une autre ville le jour suivant. Il décida donc de tirer le maximum de la situation plutôt que de se laisser exploiter par elle. Il aperçut une jeune femme dont il aurait aimé faire la connaissance et il prit le risque de se présenter à Penny, qui était, elle aussi, coincée à l'aéroport. Ils dînèrent ensemble au restaurant et passèrent le reste du temps à visiter l'aéroport. Wesley prit un immense plaisir à cette rencontre. Penny et lui devinrent des amis intimes et se rencontrent encore aujourd'hui, trois ans plus tard, aussi souvent qu'ils en ont l'occasion. Presque tous les autres gens à l'aéroport ce soir-là, avaient choisi de se laisser contrarier, bloquer et exploiter par le mauvais temps ; au lieu de cela, Wesley, dans les mêmes circonstances, créa un nouveau lien d'amitié.

Les travaux universitaires

Élisabeth, qui est étudiante, se rendit compte, il n'y a pas longtemps que la plupart des devoirs qu'elle faisait pour l'université ne lui servaient à rien. Elle était forcée de faire des travaux de recherche sur des sujets qui ne l'intéressaient pas afin de plaire à ses professeurs de faculté, au lieu de se concentrer sur des sujets plus directement liés à son objectif qui était de devenir océanographe. Elle décida, sur les conseils d'un psychologue compétent, de faire ce qui était en son pouvoir pour remédier à la situation. Au début du semestre suivant, elle alla voir chacun de ses professeurs et leur suggéra une liste de travaux bien définis qu'elle pourrait faire à la place de ceux qu'ils imposaient d'habitude à la classe et qui répondaient quand même aux exigences des différents cours qu'ils enseignaient. Elle fut stupéfaite de ce que quatre sur cinq de ses professeurs tombèrent d'accord avec elle et furent prêts à accepter ses suggestions. Elle passa ainsi le semestre entier à des travaux qui étaient en rapport direct avec ses aspirations personnelles et obtint en même temps les unités de valeur correspondant à ses différents cours.

Partager l'addition au restaurant

Andrew et Barbara dînaient pour la première fois avec un autre couple, au restaurant. Ces derniers commandèrent un repas somptueux – cocktails, vins fins pendant et après le dîner… les boissons à elles seules coûtèrent près de 40 dollars. Andrew et Barbara ne buvaient pas et avaient commandé un repas légèrement moins coûteux. Mais, à la fin du dîner, l'un des deux autres dit sur un ton banal (comme cela se fait d'habitude) : « L'addition est de 104 dollars, avec le service en plus. On partage en deux. Disons 60 dollars chacun. » Pendant des années, Andrew et Barbara s'étaient tus en de pareilles circonstances, gênés d'attirer l'attention sur des escroqueries d'une telle évidence. Mais cette fois, Barbara déclara tout simplement : « Nous devons 30 dollars, et c'est exactement ce que nous allons payer. Vous devez, quant à vous, 90 dollars. » L'autre couple resta interloqué mais ne discuta pas. En fait, ils admirent ensuite volontiers que c'était la seule manière équitable de partager l'addition.

Acheter un produit de mauvaise qualité

Kay acheta un paquet de cigarettes qui contenaient des fibres de tabac dures et malodorantes. Elle ne put les fumer et écrivit à la société pour leur dire son mécontentement. En dix jours elle fut remboursée et reçut trois cartons gratuits et une lettre d'excuses.

Toujours garder intacte sa vitalité créatrice

Dans son livre *Une journée d'Ivan Denissovitch*, Alexandre Soljenitsyne se fait notre guide et nous convie à faire la visite d'un camp de travaux forcés en Sibérie. Le roman décrit une journée de Denissovitch Choukhov et nous raconte la vie de ces hommes arrivant à peine à survivre et soumis, dans ces camps désertiques et glacés, à des atrocités qui dépassent presque l'entendement. Choukhov fait preuve de vitalité créatrice dans les conditions les plus pénibles. Le livre se referme sur ces lignes :

« Choukhov s'endort, pleinement contenté. Il a eu bien de la chance aujourd'hui : on ne l'a pas flanqué au cachot ; on n'a pas collé la brigade à la "Cité socialiste", il s'est organisé une portion de "kacha" supplémentaire au déjeuner, le chef de brigade s'est bien débrouillé pour le décompte du travail, Choukhov a monté son mur avec entrain, il ne s'est pas fait piquer avec son égoïne à la fouille, il s'est fait des suppléments avec César et il a acheté du tabac. Et finalement, il a été le plus fort, il a résisté à la maladie.

Une journée a passé sur quoi rien n'est venu jeter une ombre, une journée presque heureuse. De ces journées, durant son temps, de bout en bout, il y en eut trois mille six cent cinquante-trois. Les trois en plus, à cause des années bissextiles[1]... »

Pour survivre, dans ces camps barbares, il fallait faire preuve à tout moment de vitalité créatrice, et vivre chaque instant pour ce qu'il valait plutôt que se mettre à juger l'expérience et se punir soi-même en s'apitoyant sur son sort et en adoptant une attitude de résignation.

Les histoires que racontent ceux qui ont survécu à des expériences monstrueuses qui leur ont été infligées par des tyrans sont presque toujours les mêmes. Qu'il s'agisse de prisonniers de guerre, de survivants des camps de concentration nazis, ou de Papillon à l'Île du Diable, tous, chacun à sa manière, disent comment ils ont dû faire appel à leur vitalité créatrice pour vivre dans l'instant présent. Être conscient à tout instant de sa valeur personnelle et refuser de se laisser bloquer par ses propres attitudes défaitistes semblent être des conditions indispensables à la survie, aussi bien dans les camps de concentration, que – bien qu'avec moins de rigueur – dans la vie de tous les jours, où les barreaux des prisons sont souvent de notre propre invention.

Vous êtes le résultat des choix que vous faites en chaque circonstance de votre vie. Vous êtes capable de faire des choix constructifs, en modifiant vos attitudes et en faisant preuve de vitalité créatrice. Si vous vous efforcez de contourner l'adversité, si vous ne reculez pas devant les risques et si vous avez davantage confiance en l'avenir, vous serez bientôt heureux de

1. Traduction L. & A. Robel & M. Decaillot, Julliard, Coll. 10/18, p. 192.

constater que tout ira mieux dans votre vie. Soyez plein de vitalité pendant que vous êtes encore sur cette planète ; vous aurez l'éternité pour faire l'expérience du contraire, après l'avoir quittée.

CHAPITRE 10

OÙ EN ÊTES-VOUS AUJOURD'HUI ?

À victime typique, comportement typique.

ÉVALUER VOTRE PROFIL ACTUEL

Maintenant que la philosophie de non-exploitation et ses applications pratiques n'ont plus de secret pour vous et que vous avez commencé à exercer votre liberté personnelle en modifiant votre comportement, vous voudrez sans doute savoir dans quelle mesure vous vous comportez encore aujourd'hui en victime. Le test qui suit vous y aidera. Il se compose d'une liste de 100 situations typiques susceptibles de faire de vous une victime – situations banales de la vie de tous les jours, suivies de deux réactions opposées : celle de la victime ou celle de la non-victime (le vainqueur). Vérifiez laquelle des deux vous est la plus familière, ou qui, selon vous, serait la vôtre dans de pareilles circonstances, et cochez la case correspondante.

Cette liste de contrôle ne prétend pas vous donner une mesure précise de quoi que ce soit. Elle peut cependant vous aider à vous évaluer vous-même ainsi qu'à mesurer les progrès que vous avez accomplis – et vous fera passer en revue les divers comportements de victime qu'il vous reste à éliminer. Ne vous croyez pas obligé d'être tout à fait exact dans vos réponses. Lisez simplement les questions, et choisissez des deux réponses celle que vous estimez la plus proche de votre réaction habituelle. Si une situation vous paraît totalement improbable, n'hésitez pas à faire preuve d'imagination. Surtout, ne vous laissez pas obséder par ce test et par la formulation exacte de ses questions. Donnez au contraire libre cours à votre vitalité créative, prenez-le comme un jeu.

TEST DES CENT SITUATIONS TYPIQUES

1. Au restaurant, la qualité de la nourriture et du service vous paraît inacceptable.

Réaction de victime :

❑ Vous payez les 15 % de service habituels, et sortez du restaurant en maugréant.

Réaction de non-victime :

❑ Vous déduisez le service de l'addition et demandez à voir le gérant pour lui faire part de votre mécontentement.

2. Un parent (mère, belle-mère, fils, etc.) vous demande au téléphone alors que vous êtes très occupé et ne voulez pas être dérangé.

Réaction de victime :

❑ Vous lui parlez quand même – et vous vous sentez alors irrité et contrarié.

Réaction de non-victime :

❑ Vous dites à la personne que vous êtes vraiment trop occupé et n'avez pas le temps de lui parler.

3. Le téléphone sonne pendant que vous êtes en train de faire l'amour ou absorbé par une autre occupation.
Réaction de victime :
❑ Vous vous interrompez pour aller répondre au téléphone.
Réaction de non-victime :
❑ Vous laissez retentir la sonnerie et continuez ce que vous êtes en train de faire.

4. Votre conjoint(e) ou la personne avec qui vous vivez change subitement ses plans, sans tenir compte de vos propres projets.
Réaction de victime :
❑ Vous vous conformez à ses plans même s'ils vous dérangent.
Réaction de non-victime :
❑ Vous ne changez rien à vos plans initiaux et ne considérez même pas l'incident comme gênant.

5. Lors d'un repas, vous vous sentez repu et satisfait alors que votre assiette est encore aux trois quarts pleine.
Réaction de victime :
❑ Vous continuez à manger jusqu'à la dernière bouchée et quittez la table avec une désagréable sensation de lourdeur.
Réaction de non-victime :
❑ Vous cessez de manger dès que vous n'avez plus faim.

6. Quelqu'un de votre famille a égaré quelque chose et vous en rend responsable.
Réaction de victime :
❑ Vous vous transformez en détective, et perdez votre temps à rechercher désespérément un objet qui n'est pas à vous.

Réaction de non-victime :

❑ Vous continuez ce que vous êtes en train de faire sans prêter attention aux tentatives de manipulation dirigées contre vous à travers cette accusation.

7. Vous désirez vous rendre à une soirée tout seul.

Réaction de victime :

❑ Vous demandez la permission d'y aller, et laissez aux membres de votre famille le soin de décider s'ils vous accompagnent ou non.

Réaction de non-victime :

❑ Vous informez votre famille que vous y allez et, au besoin, que vous y allez seul.

8. Vous vous rendez compte que quelqu'un est en train d'essayer de vous entraîner dans son marasme.

Réaction de victime :

❑ Vous écoutez ses lamentations et finissez par vous sentir aussi déprimé que le rabat-joie.

Réaction de non-victime :

❑ Vous vous excusez et partez, ou bien déclarez que vous n'avez pas envie de parler de choses tristes pour le moment.

9. Un membre de votre famille se plaint de ce que la lessive n'a pas été faite.

Réaction de victime :

❑ Vous vous excusez et vous proposez de la faire immédiatement.

Réaction de non-victime :

❑ Vous proposez au mécontent de lui montrer comment marche la machine à laver, et vous le laissez s'en servir tout seul – ou bien vous ne prêtez aucune attention à ses plaintes et lui apprenez ainsi que c'est à lui de s'occuper de ses vêtements.

10. Vous êtes pressé et vous constatez qu'il y a une queue interminable à la caisse d'un supermarché.
Réaction de victime :
❑ Vous attendez votre tour, rageant à propos du manque d'organisation et de la perte de temps inutile.
Réaction de non-victime :
❑ Vous exigez que le gérant ouvre une autre caisse ou qu'il s'occupe personnellement de vous.

11. L'heure de fermeture d'un restaurant, indiquée dans la publicité, est 22 heures ; il est 21h30, la porte du restaurant est déjà fermée bien que le personnel soit toujours là.
Réaction de victime :
❑ Vous faites demi-tour et partez, irrité d'avoir été induit en erreur par une publicité mensongère.
Réaction de non-victime :
❑ Vous insistez pour qu'un garçon vienne à la porte et lui dites poliment que vous désirez être servi. Vous le prévenez que, s'il refuse, vous en ferez part à la direction.

12. La climatisation de votre chambre d'hôtel est en panne et vous en souffrez.
Réaction de victime :
❑ Vous ne dites rien car vous ne voulez pas paraître désagréable.
Réaction de non-victime :
❑ Vous exigez qu'on la répare immédiatement ou que l'on vous change de chambre.

13. Au cours d'une entrevue pour un emploi, il vous est posé une série de questions ambiguës.
Réaction de victime :
❑ Vous vous tortillez sur votre chaise, vous laissez voir votre désarroi et vous vous excusez de votre nervosité.

Réaction de non-victime :

❑ Vous répondez d'un ton assuré, en montrant bien que vous êtes conscient des tentatives que l'on fait pour vous intimider : « Vous me posez cette question pour voir ma réaction et non pour obtenir une réponse. Il n'y a pas de réponse nette et claire à cette question. »

14. Votre médecin vous déclare que vous devez subir une intervention chirurgicale ; vous n'en êtes pas tout à fait convaincu et en éprouvez quelque appréhension.

Réaction de victime :

❑ Vous vous conformez sans mot dire à la décision du médecin et passez sur le billard.

Réaction de non-victime :

❑ Vous allez consulter deux ou trois spécialistes avant de vous confier aux mains du chirurgien, et vous le tenez au courant de votre démarche.

15. Vous estimez que vous méritez une promotion ou une augmentation de salaire.

Réaction de victime :

❑ Vous attendez le bon vouloir de votre patron.

Réaction de non-victime :

❑ Vous demandez ce que vous pensez être votre dû, et plaidez votre cause avec calme et assurance.

16. Un parent éloigné meurt et vous aimeriez mieux ne pas assister à son enterrement.

Réaction de victime :

❑ Vous y assistez à contrecœur.

Réaction de non-victime :

❑ Vous n'y allez pas.

17. Une personne que vous ne voulez pas embrasser vous présente sa joue dans l'attente d'un baiser.

Réaction de victime :

❑ Vous l'embrassez, et vous vous sentez irrité d'y avoir été forcé.

Réaction de non-victime :
❑ Vous lui tendez la main en montrant nettement que vous n'avez pas l'intention de l'embrasser.

18. Votre famille a faim et réclame le dîner alors que vous n'avez pas faim et n'avez pas envie de faire la cuisine.
Réaction de victime :
❑ Vous allez préparer le repas en maîtrisant mal votre colère.
Réaction de non-victime :
❑ Vous déclarez que vous n'avez pas l'intention de faire la cuisine et n'en démordez pas, laissant à chacun le soin de trouver une solution pour le dîner.

19. On vous demande d'organiser une réception au bureau, alors que vous n'en avez nulle envie.
Réaction de victime :
❑ Vous le faites et vous êtes furieux d'être toujours celui qui fait le sale boulot.
Réaction de non-victime :
❑ Vous déclarez que vous ne voulez pas vous en occuper et refusez catégoriquement de le faire.

20. Vous vous rendez à une soirée habillée, mais vous n'avez aucune envie de vous mettre sur votre trente et un.
Réaction de victime :
❑ Vous vous mettez en tenue de soirée, vous êtes mal à l'aise et vous vous sentez contrarié d'être vêtu d'une façon qui vous déplaît.
Réaction de non-victime :
❑ Vous portez les vêtements de votre choix ou vous n'allez pas à cette soirée.

21. Votre maison est encombrée par les affaires que les membres de votre famille laissent traîner un peu partout.

Réaction de victime :

❑ Vous passez votre temps à mettre de l'ordre et à ranger les affaires de tout le monde.

Réaction de non-victime :

❑ Vous annoncez que vous en avez assez de ranger et vous ne vous occupez plus de la pagaille des autres.

22. Vous n'avez pas envie de faire l'amour et votre partenaire en exprime le désir, alors qu'il a manqué d'égard envers vous une heure avant.

Réaction de victime :

❑ Vous faites tout de même l'amour, en ayant le sentiment que l'on abuse de vous.

Réaction de non-victime :

❑ Vous dites à votre partenaire que vous n'avez aucune envie de faire l'amour, vous lui en expliquez la raison, et refusez net ses avances.

23. Quelqu'un profère des obscénités en votre présence.

Réaction de victime :

❑ Vous vous fâchez et vous vous sentez insulté.

Réaction de non-victime :

❑ Vous n'y prêtez pas attention, et refusez de vous laisser perturber par le comportement d'autrui.

24. Au cours d'une soirée, vous éprouvez le besoin d'aller aux toilettes alors que vous savez que le moindre bruit s'entend.

Réaction de victime :

❑ Vous n'allez pas aux toilettes de peur que tout le monde ne vous entende.

Réaction de non-victime :

❑ Vous allez aux toilettes sans vous soucier de ce que penseront les autres. Vous considérez que les toilettes sont destinées aux fonctions normales de l'homme et qu'il n'y a aucune honte à cela.

25. On vous impose des règles stupides qui n'ont aucun fondement, mais qui ne sont pas très importantes – comme de porter du blanc sur un court de tennis ou, à l'occasion d'un mariage à l'église, de vous mettre du côté de la mariée.

Réaction de victime :

❑ Vous faites des histoires, vous vous plaignez et vous vous mettez dans tous vos états, mais n'en continuez pas moins à suivre ces règles stupides, car vous pensez n'avoir pas le choix.

Réaction de non-victime :

❑ Vous n'y attachez aucune importance et suivez la coutume sans y souscrire pour autant. Vous vous montrez « discrètement efficace ».

26. Un camion vous fait une queue-de-poisson sur l'autoroute.

Réaction de victime :

❑ Vous fulminez, l'injuriez et essayez de lui faire une queue-de-poisson à votre tour.

Réaction de non-victime :

❑ Vous n'y pensez plus – car vous savez bien que vous mettre dans tous vos états ne changera rien au comportement d'un autre conducteur.

27. Un de vos collègues vous demande de finir pour lui un travail fastidieux que vous n'avez pas envie de faire et qui, de plus, n'entre pas dans vos attributions.

Réaction de victime :
❑ Vous le faites tout de même, et vous vous sentez exploité.
Réaction de non-victime :
❑ Vous refusez catégoriquement, sans éprouver le besoin de vous excuser.

28. Vous vous apercevez qu'on vous fait payer un article trop cher.
Réaction de victime :
❑ Vous ne dites rien, car vous ne voulez pas faire de scandale ou paraître odieux.
Réaction de non-victime :
❑ Vous dites au vendeur qu'il a fait une erreur et vous exigez qu'il la rectifie.

29. Le réceptionniste de l'hôtel remet votre clé au porteur qui vous accompagnera jusqu'à votre chambre afin d'avoir un pourboire même si vous n'avez pas besoin de ses services.
Réaction de victime :
❑ Vous le suivez sans rien dire, car vous voulez éviter toute situation embarrassante.
Réaction de non-victime :
❑ Vous prévenez le porteur que vous n'avez pas besoin de ses services et que s'il doit vraiment vous accompagner il ne devra s'attendre à aucun pourboire.

30. Vos enfants veulent se rendre chez des amis pour jouer et s'attendent à ce que vous les emmeniez en voiture, quitte à gâcher tous vos projets pour l'après-midi.
Réaction de victime :
❑ Vous annulez ou modifiez vos projets et conduisez vos enfants en voiture.

Réaction de non-victime :

❑ Vous dites à vos enfants qu'il va falloir qu'ils trouvent un autre moyen d'y aller, car vous avez des choses importantes à faire.

31. Un vendeur qui a du bagout essaye de vous avoir.

Réaction de victime :

❑ Vous l'écoutez patiemment en attendant qu'il ait fini son baratin.

Réaction de non-victime :

❑ Vous lui coupez la parole pour lui dire que vous n'avez pas l'intention de vous laisser pousser à la consommation. S'il insiste, vous quittez les lieux.

32. Vous n'avez que trois jours pour faire les préparatifs d'une soirée.

Réaction de victime :

❑ Vous passez votre temps à tout organiser, à vous inquiéter et à vous demander si tout ira bien.

Réaction de non-victime :

❑ Vous faites les préparatifs essentiels et laissez le reste au hasard : pas de ménage particulier, rien de spécial, vous laissez les choses se faire naturellement.

33. Quelqu'un critique votre travail.

Réaction de victime :

❑ Vous vous énervez, vous vous perdez dans des explications interminables et vous vous mettez dans tous vos états.

Réaction de non-victime :

❑ Vous ne prêtez pas attention aux critiques ou vous les acceptez sans pour cela éprouver le besoin de vous défendre.

34. Quelqu'un fume à côté de vous et cela vous dérange.

Réaction de victime :
❑ Vous le supportez sans rien dire.
Réaction de non-victime :
❑ Vous demandez poliment à cette personne de bien vouloir éteindre sa cigarette. Si elle refuse, vous changez de place ou vous lui demandez de le faire.

35. On vous sert un steak bien cuit alors que vous l'aviez demandé saignant.
Réaction de victime :
❑ Vous le mangez ainsi car vous ne voulez pas créer d'incident.
Réaction de non-victime :
❑ Vous le renvoyez et demandez que l'on vous en serve un autre saignant.

36. Quelqu'un vous a emprunté de l'argent et a négligé de vous le rendre.
Réaction de victime :
❑ Vous vous indignez de son manque de délicatesse mais n'osez rien réclamer.
Réaction de non-victime :
❑ Vous lui déclarez sans ambages que vous voulez être remboursé sur-le-champ.

37. Vous ne connaissez personne à une soirée.
Réaction de victime :
❑ Vous restez dans votre coin dans l'espoir que l'on vous invitera à vous joindre à la discussion. Vous êtes mal à l'aise.
Réaction de non-victime :
❑ Vous allez vers les gens, vous vous présentez à eux, et évitez ainsi de passer la soirée à vous morfondre.

38. Vous suivez un régime et un ami bien intentionné insiste pour que vous preniez un morceau de gâteau préparé spécialement à votre intention ; ou vous avez

cessé de boire et quelqu'un insiste pour vous payer un verre.

Réaction de victime :

❑ Vous acceptez le gâteau ou le verre de crainte de vexer les personnes en question.

Réaction de non-victime :

❑ Vous refusez poliment en les remerciant de leur gentillesse mais en faisant bien comprendre que vous ne vous laisserez pas tenter.

39. Vous êtes abordé dans la rue par quelqu'un de bizarre qui essaye de vous vendre quelque chose ou simplement d'engager la conversation.

Réaction de victime :

❑ Vous vous arrêtez et vous l'écoutez en espérant qu'il n'en aura pas pour trop longtemps ; ou vous lui achetez sa marchandise pour vous en débarrasser.

Réaction de non-victime :

❑ Vous l'évitez et passez votre chemin sans un mot d'explication.

40. Quelqu'un exige de vous des excuses pour une chose que vous ne regrettez pas d'avoir faite.

Réaction de victime :

❑ Vous vous confondez en excuses et vous lui permettez ainsi de vous manipuler.

Réaction de non-victime :

❑ Vous lui dites ce que vous pensez – puis vous passez aux choses qui ont pour vous de l'importance, sans vous inquiéter de ne pas être compris.

41. Un agent immobilier insiste pour vous faire visiter des propriétés que vous ne désirez pas voir.

Réaction de victime :

❑ Vous y allez malgré tout, car vous vous sentez tenu d'être gentil envers quelqu'un qui s'est donné tant de mal.

Réaction de non-victime :

❑ Vous lui déclarez tout net que ces propriétés ne vous intéressent pas – et vous refusez de vous laisser intimider par des tactiques de vente agressives.

42. Vous commandez un jus de fruit dans un bar. On vous sert un verre rempli de trois quarts de glace et un quart de jus de fruit.

Réaction de victime :

❑ Vous réglez le verre de glace sans rien dire de votre mécontentement.

Réaction de non-victime :

❑ Vous dites poliment à la serveuse que vous désirez un verre de jus de fruit, avec seulement un peu de glace, puisque c'est pour cela que vous allez payer.

43. Quelqu'un vous dit : « Vous n'avez pas confiance en moi ! Vous me croyez capable de vous tromper ! »

Réaction de victime :

❑ Vous l'assurez du contraire, et vous vous laissez exploiter par quelqu'un qui se prétend blessé que vous doutiez de lui.

Réaction de non-victime :

❑ Vous lui répondez qu'il arrive souvent que l'on soit trompé lorsqu'on a affaire aux autres et que vous êtes effectivement sceptique. Si cette personne ne supporte pas votre scepticisme, vous n'aurez plus qu'à vous adresser à quelqu'un d'autre.

44. Votre médecin vous demande de revenir pour une seconde consultation. Vous vous sentez tout à fait bien et n'avez aucune envie de payer une autre visite.

Réaction de victime :

❑ Vous retournez le voir comme prévu, vous déclarez être en excellente santé et payez la consultation.

Réaction de non-victime :

❑ Vous ne retournez le voir que si vous pensez que cela est nécessaire. Vous vous en remettez à votre jugement personnel surtout s'il s'agit d'une chose sans importance, car vous savez que la deuxième visite n'est bien souvent qu'une formalité.

45. Vous consultez depuis un certain temps un psychologue mais vous désirez interrompre le traitement car vous pensez ne plus en avoir besoin.

Réaction de victime :

❑ Vous estimez que votre psychologue a droit à une explication et vous consacrez plusieurs séances au rituel de fin de traitement. Vous êtes encouragé à le prolonger et tous les arguments que vous avancez sont rejetés d'emblée : « Vous devez être en colère. C'est donc la preuve que vous n'êtes pas prêt. » En vous expliquant indéfiniment, vous vous mettez dans une situation de perdant.

Réaction de non-victime :

❑ Vous téléphonez à votre psychologue pour lui annoncer que vous voulez arrêter le traitement, mais que vous aimeriez garder la possibilité de le reprendre ultérieurement si nécessaire. Vous refusez de le payer pour l'en informer, car vous savez que vous n'avez aucune obligation envers lui.

46. Vous demandez un prêt à une banque et l'employé qui vous reçoit se montre hautain et essaye de vous intimider.

Réaction de victime :

❑ Vous dites « Oui monsieur » à tout bout de champ. Vous adoptez une attitude humble et suppliante.

Réaction de non-victime :

❑ Vous demandez immédiatement une entrevue avec quelqu'un d'autre et annoncez à celui-ci que vous n'admettez pas les tactiques d'intimidation.

47. Votre médecin vous a prescrit des médicaments dont vous n'avez jamais entendu parler.

Réaction de victime :

❑ Vous achetez les médicaments sans poser de questions.

Réaction de non-victime :

❑ Vous vous informez auprès du médecin pour savoir la composition des médicaments, la raison pour laquelle il vous les prescrit et les résultats qu'il en escompte.

48. Vous vous rendez compte en rentrant chez vous que le vêtement que vous venez d'acheter ne vous va pas.

Réaction de victime :

❑ Vous le gardez ou vous le rapportez au magasin où vous l'avez acheté mais on refuse de vous le rembourser et vous repartez de mauvaise humeur.

Réaction de non-victime :

❑ Vous allez rendre le vêtement et insistez pour que l'on vous rembourse. Si l'on vous fait des difficultés, vous n'hésitez pas à vous adresser au chef de rayon et même au directeur du magasin, si nécessaire.

49. Vous êtes invité à une cérémonie à laquelle vous ne voulez pas assister et vous êtes tenu d'offrir un cadeau même si vous n'y allez pas.

Réaction de victime :

❑ Vous achetez le cadeau à contrecœur.

Réaction de non-victime :

❑ Vous déclinez poliment l'invitation et n'achetez pas de cadeau.

50. Les fêtes de fin d'année approchent et vous n'avez aucune envie d'envoyer des cartes de vœux à vos parents, amis et connaissances.

Réaction de victime :
❑ Vous achetez tout de même les cartes, inscrivez les adresses, payez les timbres, etc., et trouvez cela assommant.
Réaction de non-victime :
❑ Vous vous abstenez sans vous en expliquer.

51. Un poste de radio ou une chaîne stéréo joue si fort que vous en êtes incommodé.
Réaction de victime :
❑ Vous le supportez sans rien dire, ou vous vous plaignez avec véhémence.
Réaction de non-victime :
❑ Vous vous levez et baissez vous-même le son ou demandez au fautif de le faire. S'il refuse, vous quittez les lieux ou prévenez le gérant du restaurant ou de l'hôtel que vous ne remettrez plus les pieds chez lui dans ces conditions.

52. Le chien du voisin aboie le matin de bonne heure et vous réveille régulièrement.
Réaction de victime :
❑ Vous restez au lit à vous énerver.
Réaction de non-victime :
❑ Vous appelez votre voisin pour lui dire que son chien vous dérange. S'il ne fait rien pour essayer d'y remédier, vous lui téléphonez en pleine nuit, chaque fois que son chien aboie. Si cela ne mène à rien, vous le signalez à la police et déposez une plainte pour tapage nocturne.

53. Au moment de la signature de l'acte de vente d'une maison, vous êtes consterné par les nombreux faux frais qui surgissent en dernière minute, et vous vous sentez exploité.

Réaction de victime :

❑ Vous vous taisez de crainte de paraître stupide mais ne vous en sentez pas moins exploité.

Réaction de non-victime :

❑ Vous demandez que l'on ajourne la signature jusqu'à ce que l'on vous présente un compte détaillé de toutes les dépenses. Vous refusez de vous laisser intimider par votre ignorance.

54. La salle de cinéma n'est pas chauffée et vous êtes incommodé par le froid.

Réaction de victime :

❑ Vous gelez et vous ne vous plaignez pas.

Réaction de non-victime :

❑ Vous demandez à voir le directeur et exigez que l'on vous rembourse votre place.

55. Vous remarquez que l'on vous a compté quelques centimes en trop sur une facture d'épicerie.

Réaction de victime :

❑ Vous payez le tout car vous ne voulez pas avoir l'air mesquin en vous plaignant pour si peu.

Réaction de non-victime :

❑ Vous réglez uniquement ce que vous devez.

56. Vous essayez d'obtenir une communication avec l'étranger et vous tombez sur une opératrice désagréable et peu coopérative.

Réaction de victime :

❑ Vous perdez un temps infini à discuter, pour finalement ne pas obtenir votre numéro.

Réaction de non-victime :

❑ Vous raccrochez afin d'obtenir une autre opératrice.

57. Au cours d'une soirée, une personne ivre vous importune en vous tenant des propos incompréhensibles.

Réaction de victime :

❑ Vous la supportez en vous contentant d'espérer qu'elle s'en aille.

Réaction de non-victime :

❑ Vous changez de place et refusez d'être en sa compagnie.

58. Vous faites le plein à une station-service et le pompiste ne prend pas la peine de nettoyer votre pare-brise.

Réaction de victime :

❑ Vous ne dites rien, mais vous êtes furieux de ce qu'il ne fasse pas son travail.

Réaction de non-victime :

❑ Vous lui demandez de nettoyer votre pare-brise et n'êtes pas contrarié de ce qu'il ne s'est pas proposé lui-même de le faire. Votre but est d'avoir un pare-brise propre et non de donner des leçons de savoir-vivre à un employé de station-service.

59. Vous êtes contre le principe de mettre de l'engrais pour embellir votre pelouse, mais vous y êtes tenu car tout le monde autour de vous a une pelouse d'un vert magnifique.

Réaction de victime :

❑ Vous achetez les engrais et vous perdez des heures dans votre jardin ; vous ragez intérieurement de succomber bêtement aux pressions extérieures.

Réaction de non-victime :

❑ Vous ne mettez pas d'engrais et ne vous préoccupez pas de savoir si votre pelouse est aussi verte que celle du voisin.

60. Votre médecin vous fait attendre alors que vous êtes arrivé à l'heure au rendez-vous.

Réaction de victime :

❑ Vous ne dites rien car vous savez que les médecins sont des gens très occupés.

Réaction de non-victime :

❑ Vous lui dites votre mécontentement, et demandez une réduction d'honoraire pour compenser le temps perdu.

61. La note que vous avez obtenue pour un devoir vous semble injuste.

Réaction de victime :

❑ Vous ne dites rien à votre professeur, mais vous lui gardez rancune.

Réaction de non-victime :

❑ Vous demandez à lui parler et expliquez vos griefs. Si vous n'arrivez pas à le convaincre, vous écrivez une lettre au proviseur ou au doyen. Vous avez recours à toutes les procédures d'appel jusqu'à ce que vous obteniez gain de cause.

62. Un employé des pompes funèbres vous pousse à choisir la cérémonie la plus chère en essayant de vous culpabiliser et d'exploiter votre chagrin.

Réaction de victime :

❑ Vous vous laissez faire, car vous ne voulez pas qu'il puisse penser que vous n'aimiez pas la personne défunte.

Réaction de non-victime :

❑ Vous lui faites voir que vous n'êtes pas dupe et exigez qu'il vous parle avec franchise, au lieu d'employer un ton larmoyant et condescendant.

63. Vous vous inscrivez à un cours et vous ne tardez pas à vous apercevoir que le professeur est incompétent et ennuyeux. Vous perdez à la fois votre temps et votre argent.

Réaction de victime :

❑ Vous continuez à assister au cours et à souffrir en silence.

Réaction de non-victime :

❑ Vous allez vous plaindre au directeur de l'établissement. Vous exigez d'être remboursé et prévenez qu'en cas de refus vous porterez l'affaire devant la cour, à la connaissance des journalistes et irez même jusqu'à écrire un article et le faire publier dans la presse.

64. Vous ne recevez aucun remerciement pour un service que vous avez rendu.

Réaction de victime :

❑ Vous en êtes révolté.

Réaction de non-victime :

❑ Vous n'y faites pas attention et vous vous dites que vous n'avez pas rendu ce service dans le but d'être remercié. Si cette personne n'a pas les mêmes manières que vous, vous ne devez pas la juger pour autant et encore moins vous laisser troubler par son comportement.

65. Vous n'avez besoin que d'un seul oignon mais ils ne sont vendus que par sac de un kilo.

Réaction de victime :

❑ Vous n'achetez rien ou vous achetez le sac de un kilo.

Réaction de non-victime :

❑ Vous déchirez le sac et n'achetez que l'oignon dont vous avez besoin.

66. Vous avez envie de dormir après avoir fait un repas copieux.

Réaction de victime :

❑ Vous luttez contre le sommeil avec beaucoup de difficulté, mais vous n'allez pas faire la sieste car cela ne se fait pas.

Réaction de non-victime :

❑ Vous allez vous étendre sans vous sentir aucunement coupable.

67. Votre patron vous demande de faire des heures supplémentaires alors que vous avez un rendez-vous personnel important.

Réaction de victime :

❑ Vous remettez votre rendez-vous et restez travailler pour le bon plaisir de votre patron.

Réaction de non-victime :

❑ Vous dites à votre patron qu'il aurait dû vous prévenir plus tôt et qu'il vous est impossible, en la circonstance, de rester ce soir au bureau.

68. Vous aimeriez séjourner dans un hôtel luxueux, mais cela coûte trop cher.

Réaction de victime :

❑ Vous descendez dans un hôtel moins cher, car vous ne savez pas vous accorder une petite folie de temps à autre. Vous voulez tout avoir à des « prix avantageux ».

Réaction de non-victime :

❑ Vous dépensez pour une fois sans compter et décidez d'en profiter au maximum, car vous le valez bien.

69. Vous alliez dire quelque chose et quelqu'un vous coupe la parole pour parler à votre place.

Réaction de victime :

❑ Vous laissez faire et permettez à cette personne de parler en votre nom.

Réaction de non-victime :

❑ Vous faites remarquer que l'on vous a interrompu et que vous êtes tout à fait capable de parler en votre nom.

70. Quelqu'un vous pose la question suivante : « Pourquoi n'avez-vous pas d'enfant ? »

Réaction de victime :

❑ Vous vous lancez dans des explications longues et embarrassantes.

Réaction de non-victime :

❑ Vous dites à l'indiscret que cela est une affaire personnelle et que votre vie privée ne le regarde pas.

71. Vous arrivez à l'aéroport et vous allez chercher la voiture de location que vous avez réservée. On vous annonce que celle qu'on vous avait promise n'est pas disponible et qu'il vous faudra payer plus cher pour une autre.

Réaction de victime :

❑ Vous prenez une autre voiture et payez la différence.

Réaction de non-victime :

❑ Vous exigez que l'on vous fournisse une voiture au prix mentionné dans la publicité et vous prévenez qu'en cas de refus vous vous adresserez à un concurrent et que vous en informerez la direction. Vous exigez que l'on vous serve correctement.

72. Une certaine somme d'argent vous est allouée pour les dépenses du ménage et vous n'avez aucune liberté de faire des dépenses personnelles.

Réaction de victime :

❑ Vous n'arrêtez pas de vous plaindre mais acceptez que l'on vous traite en esclave sur le plan financier.

Réaction de non-victime :

❑ Lorsque vous n'avez plus d'argent vous laissez se vider les placards et attendez que l'« expert-comptable » de la famille trouve les fonds nécessaires au réapprovisionnement. Vous ouvrez votre propre compte en banque, même si ce n'est que pour quelques centaines de francs, et refusez de donner le détail de vos dépenses personnelles.

73. Vous pensez qu'il y a une erreur dans la facture du téléphone.
Réaction de victime :
❑ Vous payez quand même le montant indiqué car vous voulez éviter toute complication.
Réaction de non-victime :
❑ Vous ne payez que ce que vous croyez devoir et joignez une lettre à votre chèque pour vous en expliquer. Vous exigez une facture détaillée et, si vous ne l'obtenez pas, vous refusez tout simplement de payer.

74. Vous êtes végétarien et l'on sert un plat de viande à un dîner auquel vous assistez.
Réaction de victime :
❑ Vous en mangez pour ne pas vexer votre hôte, ou bien vous n'en mangez pas : vous vous en excusez, vous vous sentez gêné d'être végétarien.
Réaction de non-victime :
❑ Vous mangez uniquement les légumes sans faire de commentaire ou en vous expliquant brièvement. Vous ne vous sentez pas coupable et restez fidèle à vos principes.

75. À la fin d'un repas au restaurant, l'addition vous est présentée et personne ne se propose pour la partager.
Réaction de victime :
❑ Vous payez l'addition et êtes furieux de ce que les autres n'offrent pas de payer leur part.
Réaction de non-victime :
❑ Vous annoncez à chacun des convives ce qu'il doit et attendez l'argent.

76. Vous perdez les pièces de monnaie que vous aviez mises dans un téléphone public.
Réaction de victime :
❑ Vous partez en rouspétant.

Réaction de non-victime :

❑ Vous appelez l'opératrice, vous lui signalez que la cabine où vous vous trouvez fonctionne mal, et demandez que l'on vous rembourse votre argent.

77. Quelqu'un insiste pour que vous l'accompagniez à une soirée à laquelle vous ne voulez pas assister.

Réaction de victime :

❑ Vous accompagnez cette personne à contrecœur.

Réaction de non-victime :

❑ Vous dites que vous n'avez pas l'intention d'y aller et vous vous en tenez à ce que vous avez dit.

78. Vous arrivez à un restaurant où le chasseur de service est chargé de garer les voitures des clients. Vous préférez ne pas mettre votre voiture entre les mains de quelqu'un que vous ne connaissez pas.

Réaction de victime :

❑ Vous le regardez s'éloigner au volant de votre voiture avec appréhension.

Réaction de non-victime :

❑ Vous dites au chasseur que vous allez garer vous-même votre voiture ; s'il refuse, vous en faites part au gérant du restaurant.

79. Quelqu'un vous fait un sermon que vous n'avez nulle envie d'entendre.

Réaction de victime :

❑ Vous restez sur place et vous l'écoutez, bouillonnant à l'intérieur et espérant qu'il n'en aura pas pour trop longtemps.

Réaction de non-victime :

❑ Vous le prévenez gentiment que vous n'avez pas envie d'écouter son sermon ; s'il insiste, vous partez sans mot dire, ou vous cessez simplement de l'écouter.

80. Vous avez une faim de loup alors que vous essayez de suivre un régime pour maigrir.
Réaction de victime :
❑ Vous vous gavez et vous vous sentez coupable et honteux à la fois.
Réaction de non-victime :
❑ Vous résistez vaillamment à la tentation et vous êtes fier de vous.

81. Votre emploi du temps est surchargé.
Réaction de victime :
❑ Vous devenez nerveux et irrité, vous essayez de tout faire en consacrant le minimum de temps à chaque chose et finalement vous bâclez votre travail.
Réaction de non-victime :
❑ Vous vous calmez, vous assignez à chacun ses responsabilités et vous ralentissez votre rythme.

82. Quelqu'un vous cherche querelle.
Réaction de victime :
❑ Vous vous laissez attaquer sans rien dire.
Réaction de non-victime :
❑ Vous le prévenez que vous n'avez pas l'intention de vous disputer et, s'il s'obstine, vous vous en allez sans fournir d'explication.

83. Vos enfants vous demandent d'être l'arbitre de leurs disputes, cherchant de toute évidence à vous accaparer.
Réaction de victime :
❑ Vous avez une longue conversation avec eux et essayez de les départager, mais vous ne pouvez refréner votre mauvaise humeur.
Réaction de non-victime :
❑ Vous leur dites que vous n'avez aucune envie de vous mêler à leurs disputes et les laissez se débrouiller tout seuls.

84. Des amis vous invitent chez eux mais vous n'avez pas envie d'y aller.
Réaction de victime :
❑ Vous ne répondez ni oui ni non sans trop vous engager et finissez par vous laisser convaincre.
Réaction de non-victime :
❑ Vous répondez : « Non merci ! »

85. Quelqu'un s'immisce dans votre vie privée et essaye de vous faire parler en vous disant par exemple : « Je ne voudrais pas être indiscret, mais... »
Réaction de victime :
❑ Vous lui dites ce qu'il désire savoir, de crainte de le blesser.
Réaction de non-victime :
❑ Vous lui dites que votre vie privée ne le regarde pas.

86. Quelqu'un vous donne toute une série de conseils alors que vous ne lui avez rien demandé.
Réaction de victime :
❑ Vous l'écoutez patiemment en vous maudissant de n'avoir pas osé le faire taire.
Réaction de non-victime :
❑ Vous lui dites que vous êtes assez grand pour savoir ce que vous avez à faire mais que vous le remerciez de l'intérêt qu'il vous porte.

87. Quelqu'un vous indique le montant du pourboire que vous devriez laisser, alors qu'il s'agit de votre propre argent et non du sien.
Réaction de victime :
❑ Vous faites ce qu'il dit pour ne pas le blesser.
Réaction de non-victime :
❑ Vous laissez le pourboire que vous estimez équitable, et dites à cette personne qu'elle fera ce qui lui plaira lorsqu'il s'agira de son propre argent.

88. Le montant d'une facture que l'on vous réclame pour des services exécutés vous semble trop élevé.
Réaction de victime :
❑ Vous payez tout de même la facture, en ayant l'impression de vous être fait rouler.
Réaction de non-victime :
❑ Vous demandez que l'on vous explique la facture en détail. Vous discutez des points sur lesquels vous n'êtes pas d'accord et exigez que la facture soit rectifiée.

89. Vous faites une demande d'emploi et le formulaire que vous devez remplir contient des questions indiscrètes et susceptibles de vous porter préjudice.
Réaction de victime :
❑ Vous répondez consciencieusement à toutes les questions et n'êtes vraisemblablement pas engagé.
Réaction de non-victime :
❑ Vous ne répondez pas aux questions insidieuses ou donnez à la place des renseignements qui sont à votre avantage.

90. Vous aimeriez dire à vos enfants, à votre femme, à vos parents ou à d'autres membres de votre famille que vous les aimez.
Réaction de victime :
❑ Vous ne le faites pas de crainte de paraître ridicule.
Réaction de non-victime :
❑ Vous vous forcez à leur dire « je t'aime », en les regardant droit dans les yeux.

91. Vos enfants vous demandent de jouer avec eux, mais vous n'aimez pas les jeux d'enfants qu'ils vous proposent.
Réaction de victime :
❑ Vous acceptez de jouer et consultez sans cesse votre montre pour savoir quand le supplice sera terminé.

Réaction de non-victime :
❑ Vous partagez avec eux des activités auxquelles vous prenez tous plaisir. Tout comme vos enfants ne sont pas intéressés par des jeux d'adultes, vous n'avez aucune obligation de vous intéresser à leurs jeux d'enfants.

92. Les membres de votre famille s'attendent à être servis et vous demandent constamment d'aller leur chercher ce dont ils ont besoin.
Réaction de victime :
❑ Vous vous y pliez.
Réaction de non-victime :
❑ Vous les prévenez que vous n'avez pas l'intention de les servir et que dorénavant vous ne bougerez plus quand ils vous le demanderont.

93. Quelqu'un vous dit qu'il ne comprend pas ce que vous dites.
Réaction de victime :
❑ Vous vous expliquez de nouveau ou vous vous sentez frustré de ne pas arriver à communiquer avec les autres.
Réaction de non-victime :
❑ Vous n'essayez pas de vous expliquer, en vous disant que de toute façon cette personne n'arrivera sans doute jamais à vous comprendre.

94. Quelqu'un vous dit qu'il n'aime pas votre coiffure, vos vêtements, etc.
Réaction de victime :
❑ Cela vous inquiète et vous vous dites qu'il a peut-être raison. Vous finissez par changer de coiffure, de vêtements, etc.
Réaction de non-victime :
❑ Vous ne prêtez pas attention aux critiques, car vous savez que les goûts et les couleurs ne se discutent pas et que l'opinion des autres ne doit en rien vous influencer.

95. Vous êtes constamment dérangé et n'arrivez pas à préserver votre intimité.
Réaction de victime :
❑ Vous devenez nerveux et irritable car vous n'avez pas de temps à consacrer à votre vie privée. Vous finissez par renoncer à votre besoin de solitude.
Réaction de non-victime :
❑ Vous débranchez la sonnette de votre porte et décrochez le récepteur du téléphone. Vous refusez de vous laisser envahir par les autres.

96. Après une soirée passée chez des amis, votre partenaire, qui a trop bu, insiste pour prendre le volant.
Réaction de victime :
❑ Vous montez dans la voiture et tremblez de peur pendant tout le trajet.
Réaction de non-victime :
❑ Ou vous prenez le volant d'office ou vous appelez un taxi. Quoi qu'il en soit, vous refusez catégoriquement de monter dans une voiture conduite par quelqu'un qui est en état d'ébriété.

97. Le thermomètre affiche plus de 30 degrés.
Réaction de victime :
❑ Vous en souffrez énormément et vous vous plaignez à tout le monde.
Réaction de non-victime :
❑ Vous ne prêtez pas attention à la température, vous vous défendez d'en parler sans arrêt, et profitez pleinement de la journée.

98. Vous venez de perdre un être cher.
Réaction de victime :
❑ Vous devenez une épave. Le chagrin vous immobilise et vous ôte toute envie de vivre. Vous répétez sans arrêt : « Ce n'est pas juste. »

Réaction de non-victime :
❑ Vous laissez s'exprimer votre chagrin et vous vous tournez résolument vers la vie. Vous refusez de vous enliser dans la dépression.

99. Vous ressentez les premiers symptômes d'un rhume, d'une grippe, de maux d'estomac, etc.
Réaction de victime :
❑ Vous vous attendez à tomber malade et vous vous y préparez. Vous en parlez à tout le monde et vous vous plaignez à l'avance des maux dont vous allez souffrir.
Réaction de non-victime :
❑ Vous vous défendez de penser et de parler de « maladie ». Vous vous persuadez que vous ne tomberez pas malade et vous vous donnez encore plus intensément à tout ce que vous faites. Vous rejetez les pensées morbides. Vous vous accrochez à la vie.

100. Vous avez invité un ami à dîner et il arrive accompagné de trois ou quatre autres personnes.
Réaction de victime :
❑ Vous manifestez violemment votre mauvaise humeur et vous vous gâchez la soirée.
Réaction de non-victime :
❑ Vous dites que « plus on est de fous plus on rit », et vous mettez tout le monde aux fourneaux ou alors vous allez au restaurant.

Interprétez votre score

Nous venons de passer en revue cent situations typiques, susceptibles de faire de vous une victime. Si vous avez obtenu un total élevé à ce test c'est qu'il vous reste des progrès à faire afin de parvenir à tirer *vous-même* vos ficelles.

Vous trouverez ci-dessous, à titre indicatif, différents scores qui vous aideront à vous évaluer et à juger dans quelle mesure vous vous laissez exploiter.

• *90 réactions de victime – 10 réactions de non-victime*

Vous ne tirez pas vous-même vos ficelles. Vous êtes le type même de la victime.

• *75 réactions de victime – 25 réactions de non-victime*

Vous êtes une pauvre victime effarouchée dans la plupart des circonstances.

• *50 réactions de victime – 50 réactions de non-victime*

Votre vie est à moitié dominée par les autres. Vous n'êtes pas de ceux qui tirent eux-mêmes leurs ficelles.

• *25 réactions de victime – 75 réactions de non-victime*

Vous êtes maître de votre vie dans la plupart des circonstances.

• *10 réactions de victime – 90 réactions de non-victime*

Vous êtes maître de votre vie et vous vous faites rarement exploiter par les autres.

• *0 réaction de victime – 100 réactions de non-victime*

Vous avez très bien assimilé le contenu de ce livre – ou peut-être étiez-vous déjà ainsi avant de l'acheter. Dans ce cas, vous vous êtes fait exploiter en l'achetant et votre score revient alors à 1 sur 99 !

Il ne tient qu'à vous de vous défaire de votre condition de victime. Vous pouvez décider de tirer vous-même vos ficelles et profiter pleinement de votre bref séjour sur Terre – ou laisser ce soin aux autres qui s'empresseront de s'en emparer pour vous exploiter. Le choix vous appartient. Si vous refusez de vous laisser faire, vous mettrez fin, du moins en ce qui vous concerne, au jeu de l'exploitation.

J'AI LU
Bien être
11345

Composition
NORD COMPO

Achevé d'imprimer en Slovaquie
par NOVOPRINT
le 20 décembre 2015

Dépôt légal décembre 2015
EAN 9782290097113
OTP L21EPEN000259N001

ÉDITIONS J'AI LU
87, quai Panhard-et-Levassor, 75013 Paris
Diffusion France et étranger : Flammarion